河北省导游人员资格考试系列教材

导游基础

本书编写委员会　编

中国旅游出版社

责任编辑：殷　钰
责任印制：闫立中

图书在版编目（CIP）数据

导游基础/《导游基础》编写委员会编. --北京：
中国旅游出版社，2014.7（2016.2 重印）
河北省导游人员资格考试系列教材
ISBN 978 - 7 - 5032 - 5001 - 9

Ⅰ. 导…　Ⅱ. 导…　Ⅲ. 导游 - 资格考试 - 教材
Ⅳ. F590.63

中国版本图书馆 CIP 数据核字（2014）第 132216 号

书　　　名：导游基础

编 著 者：本书编写委员会
出版发行：中国旅游出版社
　　　　　　（北京建国门内大街甲 9 号　邮编：100005）
　　　　　　http：//www. cttp. net. cn　E-mail：cttp@ cnta. gov. cn
　　　　　　发行部电话：010 - 85166503
经　　销：全国各地新华书店
印　　刷：北京明恒达印务有限公司
版　　次：2014 年 7 月第 1 版　2016 年 2 月第 4 次印刷
开　　本：850 毫米×1168 毫米　1/32
印　　张：11.125
印　　数：9001～10000 册
字　　数：275 千
定　　价：25.00 元
I S B N　978 - 7 - 5032 - 5001 - 9

《河北省导游人员资格考试系列教材》
编审委员会

《导游基础》编写人员

出版说明

  自2002年起,河北省导游人员资格考试开始使用《河北省导游人员资格考试系列教材》。该套教材由河北省旅游行业岗位资格考评委员会组织编写,为河北省导游人员资格考试、导游人才培养和导游教材体系建设发挥了极其重要的作用。近年来,河北省旅游业发展迅猛,旅游业态日新月异,尤其是2013年我国《旅游法》制定实施后,对旅游人才培养和教育培训工作提出了更高的要求。为适应发展形势的新需求,我们在认真总结经验、广泛征求意见的基础上,组织专家学者对此套教材进行了重新修订和编写。新版教材立足于现代旅游发展实际,在充分吸收最新研究成果的基础上,对框架结构进行了合理调整,较原教材更加系统化、条理化,增强了教材的针对性、实用性和可操作性,既方便考生学习使用,又利于指导导游教育培训工作实践。本次教材修编工作,重新编写了《旅游法律法规》和《模拟导游》,充实修订了《导游基础》、《导游实务》和《河北旅游》。本套教材共5本,包括中国旅游出版社出版的《导游基础》、《导游实务》、《旅游法律法规》、《模拟导游》和河北科学技术出版社出版的《河北旅游》。

  值此新版《河北省导游人员资格考试系列教材》出版之际,谨对为本套教材付出辛勤劳动的旅游界同人表示衷心感谢。书中如有疏漏和不当之处,敬请广大读者给予批评指正。

河北省旅游行业岗位资格考评委员会

2014年6月10日

目　　录

第一章　旅游活动与旅游业 ……………………………………… 1

第一节　旅游的产生和发展 …………………………………… 1

一、19 世纪中叶以前的人类迁徙和旅行发展 ……………… 1

二、近代旅游 ………………………………………………… 7

三、现代旅游 ………………………………………………… 10

第二节　旅游活动的要素和类型 …………………………… 11

一、旅游活动的内涵 ……………………………………… 11

二、旅游活动的要素构成 ………………………………… 12

三、旅游活动的分类 ……………………………………… 13

第三节　旅游活动的主体——旅游者 ……………………… 15

一、旅游者的内涵 ………………………………………… 15

二、我国关于游客统计的主要指标 ……………………… 16

三、旅游者必须具备的客观条件 ………………………… 17

四、旅游者必须具备的主观条件 ………………………… 18

五、不同类型旅游者的特点 ……………………………… 21

第四节　旅游活动的客体——旅游资源 …………………… 22

一、旅游资源的内涵 ……………………………………… 22

二、旅游资源类型 ………………………………………… 23

第五节　旅游活动的中介体——旅游业 …………………… 26

一、旅游业的内涵 ………………………………………… 26

二、旅游业的构成与特点 ………………………………… 26

三、中国旅游业的发展 …………………………………… 29

第六节　旅游市场 …………………………………………… 31
　　一、旅游市场的内涵及构成 ………………………………… 31
　　二、旅游市场类型 …………………………………………… 33
　　三、中国旅游市场状况 ……………………………………… 35
第七节　旅游的影响 ………………………………………… 37
　　一、旅游的经济影响 ………………………………………… 37
　　二、旅游的社会文化影响 …………………………………… 40
　　三、旅游的环境影响 ………………………………………… 42

第二章　中国历史与文化常识 …………………………… 45
第一节　中国历史发展概述 ………………………………… 45
　　一、先秦时期的历史发展 …………………………………… 45
　　二、秦汉时期统一多民族封建国家的形成 ………………… 46
　　三、魏晋南北朝是中国历史上长期分裂的时期 …………… 47
　　四、隋唐时期——封建社会走向繁荣和成熟的时期 ……… 48
　　五、宋元时期——中国封建社会的高度发展时期 ………… 49
　　六、明清时期——中国封建社会的晚期 …………………… 49
　　七、灾难深重的近代中国 …………………………………… 50
第二节　中国古代历史小常识 ……………………………… 51
　　一、天文与历法 ……………………………………………… 51
　　二、地理 ……………………………………………………… 53
　　三、礼仪 ……………………………………………………… 53
　　四、名号 ……………………………………………………… 54
　　五、职官 ……………………………………………………… 56
第三节　中国的文学艺术 …………………………………… 58
　　一、文学 ……………………………………………………… 58
　　二、戏曲 ……………………………………………………… 66
　　三、绘画艺术 ………………………………………………… 68
　　四、文字与书法艺术 ………………………………………… 75
　　五、几部重要的古代典籍 …………………………………… 76

第四节　中国古代主要思想流派 ……………………… 77

　　一、儒家思想 ……………………………………… 78

　　二、道家思想 ……………………………………… 80

第三章　中国的自然旅游景观 …………………………… 84

第一节　地文景观 …………………………………… 85

　　一、山地景观 ……………………………………… 85

　　二、岩溶景观 ……………………………………… 88

　　三、风沙景观 ……………………………………… 89

　　四、黄土景观 ……………………………………… 91

　　五、火山景观 ……………………………………… 91

　　六、地震遗迹和遗址景观 ………………………… 92

　　七、我国的历史文化名山 ………………………… 92

第二节　水域风光 …………………………………… 96

　　一、江河景观 ……………………………………… 97

　　二、湖泊景观 ……………………………………… 97

　　三、泉 …………………………………………… 100

　　四、瀑布 ………………………………………… 102

　　五、海洋与海滨景观 …………………………… 103

　　六、冰川景观 …………………………………… 104

第三节　生物景观 ………………………………… 104

　　一、植物景观 …………………………………… 105

　　二、动物景观 …………………………………… 107

　　三、动植物馆园 ………………………………… 107

第四节　天象与气候景观 ………………………… 108

　　一、云雾景观 …………………………………… 108

　　二、雨景 ………………………………………… 108

　　三、冰雪景观 …………………………………… 109

　　四、雾凇与雨凇 ………………………………… 110

　　五、日出与日落 ………………………………… 110

六、风景 ………………………………………… 110

七、霞景 ………………………………………… 111

八、佛光与蜃景 ………………………………… 111

第五节　自然保护区 …………………………… 112

一、自然保护区的含义 ………………………… 112

二、建立自然保护区的意义 …………………… 112

三、自然保护区类型 …………………………… 113

四、我国自然保护区的保护方式 ……………… 114

第四章　中国的古代建筑与园林 ……………… 116

第一节　中国古代建筑概述 …………………… 116

一、中国古代建筑简史 ………………………… 116

二、中国古代建筑的主要特点 ………………… 119

三、中国古代建筑的基本构件 ………………… 122

第二节　宫殿与礼制建筑 ……………………… 125

一、宫殿建筑 …………………………………… 125

二、礼制建筑 …………………………………… 127

第三节　陵墓建筑 ……………………………… 129

一、中国古代帝王陵墓 ………………………… 130

二、纪念性陵墓 ………………………………… 135

三、崖墓及悬棺葬 ……………………………… 136

第四节　中国古代城防建筑 …………………… 136

一、中国古代城市的规划制度 ………………… 136

二、城防建筑 …………………………………… 137

三、长城 ………………………………………… 138

第五节　中国的民居 …………………………… 140

一、最有特色的传统民居类型 ………………… 140

二、著名府第民居建筑简介 …………………… 144

第六节　中国古代桥梁……………………………148
　　一、中国古代桥梁的类型与形式……………148
　　二、中国古代著名桥梁选介…………………149
第七节　中国著名的古代楼阁和佛塔……………152
　　一、中国著名的古代楼阁……………………152
　　二、中国著名的古代佛塔……………………154
第八节　中国古代著名的水利工程………………157
　　一、都江堰……………………………………158
　　二、灵渠………………………………………158
　　三、京杭运河…………………………………159
　　四、新疆坎儿井………………………………160
　　五、钱江海塘…………………………………160
第九节　中国古典园林建筑………………………161
　　一、中国古典园林简史………………………161
　　二、中国古典园林的营造特点………………163
　　三、中国古典园林的分类……………………164
　　四、中国古典园林构成的基本要素…………166
　　五、中国古典园林构景的基本手法…………170
　　六、著名古典园林简介………………………171

第五章　宗教概述…………………………………175
第一节　宗教知识简述……………………………175
　　一、宗教的产生………………………………175
　　二、中国宗教信仰的特点……………………176
　　三、中国的宗教政策…………………………176
第二节　佛教………………………………………177
　　一、佛教简史…………………………………177
　　二、佛教的经典与徽志………………………181

　　三、佛教崇奉的神灵 …………………………… 182

　　四、中国的佛教寺院 …………………………… 186

　　五、中国佛教的礼仪 …………………………… 187

第三节　道教 ……………………………………… 189

　　一、道教简史 …………………………………… 189

　　二、道教的经典与徽志 ………………………… 191

　　三、道教崇奉的神灵 …………………………… 192

　　四、道教的宫观 ………………………………… 193

　　五、道教的礼仪 ………………………………… 193

第四节　基督教 …………………………………… 194

　　一、基督教简史 ………………………………… 194

　　二、基督教的经典与徽志 ……………………… 196

　　三、基督教崇奉的神灵 ………………………… 196

　　四、基督教教堂 ………………………………… 197

　　五、基督教的礼仪 ……………………………… 198

第五节　伊斯兰教 ………………………………… 199

　　一、伊斯兰教简史 ……………………………… 199

　　二、伊斯兰教的经典和徽志 …………………… 200

　　三、伊斯兰教崇奉的神灵 ……………………… 200

　　四、伊斯兰教的礼仪 …………………………… 200

　　五、清真寺的布局 ……………………………… 201

第六章　中国的民族民俗 ………………………… 203

第一节　中国民族民俗概况 ……………………… 203

　　一、中国的民族 ………………………………… 203

　　二、中国的民俗 ………………………………… 205

第二节　汉族及其主要传统节日 ………………… 206

　　一、汉民族的形成 ……………………………… 206

二、语言文字 ……………………………………… 206

三、民族服饰 ……………………………………… 207

四、传统饮食 ……………………………………… 207

五、传统民居 ……………………………………… 208

六、主要传统节日 ………………………………… 208

第三节　北方部分少数民族的民俗风情 …………… 211

一、满族 …………………………………………… 211

二、蒙古族 ………………………………………… 213

三、朝鲜族 ………………………………………… 216

第四节　西北部分少数民族的民俗风情 …………… 218

一、回族 …………………………………………… 218

二、维吾尔族 ……………………………………… 220

第五节　南方部分少数民族的民俗风情 …………… 221

一、壮族 …………………………………………… 221

二、黎族 …………………………………………… 223

三、彝族 …………………………………………… 225

四、白族 …………………………………………… 227

五、苗族 …………………………………………… 228

六、纳西族 ………………………………………… 230

七、傣族 …………………………………………… 232

第六节　青藏地区主要少数民族的民俗风情 ……… 234

一、藏族 …………………………………………… 234

第七章　中国饮食文化 ………………………………… 238

第一节　中国饮食文化概述 ………………………… 238

一、中国饮食文化类型 …………………………… 238

二、中国饮食文化对世界饮食文化的影响 ……… 241

第二节　中国的菜系 ……………………………… 242

　　一、八大菜系简介 ……………………………… 243

　　二、其他菜系简介 ……………………………… 245

第三节　中国的酒 ………………………………… 246

　　一、酒的起源 …………………………………… 246

　　二、中国酒的分类 ……………………………… 247

　　三、中国白酒 …………………………………… 247

　　四、中国葡萄酒 ………………………………… 250

　　五、中国黄酒 …………………………………… 250

　　六、中国啤酒 …………………………………… 251

第四节　中国的茶 ………………………………… 252

　　一、中国茶文化概述 …………………………… 252

　　二、中国茶叶的种类 …………………………… 255

　　三、中国名茶选介 ……………………………… 257

第八章　中国风物特产 …………………………… 260

第一节　陶瓷器与丝织刺绣品 …………………… 260

　　一、陶瓷器 ……………………………………… 260

　　二、丝织刺绣 …………………………………… 265

第二节　玉石木竹雕刻、漆器与金属工艺 ………… 268

　　一、玉石木竹雕刻 ……………………………… 268

　　二、漆器 ………………………………………… 273

　　三、金属工艺 …………………………………… 274

　　四、编织工艺品 ………………………………… 275

第三节　年画、工艺画与文房四宝 ………………… 276

　　一、年画与工艺画 ……………………………… 276

　　二、文房四宝 …………………………………… 278

第九章　主要旅游客源地（国）概况 ·················· 283
　第一节　中国港、澳、台地区概况 ·················· 283
　　一、香港特别行政区 ·························· 283
　　二、澳门特别行政区 ·························· 284
　　三、台湾省 ······························ 285
　第二节　亚洲主要客源国 ························ 286
　　一、日本 ······························· 286
　　二、韩国 ······························· 287
　　三、新加坡 ······························ 288
　　四、马来西亚 ····························· 289
　　五、泰国 ······························· 289
　　六、菲律宾 ······························ 290
　　七、印度尼西亚 ···························· 291
　　八、蒙古 ······························· 292
　　九、印度 ······························· 292
　第三节　欧洲主要客源国 ························ 293
　　一、英国 ······························· 293
　　二、德国 ······························· 294
　　三、法国 ······························· 295
　　四、西班牙 ······························ 296
　　五、意大利 ······························ 297
　　六、俄罗斯 ······························ 298
　第四节　北美洲主要客源国 ······················ 299
　　一、美国 ······························· 299
　　二、加拿大 ······························ 301
　第五节　大洋洲主要客源国 ······················ 302

第十章　中国的世界遗产…………………………………………… 304

　第一节　世界遗产概述 …………………………………………… 304

　　一、《世界遗产名录》与世界遗产委员会 …………………… 304

　　二、世界遗产的分类 ……………………………………………… 305

　第二节　中国的世界遗产项目选介 …………………………… 306

　　一、自然遗产 ……………………………………………………… 307

　　二、文化遗产 ……………………………………………………… 309

　　三、自然、文化双重遗产 ……………………………………… 313

　　四、文化景观 ……………………………………………………… 315

　第三节　中国的非物质文化遗产 ……………………………… 315

　　一、非物质文化遗产的定义及特点 …………………………… 315

　　二、《人类口头与非物质文化遗产代表作名录》与

　　　《保护非物质文化遗产公约》 ……………………………… 316

　　三、中国的"人类口头与非物质文化遗产"项目选介 …… 317

附　　录 ……………………………………………………………… 320

第一章 旅游活动与旅游业

本章导读

通过本章学习:

——了解中国早期旅游活动的形式,旅游活动的分类方式,不同类型旅游者的特点、旅游资源的类型、中国旅游业的发展历程及中国旅游三大市场状况。

——识记西方早期旅行活动的主要事件及代表人物,托马斯·库克不同时期对旅游业的贡献。

——掌握现代旅游、旅游活动、旅游活动的要素、旅游者、旅游资源、旅游业、旅游市场等基本概念,旅游对经济、社会、环境三大影响的内容。

第一节 旅游的产生和发展

一、19 世纪中叶以前的人类迁徙和旅行发展

(一)原始社会早期的人类迁徙

在原始社会的前期阶段,人类主要使用石块等简陋的生产工具,在自然分工的基础上,靠渔猎和采集为生。由于生产工具的落后和生产力的低下,人类的生存无时不处在饥饿和自然灾害侵袭的威胁之中。随着新石器时代的到来,生产工具的改进,生产效率的提高,畜牧业和原始农业开始形成和发展,出现了人类历史上的

第一次社会大分工。同时,在这一时期,人类还发明了制陶术和弓箭。但是,这些生产工具和生产技术的进步都未能改变当时人类社会生产的落后面貌。人们的劳动所获除供自己食用之外,几乎没有什么劳动剩余物,人们的社会活动基本上也只限于在自己的氏族部落范围内进行。也就是说,到新石器时代中期为止,由于缺乏劳动剩余物,人类还不具备有意识地外出旅行的需要。虽然在此之前的人类也有从一个地方转移到另一个地方的迁徙活动,但这些活动都是因自然因素(例如气候、天灾等生活环境的破坏)或特定人类活动(例如战争)的威胁而被迫进行的,都是出于生存的需要。因此,可以说,新石器时代中期以前,人类客观上既无旅行的物质基础,主观上亦无外出旅行的愿望,人类迁徙活动完全出于被迫或求生,不属于现今意义上的旅行和旅游。

(二)人类旅行需要的产生

新石器时代晚期,金属工具开始问世。生产技术因此而进步并导致生产效率的提高和劳动剩余物的出现。随着金属工具的推广和改良,农业和畜牧业有了较快的发展,手工业也逐渐发展起来。原始社会末期,手工纺织技术已发展到使用简单的织机,与此同时,冶金、建筑、运输和工具制造等方面也都开始发展。社会生产力的加速发展,促使手工业日益成为专门性的行业,并促使它从家庭生产中分离出来,从而出现了人类历史上的第二次社会大分工,即手工业同农业和畜牧业的分离。到第二次社会大分工之后,很多产品的生产目的就是为了交换,交换本身也就成为一种重要的社会职能。随着商品生产和交换的发展,到原始社会瓦解和奴隶社会形成时期,开始出现了不从事生产,专门从事商品交换的商人阶级,这便是第三次社会大分工,即商业从农、牧、手工业中分离出来。商品经济的发展使得产品交换的地域范围不断扩大。人们需要了解其他地区的生产情况,需要到其他地区交换自己的产品或商品,因而便产生了旅行经商或外出交换产品的需要。所以,出于商品交换的需要,人类的旅行开始了。人类旅行的开始,实际上远非是消遣和度假活动,而是由于人们为了扩大对其他地区的了解、接触的需要而产生的一种活动。因而在最初的年代中,主要是商人开创了旅行的道路。

（三）西方的早期旅行活动

这里的早期指的是原始社会末期到 19 世纪中叶以前的这段时期,包括原始社会末期、奴隶制社会和封建社会时期。罗马帝国时代,是西方古代旅行的全盛时期。其疆域空前广大,大规模的侵略扩张已经停止,帝国的秩序相对稳定,技术分工比较细密,手工行业已生产和使用一些简单机械。地中海变成了帝国的"内湖",海上运输十分发达。在帝国境内以罗马为中心,修筑了许多宽阔的大道。随着外出旅行的人数逐渐增多,沿途出现了许多旅店,这些旅店多数是在政府所设驿站的基础上发展起来的。当时的旅行基本上是在本国境内进行的,特别是以较近距离的旅行为主,但也有国际性的经商旅行。中国史籍中便有罗马帝国使节和商人多次经陆路和海路到访中国的记载,中国的丝绸也远销罗马帝国。这一时期还出现了特权阶级以寻求享乐为目的的闲暇性旅行,如出现了以鉴赏艺术、疗养、徒步、行走、观光游览等为目的的旅行。

7~8 世纪,地跨亚、非、欧三洲的阿拉伯帝国处于发展的顶峰。帝国以首都巴格达为中心,广修驿道,密置驿站,驿道四通八达。此时伊斯兰教已取得统治地位,规定了朝觐制度,每一个有能力的穆斯林平生都要参加一次朝拜伊斯兰教创始地麦加的典礼。每逢教历十二月,成千上万的教徒云集麦加,各方商人、艺人也汇集这里,为朝觐者提供商业和娱乐服务。因此,极盛时期的阿拉伯帝国的宗教朝觐旅游规模很大,经商和考察旅行也受到鼓励。

随即也出现了很多著名的旅行家。意大利的伟大旅行家马可·波罗(1254~1324 年),被誉为"中世纪的伟大旅行家",中西交通史和中意关系史上的友好使者。马可·波罗于 1271 年为了经商随父亲来到中国,得到元世祖忽必烈的信任,在元朝做官17年,游遍了几乎整个中国。他的游记里有淮安、宝庆、高邮、泰州、扬州、南京、苏州、杭州、福州、泉州等城市的记载,其中在扬州还担任官职3年。此外,马可·波罗还奉使访问过东南亚的一些国家,如印尼、菲律宾、缅甸、越南等国。马可·波罗于1291年年初以护送元室阔阔真公主前往波斯,而离开大都顺路回国。他写成著名的《马可·波罗行纪》,在西方影响很大。

苏莱曼,阿拉伯旅行家,曾到过印度、中国经商,后由无名氏记述了其东游见闻,即《东游记闻》。这是阿拉伯人最早记载中、印沿海情况的文献,书中还记述了中国人的喝茶习惯。伊本·拔图塔是中世纪最伟大的旅行家,同时又是一位史学家、地理学家和神学家。他用了26年时间,行程12万余公里,游历了半个世界,足迹遍布亚、非、欧三洲大地。1346年,他访问了中国,并根据自己的旅游见闻完成了惊世之作《在美好国家旅行者的欢乐》,这对了解东方文化是极其宝贵的。

意大利航海家哥伦布(1451~1516年)发现新大陆,开辟了由欧洲到美洲的新航线。1498年,葡萄牙人达·伽马完成从西欧经非洲南端的好望角到印度的航行。1519~1522年麦哲伦绕地球一周,探险旅行开阔了人们的狭隘眼界。

从17世纪起,旅行已经成为贵族绅士接受教育的一种方式,到18世纪,教育旅行得到了真正的发展。与此同时,温泉旅行也成为上流社会的时尚,温泉是他们时常光顾的场所。这些矿泉疗养地为旅客提供了方便的食宿条件及参加各种社会活动的集会场所,并逐渐发展成为商业化的度假胜地。随后,海水浴也流行起来。由于每个小小的海滨浴场很容易被建成游览地,因此萌芽状态的海滨旅游业很快发展起来。从此,旅游业就逐渐成为一种既为有钱人,也为日益增多的中产阶级服务的行业。

（四）中国的早期旅行活动

中国奴隶制社会时期,旅行发展的情况同西方奴隶社会旅行发展的情况基本相同。但在年代上要比西方国家早得多。在奴隶制鼎盛时期的商代,中国经济繁荣,剩余劳动产品增加,以交换为目的的商品生产扩大,加之商人阶层对生产和流通的促进,商品经济得到很大的发展。交通,是旅行的必备条件。夏代发明的舟车到了商代更加普及和进步,牛、马等大牲畜也普遍用于交通运输。这个时期,除了商人为商品交换而进行的旅行,也开始出现奴隶主阶级以消遣为目的的享乐旅行。

中国的封建社会长达两千多年。在这两千多年里,特别在各统一的朝代,社会政治比较安定,生产技术和社会经济较以前有很大的进步,因而水陆交通的发展非常迅速。水路交通在中国具有悠久的历史,早在春秋时代便有了水运的记载。随着汉朝漕运政策的实施,以后的历代封建王朝也大都将漕运纳入国家的重要政策,从而使水路交通运输成为中国封建时期重要的交通方式,其中隋代在发展水路交通上的贡献最大。元、明、清三朝均定都北京,为了弥补内河漕运之不足,遂又发展海运和陆路交通。陆路交通,秦代有重大贡献,首先是"驰道"和"直道"的建设,此外,还在西南边疆地区修筑了"五尺道",在今日之湖南、江西、广东、广西之间修筑了"新道",从而形成了以咸阳为中心的四通八达的道路网。秦以后历代的道路建设也不断有新的发展,这一点可以从历代驿站制度的发展中得到反映。以唐朝的驿制为例,当时就是每隔三里设一驿,驿站非常密集。

中国古代社会历史漫长,几千年中,除了数量最多的商人的商务旅行外,曾有过内容各异、形式多样的旅行活动。比较有代表性的有帝王巡游、士人漫游、科考旅行、公务旅行和宗教旅行等。

1. 帝王巡游

帝王巡游是指历代最高统治者对自己的国家或领土所进行的

巡视游览活动。周穆王(约前 1001~前 947 年)是最早出游的帝王之一。古代中国的帝王巡游还有一个突出的特点就是热衷于封禅和祭祀活动。据记载,中国秦汉以前有 72 位君王曾到过泰山进行封禅和祭祀。秦以后有秦始皇、汉武帝、汉光武帝、隋炀帝、唐玄宗、宋真宗、康熙、乾隆等 11 位皇帝前来封禅朝拜达 27 次。

2. 士人漫游

士人漫游主要指文人学士为了各种目的而进行的旅行游览活动。士人漫游起于先秦,各个时期的士人漫游的目的又各有侧重,其形式和内容也有相应的变化。先秦时期的士人漫游主要是讲学和从政,魏晋南北朝时期主要是寄情山水的漫游,唐以后为谋取官职的宦游和观光考察旅游十分盛行。老子、孔子、苏秦、张仪、陶渊明、谢灵运、李白、杜甫、柳宗元、欧阳修、陆游、苏轼等,是其杰出的代表。

3. 科考旅行

中国的历史学家司马迁曾踏遍西汉帝国的版图,调查搜集历史事实、历史人物逸事和全国各地的经济、文化、风俗民情等各方面的材料,以此为依据写成了《史记》这部不朽的史学著作。明朝的地理学家徐霞客也是一个伟大的旅行家,他曾走遍今江苏、浙江、山东、河北、河南、安徽、江西、福建、广东、湖南、湖北、广西、云南、贵州等十几个省,经过长期广泛深入的实地勘察,对山脉、水道、地质、地貌等方面进行考察和研究,写出不朽的地理著作《徐霞客游记》。另外,李时珍、顾炎武等也是科考旅行杰出的代表。

4. 公务旅行

公务旅行是为了达到某种政治目的,肩负国家使命而进行的一种旅行。著名的有西汉时期的张骞,他曾两次出使西域,并把各国使节带回汉朝,打开了中国通往西域的道路,从而开启了著名的"丝绸之路"。明代的郑和受明成祖委派,七次下西洋,航行万余公里,到达东南亚、南亚、阿拉伯和东非等多个国家和地区。此外,三国时期的朱应、康泰，唐代的杜环，元代的汪大渊，都是中国古代公务旅行的杰出代表。

5. 宗教旅行

宗教旅行是以朝圣、寻仙、取经、求法、布道为目的的一种古老的旅游活动形式，至今仍然有很大的吸引力。但古代中国的国际性宗教旅游，主要是佛教徒以朝拜、学佛、传法为目的的旅行活动。唐代的玄奘、鉴真是最著名的代表。他们一个西行以朝拜求法为目的，一个东渡以传播佛教为目的。玄奘到西方取经历尽艰险，《大唐西域记》就是他根据自己的旅行经历写成的。鉴真东渡日本失败了五次，第六次才得以成功，被日本宗教界推崇为佛祖。

综上所述，中国和西方的早期旅行发展史具有以下共同点：

（1）旅行的发展同国家的政治经济状况有直接关系。在政治安定、生产力发展、经济繁荣的统一时期，旅行活动便会发展；反之，则会停滞甚至倒退。

（2）非经济目的的旅行活动虽然有新的发展和扩大，但这一时期中公务旅行仍居支配地位。

（3）封建社会以农业经济为主，农村人口占国家总人口的绝大多数，农村忙闲有致的生活节奏和美丽的田园风光，使得他们在主观上缺少外出旅行的愿望。

（4）就非经济目的，特别是消遣性质的旅行而言，参加者多为帝王、官僚、封建贵族、地主等统治阶级及其附庸阶层人士，没有普遍的社会意义。广大劳动人民受政治和经济上的双重压迫，客观上没有参加旅行活动的能力。

二、近代旅游

（一）产业革命对旅游活动的促进

就整个世界的发展情况来说，到了 19 世纪，旅行在很多方面都已开始具有了今天意义上的旅游的特点。正因如此，旅游一词也于此时开始问世。这主要表现在:第一,因消遣目的而外出旅行的人数大量增加,从而使这种活动开始具有较为普遍的社会意义;第二,人们开始借助专业性的商业服务来完成自己的旅行和游览活动,这种定期运行的客运业务在19世纪以前几乎是不存在的;第三,团体旅游已经开始发展,这也是消遣性旅游发展的必然结果。

在19世纪后半叶,无论是国内旅游还是国际旅游都有了突破性的发展,这在很大程度上是和产业革命的影响分不开的。产业革命的结果给人类社会带来了一系列的变化,其中对旅游的发展具有重大影响的有以下四点:

第一,产业革命加速了城市化的进程,并且使人们工作和生活地点的重心从农村转移到工业城市。这一变化最终导致人们需要适时逃避节奏紧张的城市生活,产生对返回自由、宁静的大自然环境中去的需要。

第二,产业革命也改变了人们的工作性质。随着大量人口拥入城市,原先那种随农时变化而忙闲有致的多样性农业劳动,开始为枯燥、重复的单一性大机器工业劳动所取代。这终将促使人们强烈要求假日,以便能够从终年如一日的紧张状态中获得喘息和解脱的机会。

第三,产业革命带来了阶级关系的新变化。过去往往只有地主和贵族才有金钱和时间从事非经济目的的消遣旅游活动。产业革命造就了工业资产阶级的地位,从而使生产财富不再只流向封建贵族和大土地所有者,还流向资产阶级,因而扩大了有财力外出旅游的人数。此外,产业革命还造就了出卖劳动力的工人阶级。随着生产力的提高和工人阶级的不懈斗争,使资产阶级有可能增加工人的工资以及给予他们带薪假日。虽然这是资本家榨取相对剩余价值的一种欺骗手段,但对广大劳动阶级来说,他们将有可能加入旅游活动的行列。但应当指出的是,工人阶级要求带薪假日的斗争经历了一个多世纪,直到 20 世纪上半叶才在社会立法真正获得胜利。

第四,科学技术的进步,特别是蒸汽机技术在交通运输中的应用,使大规模的人员流动成为可能。自 1769 年詹姆斯·瓦特发明蒸汽机后,这一技术很快就被应用于制造新的交通运输工具。但是,对当时旅游发展影响最大的还是铁路运输。1825 年,英国享有"铁路之父"之称的乔治·史蒂文森建造的斯托克顿至达林顿的铁路正式投入运营。在铁路客运问世之前的近两个世纪中,欧美人外出旅行以公共马车为主要交通工具。铁路时代的到来使人们逐渐抛弃这一陈旧的旅行方式,越来越多的人开始乘轮船,特别是乘火车外出旅行和旅游。

(二)托马斯·库克对旅游业的贡献

产业革命带来了社会经济的繁荣,加之铁路的廉价运费,使更多的人开始有能力支付旅行费用。劳动大众要求假日的斗争也迫使资本家作出有限度的让步,赢得了在某些传统假日带薪休假的权利。所有这一切都为更多的人外出旅游提供了机会。但是,由于当时绝大多数人,包括新兴的资产阶级在内,都没有旅行的经验,对异国他乡的情况及有关旅行的手续不大了解。语言及货币方面的障碍,也是人们计划外出旅游时所担心的问题。在这种情况下,人们需要提供这些方面的帮助,这并非个别人的需要,而是体现了一种社会需要。

在旅游发展史上,英国人托马斯·库克(Thomas Cook)是一个标志性人物。他发现了这种社会需要,率先设立相应的组织机构。1841 年,托马斯·库克利用包租火车的方式,组织了一次从莱斯特前往洛赫伯勒的团体旅游。参加这次旅游活动的人数达 570 人之多,往返全程约 39 公里,目的是参加在该地举行的一次禁酒大会。这次旅游活动的成功使托马斯·库克声名鹊起。1845 年,托马斯·库克决定开办旅行代理业务,并于当年夏季首次自任领队,组织了 350 人的团体消遣旅游。1855 年,他组织从英国莱斯特前往法国巴黎的旅游,在巴黎停留游览 4 天,全程采用一次性包价。此举是"铁路旅游史上的创举",事实上也是世界上组织出国包价旅游的开端。1872 年他自任导游,组织了历时 70 天的环球旅游。1872 年,他创办了最早的旅行支票,这种支票可以在世界各大城市通行。他还编印、发行了世界上最早的旅行杂志。托马斯·库克的名字也成了旅游的代名词而在欧美地区家喻户晓,并被誉为近代旅游业的先驱者。托马斯·库克的活动说明了人们对旅游的需求已经成熟,这种把人们的外出旅游组织成"一揽子"服务的旅游业务,开创了一种崭新的旅游方式,体现了现代旅游的基本特征。因此,托马斯·库克旅行社的诞生,被公认为是近代旅游业的开端。

三、现代旅游

在旅游研究中,现代旅游通常指第二次世界大战结束以后,特别是 20 世纪 60 年代以来迅速普及于世界各地的社会化旅游活动。第二次世界大战结束以来,旅游活动几乎在世界各地都取得巨大的进展。旅游业也已成为世界上发展势头最为强劲的产业,被誉为 20 世纪经济巨人。促进战后旅游活动大发展的原因有以下几方面。

第一,现代交通运输工具的进步。内燃机的发明促成了飞机的发明,并且第一次世界大战进一步刺激了飞机的研制和发展,使飞机在飞行速度和安全性能方面有了很大的改进。第二次世界大战更加速了飞机技术的发展和机场的建设。到 20 世纪 50 年代中期,喷气式飞机开始用于民航。此后,随着现代科学技术的不断发展,喷气式客机的性能和机型不断更新,这些客机不仅更安全、更舒适,而且速度快、票价便宜。可以说,二战后,旅游特别是国际旅游的迅速发展同民用航空的普及是分不开的。

第二,战后相对缓和的环境。大战结束后,各国都开始致力于本国的经济建设,虽然仍不时有局部战争发生,但是就世界总体环境而言,和平与缓和始终占据主导地位,特别是在欧美地区更是如此。这为战后世界经济的增长和旅游的发展提供了必要的前提和保证。科学技术的发展不断取得新的突破,世界经济和社会状况也不断出现新的进展。这些因素的变化促使旅游在世界范围内向新的高度发展。

第三,团体包价旅游模式的规范化。战后旅游活动的蓬勃发展,与廉价团体旅游和包价旅游的发展密不可分。这是大众旅游时代人们出游的主要形式。所谓"规范化",主要是指旅游者在旅行社的组织和安排下,借助各种有关旅游企业提供的产品和服务,按照预定时间、路线和活动内容,有计划地完成全程旅游活动。即便旅游者是非团体的散客,也都通过购买各种有关旅游企业的产品和服务来实现自己的旅游计划。在普通大众对自己乡土之外的情况尚不了解或不熟悉的情况下,如果没有这种规范化的旅游形式,人们外出旅游过程中不但会困难重重,而且旅游开支也将增加很多。

第四,政府的支持。战后以来,随着大众旅游的兴起,几乎所有国家的政府都先后在不同程度上支持和推动本国旅游业的发展,采取了各种有利于旅游业发展的干预政策。特别是带薪假期的普及、旅游资源的开发和海外市场的开发工作,都有力地刺激了人们的出游兴趣。

第二节 旅游活动的要素和类型

一、旅游活动的内涵

人们对旅游下的概念性定义很多,其中被我国旅游界所广泛采用的是"艾斯特"定义,即由瑞士学者汉泽克尔和克拉普夫于

1942 年最先提出,在 20 世纪 70 年代为旅游科学专家国际联合会(AIEST)所采用的定义:"旅游是非定居者的旅行和逗留所引起的各种现象和关系的总和。这些旅行和逗留活动的开展不会导致(到访地区)长期定居,并且无涉于任何(在该地谋生性的)赚钱活动。"

1993 年,联合国接受了世界旅游组织的报告,将旅游活动定义为:旅游活动是指人们出于休闲、商务或其他目的离开惯常环境到某些地方,连续停留时间不超过一年的活动,这种活动不以从访问地获取报酬为目的。其中,"惯常环境"包括两个方面:一是一个人经常去的地方(如第二住所),即使这个地方距离他的居住地很远;二是离一个人的居住地很近的地方。"居住地"通常指一个社区,如城镇、乡村。报酬是指因劳动而取得的货币或实物。

根据上述定义,旅游活动具有如下特点:第一,旅游必须离开惯常环境,具有异地性特点(一个人每天的上下班不能视为旅游,同样,一个离家到附近剧院看戏的人也不可能是在旅游。在这个例子中,工作单位和附近剧院都属于惯常环境);第二,不能在目的地停留连续超过一年,具有暂时性特点;第三,旅游活动的目的不是为了在访问地获取报酬,具有非就业性特点。旅行则不受以上限制,指人们从一个地方(或国家)到另一个地方(或国家)的移动。

二、旅游活动的要素构成

关于"旅游活动的要素",在不同的讨论背景下,会有不同的含义。我们经常接触到的概念有"旅游活动三要素"和"旅游活动六要素"。

"旅游活动三要素",是就现代旅游活动的构成体系而言的。现代旅游活动是由旅游活动的主体——旅游者,旅游活动的客体——旅游资源,旅游活动的中介体——旅游业这三大要素构成的。

"旅游活动六要素",是就旅游活动过程所涉及的内容组成而言的。旅游活动过程的内容一般可概括为六个方面,即行、游、住、食、购、娱。这六要素,既是旅游消费的内容组成,也是旅游服务的内容组成,还是旅游吸引物功能的内容组成。

三、旅游活动的分类

(一)按照地理范围划分

旅游活动按地理范围分为国际旅游和国内旅游。

1. 国际旅游。指跨国界的旅游活动,包括入境旅游和出境旅游。对某一特定国家而言,入境旅游是指外国居民到本国的旅游活动,出境旅游则是指本国居民到他国的旅游活动。

由于特殊的历史原因,我国一般把港澳台同胞和华侨到大陆的旅游也归为入境旅游。

2. 国内旅游。指某一特定国家的居民离开自己的常住地或惯常环境,在居住国范围内其他地方开展的旅游活动。对我国而言,常住我国的使、领馆人员在我国范围内的旅游活动,也属国内旅游。外国侨民在其居住国境内的旅游活动,也统计为该国的国内旅游。

(二)按旅游目的划分

旅游目的即旅游的动机。旅游动机是旅游需求的表现形式,有什么需求就会产生什么动机。由于人们的需求多种多样,因而有形形色色的旅游动机。归纳起来,旅游活动按旅游目的可分为六大类型:

1. 休闲、娱乐、度假类。属于这一类的旅游有观光旅游、度假旅游、娱乐旅游(夏令营、冬令营、度蜜月)等,出游的主要目的是通过观光、度假或娱乐获得精神上的放松。在旅行中可能会探亲访友,但不是主要目的。游客(或与其家庭成员一起)自己决定把旅游作为与他的职业无关的活动。

2. 探亲访友类。探亲访友即社会访问，是一种社会交往性质的旅游，它包括探访亲友、旧地重游、寻根祭祖、出席婚礼或葬礼等。在旅行中可能顺便观光游览，但不是主要目的。随着许多国家对外开放政策的实施，这种旅游活动正在逐步发展。

3. 商务、专业访问。这一类包括在惯常环境以外所有的商务和专业访问活动，其共同特点是旅行与游客的职业或工作单位的经济活动有关，例如，到异地进行设备安装、视察、采购、销售、讲学，当全陪导游，履行公务，运送货物，运送旅客，带薪学习和研究，参加音乐会、职业运动会，出席会议、交易会和展览会等。

4. 健康医疗类。这一类是指在惯常环境以外的以健康、医疗为主要目的的旅游。主要有体育旅游、保健旅游和生态旅游。

5. 宗教朝觐类。以参加宗教仪式或朝觐为主要目的的旅游活动。它是一种古老的旅游形式。当今，由于宗教的信仰及其影响，教徒们每年都要到世界各地各教派的圣地去朝圣，或举行宗教会议，传教士们也四处周游布道，以传播他们的信仰，扩大影响。

6. 其他。包括上述各类未列入的其他目的的旅游，如过境旅游、探险旅游等。

（三）按组织形式划分

按照组织形式，旅游分为团体旅游和散客旅游。

1. 团体旅游。其基本形式是团体包价旅游，即游客在出行前组成一个旅游团队，并采取一次性预付旅费的方式将该次旅游活动的各项相关旅游服务全部委托一家旅行社办理。团体包价旅游的特点是：游客可以预知旅游费用，并获得价格优惠；享受旅行社提供的全部旅游安排和全陪服务，安全性强。但其旅游安排相对固定，旅游活动缺乏灵活性。

团体包价旅游曾是大众旅游时代人们出游的主要形式。目前，在全包价旅游基础上，还发展出半包价旅游和小包价旅游等形式。

2. 散客旅游。指单个或自愿结伴的游客,按照其兴趣、爱好自主进行的旅游活动。散客旅游具有高度的灵活性,但一般不享受价格优惠。近年来,能够体现个性化特征的散客旅游越来越普遍。

第三节　旅游活动的主体——旅游者

旅游主体,即旅游者。旅游者的旅游动机与旅游行为是与旅游相关的一切社会现象和社会关系发生的基础,因而旅游者是旅游现象发生的主导因素,处于旅游活动的中心地位。没有旅游者便没有旅游活动,更不能使旅游活动成为社会现象,从而也就不会有旅游业。所以,作为旅游者的人乃是旅游活动的主体,也是旅游学的首要研究对象。

一、旅游者的内涵

旅游者是指任何一个因为休闲、娱乐、观光、度假、探亲访友、就医疗养、购物、参加会议或从事经济、文化、体育、宗教活动,离开常住国(或常住地)到其他国家(或地方),连续停留时间不超过12个月,并且在其他国家(或地方)的主要目的不是通过所从事的活动获取报酬的人(不包括因工作或学习在两地有规律往返的人)。其中,常住国指一个人在近一年的大部分时间内所居住的国家(或地区);或虽然在这个国家(或地区)只居住了较短时间,但在12个月内仍将返回的这个国家(或地区)。常住地指一个人在近一年的大部分时间内所居住的城镇(或乡村);或虽然在这个城镇(或乡村)只居住了较短时期,但在12个月内仍将返回的这个城镇(或乡村)。

　　旅游者可以分为国际旅游者和国内旅游者。国际旅游者是指暂时离开本国常住地、入境到另一个国家进行游览的旅游者;国内旅游者是指暂时离开居住地前往本国境内其他地区参观游览的旅游者。国内旅游与国际旅游的根本区别在于是否跨越国界。

　　1963年联合国在罗马召开的国际旅游会议上对"国际旅游者"作了界定,提出凡纳入旅游统计中的来访人员统称为"游客"(是指除为获得有报酬的职业外,基于任何原因到一个不是自己常住的国家访问的人),并以在访问地是否停留过夜为标准分为"过夜旅游者"和"一日游游客"。世界旅游组织成立后,将这一定义作为本组织对应纳入旅游统计人员的解释。对于国内旅游者的范围划定或定义问题,目前人们的看法则远远没有统一。各国均根据本国的情况和消费特点对国内旅游者作出具体规定。

二、我国关于游客统计的主要指标

(一)海外游客

　　包括海外旅游者和海外一日游游客。

　　"海外旅游者",指来华旅游入境游客中,在我国旅游住宿设施内至少停留一夜的外国人、华侨、港澳台同胞。其中,外国人指拥有外国国籍的人,加入外国国籍的中国血统华人也计入外国人。华侨指持有中国护照但侨居外国的中国同胞。

　　"海外一日游游客",指来华旅游入境游客中,未在我国旅游住宿设施内过夜的外国人、华侨、港澳台同胞。"海外一日游游客"包括乘坐游船、游艇、火车、汽车来华旅游,在车(船)上过夜的游客和机、车、船上的乘务人员,但不包括在境外(内)居住而在境内(外)工作,当天往返的港澳台同胞和周边国家的边民。

　　海外游客不包括下列人员:应邀来华访问的政府部长以上官员及其随行人员;外国驻华使领馆官员、外交人员以及随行的家庭服务人员和受赡养者;常住我国一年以上的外国专家、留学生、记者、商务机构人员等;乘坐国际航班过境不需要通过护照检查进入我国口岸的中转旅客;边境地区往来的边民;回大陆定居的华侨、港澳台同胞;已在我国定居的外国人和原已出境又返回在我国定居的外国侨民;已归国的我国出国人员。统计来华旅游入境人数时,海外游客按每入境一次统计一人次。

（二）国内游客

包括国内旅游者和国内一日游游客。

"国内旅游者",指我国大陆居民离开常住地在境内其他地方的旅游住宿设施内至少停留一夜,最长不超过 6 个月的国内游客。国内旅游者包括在我国境内常住 1 年以上的外国人、华侨、港澳台同胞,但不包括本国到各地巡视工作的部级以上领导、驻外地办事机构临时工作人员、调遣的武装人员、到外地学习的学生、到基层锻炼的干部、到境内其他地区定居的人员和无固定居住地的无业游民。

"国内一日游游客",指本国居民离开常住地 10 公里以上,出游时间超过 6 小时但不足 24 小时,未在境内其他地方的旅游住宿设施内过夜的国内游客。

（三）出境游客

包括出境旅游者和出境一日游游客。

"出境旅游者",指我国大陆居民办理出境手续,并在境外其他国家或地区的旅游住宿设施内至少停留一夜的游客。

"出境一日游游客",指我国大陆居民办理出境手续,在境外停留时间不超过 24 小时,未在其他国家或地区的旅游住宿设施内过夜的游客。

三、旅游者必须具备的客观条件

（一）支付能力和闲暇时间

旅游是一项能给人带来精神享受的活动,但并非具有旅游愿望的人都能够成为现实的游客。一个人的支付能力和闲暇时间从客观上限制了外出的可能性。因此有可自由支配收入和连续性闲暇时间是自费旅游者实现出游愿望的两个最基本的客观条件。"可自由支配收入",是指个人收入中扣除支付应交纳的个人所得税和日常衣、食、住等必需的生活开支和必要的社会开支之后,仍有的剩余部分;"闲暇时间",是指一个人在日常工作、学习、生活及其他日常的限制性活动之外可以随意支配的自由时间。作为实现个人旅游需求的客观条件,闲暇时间具有相对集中、历时较长的连续性特征。在现代社会闲暇时间的四种具体表现形式即每日闲暇、每周闲暇、公共假日和带薪假日中,后三个时段的闲暇都可以用于旅游,其中带薪假日是最便于出游的时段。我国目前实行每周双休制,春节、"十一"旅游黄金周,传统节日的短期假日,这些制度的确立,极大地推动了我国国内旅游的发展,出现了假日旅游的火爆现象。

对于以商务旅游为代表的非自费旅游来说,游客旅游需求的产生条件虽与个人可自由支配收入和闲暇时间无关,但差旅性外出这一性质决定了他们的外出仍受到财力和时间的限制。

(二)其他影响因素

除了以上两个最重要的客观条件外,一个人能否实现外出旅游,还要受到个人方面许多其他客观因素的影响和制约。如一个人的身体状况,包括年龄、健康情况、性别等;一个人所处的家庭生命周期阶段或家庭拖累状况等。比如很多调查结果显示,家中有4岁以下婴幼儿的家庭外出旅游的可能性很小。

四、旅游者必须具备的主观条件

(一)旅游动机及其基本类型

一个人真正能够成为旅游者,除了需要具备上述客观条件外,还需要具备主观条件。这便是旅游动机。旅游动机是指促发一个人有意于旅游以及到何处去、作何种旅游的内在的心理原因。大众旅游的实践证明,相当多旅游者的旅游动机中都包含有这种探新求异的需要或者说好奇心和探索的需要。除了探新求异这种积极的需要之外,还有一种逃避紧张现实的需要。可以认为,人们外出作消遣或度假旅游主要就是为了满足精神上的需要。当然,这些精神需要可以以各种不同的具体需要的方式反映出来。例如这类具体需要可能是为了扩大视野,为了见识一下世界,为了接触和了解异国他乡的人民,为了走亲访友,为了放松、游玩,为了拜谒祖陵、访问故人,为了躲避令人生厌的事情等。而一旦这些需要被人们认识到,便会以动机的形式表现出来。然而,由于国度、民族、职业、年龄和性别以及文化程度等因素的影响,人们的这类具体需要多有不同,从而导致人们直接的旅游动机也多种多样。为此,美国著名教授罗伯特·W.麦金托什提出,这些具体需要导致产生的旅游动机,可以划分为四种基本类型,分别是:身体方面的动机,包括如度假休息、参加体育活动、海滩消遣、娱乐活动等直接与保健有关的活动,另外还包括遵医嘱或建议作异地治疗,洗温泉、矿泉,作医疗检查及类似的疗养活动;文化方面的动机,这方面动机的特点都是希望了解异国他乡的情况,包括了解其音乐、艺术、民俗、舞蹈、绘画及宗教;人际方面的动机,包括希望接触他乡人民,探亲访友,逃避日常的例行琐事及家庭或邻居之类的微社会环境,结交新朋友等;地位和声望方面的动机,包括个人成就和个人发展的需要,属于这类动机的旅游包括事务、会议、考察、研究、求学、追求业余嗜好等,旅游者可以通过旅游实现自己想被人承认、引人注意、获得好名声等愿望。事实上,人们外出旅游很少只出于一个方面的动机,往往是出于多种动机,满足人们的多种需要。

（二）影响旅游动机的因素

人们不同动机的形成从根本上说是由个人方面因素影响的结果。在影响旅游动机的个人方面因素中,一个人的个性心理因素起着首要的作用。其中较有代表性的是美国学者斯坦利·C.帕洛格提出的旅客心理类型模式。帕洛格通过对数千美国人的个性心理因素的研究,发现人们可被划分为五种心理类型。这五种心理类型分别为自我中心型、近自我中心型、中间型、近多中心型和多中心型。心理类型属于自我中心型的人,其特点是思想谨小慎微,多忧多虑,不爱冒险;行为上表现为喜安逸、好轻松,活动量小,喜欢熟悉的气氛和活动。同自我中心型相反,另一个极端类型是多中心型。属于这一心理类型的人,其特点是性格开朗、兴趣广泛多变;行为上表现为喜新奇、好冒险,活动量大,不愿随大溜,喜欢与不同文化背景的人相处。这类人虽然也需要旅游业为其提供某些基本的旅游服务,如交通和住宿等,但更倾向于有较大的自由性、灵活性,并且有些人甚至会尽量不使用或少使用旅游企业的旅游服务。除了这两个极端类型之外,中间型属于表现特点不明显的混合型。近自我中心型和近多中心型则分别属于两个极端类型与中间型之间略倾向于各极端特点的过渡类型。这一模式显示,属中间型的人居绝大多数,而自我中心型和多中心型这两个极端的人数比例很小,即所谓中间大、两头小的正态分布。它还反映出,在这个心理类型连续曲线上,越是靠近多中心型者,外出旅游的可能性就越大。

但是心理类型问题无论如何只是影响旅游动机的个人方面诸多因素中的一个因素。它对旅游动机的形成有很大的影响,但并非是唯一重要的决定因素。除了个人心理类型之外,影响旅游动机形成的个人方面因素中,还包括个人的文化修养以及年龄和性别。此外,某些客观外界因素,如社会历史条件、微社会环境因素(个人周围人际环境)、家庭及个人的经济状况等,由于对人的需要具有影响作用,因而也会影响人的旅游动机的形成。

在上述全部因素中,客观因素是保证条件,主观因素才是根本的内因。当然,主观因素有时亦受客观因素的限制。全面认识这些因素,对发展旅游业,特别是对旅游业的市场营销工作有一定的实际意义。对于收入、时间、身体、家庭负担等障碍因素,旅游业是无法或者说很难帮助人们克服的,除非不顾经济效益。因而旅游业在选择自己的目标市场时必须重视和考虑这些因素。但对于旅游动机,旅游业则可采取主动行为,利用各种推销宣传手段,激发人们对旅游的兴趣,促使其产生旅游动机。

五、不同类型旅游者的特点

不同类型游客有不同的特点,这里介绍按目的归属划分的三类旅游类型的游客,即消遣型游客、差旅型游客、家庭及个人事务型游客的特点。

消遣型游客的特点:第一,在全部外出旅游人数中所占的比例最大;第二,外出旅游的季节性很强,除退休者外,所有的在职人员几乎都是利用带薪休假时间外出旅游;第三,在对旅游目的地的选择以及对出发时间的选择方面,拥有较大程度的选择自由;第四,在旅游目的地的停留时间一般较长;第五,由于自费的缘故,大都对价格较为敏感。

差旅型游客是旅游业的另一重要市场。随着各国经济、科技和文化的发展,国际贸易持续增长,各国之间在经济、技术和文化方面交流也日益频繁。差旅型游客的特点:第一,在人数上虽然相对较少,但在出行次数上较为频繁;第二,在对旅游服务的要求方面,他们较强调舒适和方便,因而消费较高;第三,由于他们的出行是出于工作业务的需要,因而不受季节的影响,或者说其出行没有季节性;第四,他们对目的地的选择性较小或者根本没有选择余地,在外出动身时间方面也没有多少选择自由,在规定抵达时间限制较紧的情况下甚至没有任意选择旅行方式的自由;第五,除特殊情况外,他们一般在目的地停留天数较少,因为他们外出任务的性质决定了他们不可能在目的地过久停留;第六,他们在价格方面不太敏感,一方面是因为他们外出并非自费,另一方面则是由于他们没有选择或更改目的地的自由,只要其业务需要,即使其应去目的地的旅游产品价格正在较大幅度地上升,他们仍会前往。

家庭及个人事务型游客的需求特点比较复杂,他们在需求方面不同于前两类游客,但又兼有前两类游客的某些特点。例如,在出游时间上,他们中虽然有不少人利用带薪假期探亲访友,但相当多的人都选择传统节假日外出探亲;此外,很多家庭及个人事务,如出席婚礼、参加开学典礼等限制较紧,因此总的来讲这类人员的出行季节性较弱。这与差旅型游客的特点相类似。但就对价格的敏感程度而言,他们又与消遣型游客的需求特点相像,比较敏感。然而在对旅游目的地的选择方面,他们又与差旅型游客相同,没有选择旅游目的地的自由。

第四节　旅游活动的客体——旅游资源

一、旅游资源的内涵

旅游客体即旅游活动的对象物,主要表现为目的地的旅游资源。旅游资源是一种特殊资源,是一个国家或地区发展旅游业的基础和凭借,或说是前提条件。旅游资源在旅游对象中占首要地位。

凡是能够造就对旅游者具有吸引力环境的自然事物、文化事务、社会事务和其他任何客观事物,都可构成旅游资源。旅游资源是一个发展的概念,旅游资源的范畴还在不断扩大。随着科技的进步,旅游资源的科技含量增加,资源潜能将进一步得到发展。原来不是旅游资源的事物和因素,可以通过不断开发而成为旅游资源,例如普通人遨游太空,已经成为旅游项目;普通人去月球旅行的愿望,也将成为现实。而且,科技进步本身即可形成新的旅游资源。

　　构成旅游资源的基本条件:一是对旅游者有吸引力,能激发人们的旅游动机;二是具有可利用性,随着旅游者旅游爱好和习惯的改变,旅游资源的包容范畴不断扩大;三是资源的开发能产生不同的经济效益、社会效益和环境效益。旅游资源的本质特征是对游客具有吸引力,其吸引力主要表现为一定时期内所接待游客的数量。旅游资源固有的质量、所处地理位置及其可进入性是决定旅游资源吸引力的关键因素。旅游资源越具独特性,审美特征就越突出,对游客的吸引力也越强;旅游资源越接近客源地,交通运输越便捷,吸引的游客就越多。除交通运输条件外,目的地居民对待来访游客的态度也是影响可进入性,从而影响旅游资源吸引力的重要因素。

　　在过去,旅游资源往往可以直接为游客所利用,而在旅游活动高度社会化和市场化的今天,旅游资源一般要经过开发转化为旅游产品才能进入旅游消费市场,供游客消费和享用。

二、旅游资源类型

　　旅游资源范围广泛,种类繁多,一般按成因和表现内容分为两大基本类型,即自然旅游资源和人文旅游资源。《旅游资源分类、调查与评价》(GB/T 18972—2003),把旅游资源分为 8 项主类 31 项亚类 155 项基本类型。

　　(一)自然旅游资源

　　自然旅游资源的形成基于一定的地学条件。即自然环境中能使人产生兴趣的事物和现象。自然旅游资源分为地文景观、水域风光、生物景观、天象与气候景观四项主类。

　　1. 地文景观。指的是长期在地质作用下和地理过程中形成,并在地表面或浅地表存留下来的各种景观。包括五项亚类,即

（1）综合自然旅游地（整体或局部区段对人有吸引力的自然景观与自然现象）；（2）沉积与构造（记录地壳发展过程中各种成层非成层岩石及地质构造现象与景观）；（3）地质地貌过程形迹（地球生成演化历史中产生的地壳结构和地球表面的各种形态）；（4）自然变动遗迹（突发性地壳演化、灾害和某些自然事件的记录）；（5）岛礁（位于海洋、江河或湖泊中的四面环水的陆地和小块的岩石）。

2. 水域风光。指的是水体及所依存的地表环境构成的景观或现象。包括六项亚类，即（1）河段（河流段落）；（2）天然湖泊与池沼（四周有岸的水域）；（3）瀑布（从陡坡或悬崖处倾泻下来的水流）；（4）泉（地下水的天然露头）；（5）河口与海面（河流入海的交汇处和海上区域）；（6）冰雪地（可供游客进行参观、考察的常年不化堆积的积雪和雪线以上存留现代冰川的区域）。

3. 生物景观。指的是以生物群体构成的总体景观，个别的具有珍稀品种和奇异形态的个体。包括四项亚类，即（1）树木（稠密生长，主要由乔木组成的植物群体）；（2）草原与草地（草本植物覆盖的地面）；（3）花卉地（在空地、草原或灌木、乔木林中丛生的花卉群体）；（4）野生动物栖息地（一种或多种野生的水生、陆生、鸟类、蝶类动物常年或季节性的栖息地，包括野生动物数量或种群繁多的高度栖息区，具有很高科研价值的珍稀动物栖息地）。

4. 天象与气候景观。指的是天文现象与天气变化的时空表现。包括两项亚类，即（1）光现象（由于光传播介质异常而引起光线折射的奇特景象）；（2）天气与气候现象（人体感觉气候舒适的地区和极端或特殊天气现象发生频率较高的地区）。

（二）人文旅游资源

即历史人文社会环境中能使人产生兴趣的事物和现象。人文旅游资源是古今各种社会文化活动的结果，其形成与分布不仅受历史、民族、意识形态等因素的影响，而且受自然环境的影响，具有鲜明的地域特征。人文旅游资源包括遗址遗迹、建筑与设施、旅游商品、人文活动四项主类。

1. 遗址遗迹。指已废弃的目前不再有实际用途的人类活动遗存和人工构筑物。包括两项亚类，即(1)史前人类活动场所(有历史记录以前的远古人类生存和生活的地方);(2)社会经济文化活动遗址遗迹(有历史记载曾经发生过重要人文活动的建筑物遗存和场所原址)。

2. 建筑与设施。指的是融入旅游的某些基础设施或专门为旅游开发而建设的建筑物和场所。包括七项亚类，即(1)综合人文旅游地(整体或局部区段对人有吸引力的人文景观);(2)单体活动场馆(用于办公、祭拜、演出、体育健身、歌舞游乐等活动的单独馆室或场所);(3)景观建筑与附属型建筑(表现一个区域的标志性建筑和从属于主体的建筑物，并兼有使用和装饰等功能、独立存在的单体建筑物);(4)居住地与社区(人类居住地方和集中居住的区域);(5)归葬地(人去世后的埋葬场所);(6)交通建筑(连通两地往来的建筑物);(7)水工建筑(以水力、发电为主的水力发电工程)。

3. 旅游商品。指的是市场提供的物质产品。包括一项亚类，即地方旅游商品(具有跨地区声望的当地生产的物品)。

4. 人文活动。指的是人类的某些活动记录和活动方式。包括四项亚类，即(1)人事记录(对人和事件的记载);(2)艺术(以旅游为目的的反映社会生活，满足人们精神需求的意识形态);(3)民间习俗(发生和存在于人们中间的风俗习惯);(4)现代节庆(目前正在举办的节日庆典活动)。

中国文化源远流长，幅员辽阔，旅游资源数量众多，种类齐全，绚丽多姿;自然旅游资源与人文旅游资源相互交融、交相辉映，并形成了区域性的典型主题(如长江三角洲的江南水乡，西北、西南的少数民族风情，云、贵、桂一带的喀斯特风光等)，为我国发展旅游业创造了良好的条件。

第五节　旅游活动的中介体——旅游业

一、旅游业的内涵

在旅游活动体系的基本构成要素中,所谓中介体,是指帮助旅游者实现和完成其旅游经历,并为其提供相应便利服务的旅游业。从旅游的发展史看,旅游业产生于旅游活动发生之后,它是人类社会经济发展到一定阶段而出现的一种行业,是为适应旅游活动发展的需要,从满足旅游需求出发而形成的一种为旅游者提供各种服务的特殊行业,它是沟通旅游者和旅游资源之间的桥梁和纽带。

由于旅游业的介入,旅游活动被纳入市场体系之中。旅游业的经营活动为人们出游提供了极大便利,促进了整个社会旅游活动的大规模发展。同时,人们的旅游消费支出又通过旅游业这一渠道有效地转换、回流,成为整个社会经济收入的重要来源。目前,旅游业已成为我国国民经济和社会发展的重要组成部分。

二、旅游业的构成与特点

(一)旅游业的构成

根据旅游业的定义,旅游业由以下行业和组织机构构成:

1. 旅游观赏娱乐业。以向游客提供观赏娱乐产品为其基本服务职能,典型的企业形式包括景区(点)与有突出特色和吸引力的娱乐场所。旅游观赏娱乐业是吸引游客前往旅游目的地的根本因素。

2. 餐饮住宿业。饮食和住宿是游客在旅行和逗留期间的基本需要。提供餐饮和住宿服务的企业包括餐馆和饭店。现代饭店具有多种类型,如商务饭店、度假饭店、会议饭店、汽车饭店等。这些饭店往往根据服务档次和质量被评定为不同级别(一般采取星级制)。

3. 旅行社业。由所有向游客提供信息咨询、预订、产品组合设计与销售、导游与陪同等服务的企业构成。目前,我国旅行社分国际旅行社和国内旅行社两类。前者的经营范围包括入境旅游业务、出境旅游业务与国内旅游业务;后者仅限于经营国内旅游业务。

4. 旅游交通业。交通运输是游客空间位移的基本凭借。旅游交通不是独立的、自成体系的交通网络,而是依托交通基础设施,与民航、水运、铁路和公路交通等部门密切相关。在某些特定情况下,特别是重点旅游区,也会修建专门旅游公路、铁路,或开设专门的旅游航空线路。

5. 旅游商品经营业。旅游商品是游客在目的地旅行和逗留期间购买的工艺品、纪念品、文物古玩、土特产品及日用品等。与一般商品经营不同的是,旅游商品经营强调产品设计的独特性、文化性、纪念性与艺术性。

6. 旅游组织。包括旅游地政府旅游行政管理系统和旅游行业协会。我国旅游行政管理系统主要由国家旅游局,各省、直辖市、自治区和地方旅游行政组织构成,主要职能包括旅游业规划和宏观管理、旅游营销以及协调旅游相关机构的工作。其中,国家旅游局是国务院主管全国旅游业的直属机构,是我国最高旅游行政组织。旅游行业协会是非政府机构,其职能是加强行业协作、制定并实施行业规则、促进行业研究并向旅游行政主管部门提供建议和咨询等。目前,我国全国性旅游行会组织有中国旅游协会、中国旅游饭店协会、中国旅行社协会、中国旅游车船协会等。

(二)旅游业的特点

1. 综合性。旅游活动以游览为中心内容,人们为了实现游览的目的,还必须在行、住、食、购、娱等方面进行消费,所以,旅游活动是一项综合性的消费。旅游业作为旅游主体与客体之间的桥梁,要提供包括行、游、住、食、购、娱等各个方面的一体化服务,提供多种多样的旅游产品,满足旅游者多样化的旅游需要。这决定了旅游业的产品是众多企业共同作用的产物。

2. 带动性。旅游业通过满足旅游者在旅游活动过程中多方面、多层次的需要,达到赢利的目的,必须涉及许多相关的行业,这决定了旅游业发展还与其他众多部门和行业密切相关,如海关、金融、通信、卫生、教育、公安、文化艺术、建筑业、商业等,旅游业兴,可带动百业发达。满足旅游者多种需要这一纽带把众多不同类型的企业联系到一起,各自提供能满足旅游者某一方面需要的产品。

3. 服务性。旅游业属于第三产业,是一项以提供和出售劳务为特征的服务性产业,它向旅游者提供的产品是固定有形的设施和无形的服务,使游客得到物质享受和精神满足,其中是以无形的服务产品为主,有形设施和产品是旅游业为旅游者服务的依托和手段。旅游业的各个组成企业分散在不同的地点,以不同的方式,借助不同的服务载体向旅游者提供不同内容的服务。

4. 劳动密集性。旅游业就业岗位众多,能够吸纳大量劳动力就业。同时,作为一种外向型产业,客观上要求旅游服务标准和水平必须向国际标准看齐。因此,劳动力资源与劳动力素质状况是影响一个国家旅游业发展的重要因素之一。

5. 涉外性。当代旅游是跨地区、跨国界的广泛的人际交往活动,为旅游活动服务的旅游业所生产的产品提供给来自各国、各地的旅游者。旅游业在经营中不仅要完成创收、创汇的任务,还要促进各国、各地区人民的相互交往,增进人民间的友谊和了解。旅游业的外向性要求其必须根据市场的需要进行旅游产品的生产、组织和营销活动,开展跨区域、跨国界的合作,尊重各国、各民族人民的宗教信仰和生活习俗,特别是在国际旅游工作中,要维护国家的声誉,促进国际间的友好往来。

三、中国旅游业的发展

(一)中国近代旅游业

中国近代旅游业最早产生于上海。其重要标志是银行家陈光甫于 1923 年在上海商业储蓄银行设立"旅行部",并于 1927 年独立挂牌正式更名为"中国旅行社"。中国旅行社及其分社成立后,积极组织国际、国内旅游业务。但是旅游在近代中国没有普遍进入国民的生活和消费之中,具有半封建半殖民地社会形态下旅游经济发展的依附性和被动性。

(二)新中国旅游业的发展历程

1. 改革开放以前的中国旅游业

新中国成立后,为了适应对外交往的需要以及为华侨、港澳同胞提供出入境服务,中国政府相继组建中国华侨旅行服务总社、中国国际旅行社。1965 年设立中国旅行游览事业管理局,作为国务院直属机构负责统一领导和管理全国旅游事业。

这一时期中国旅游业的特点是:旅游接待被作为外事活动的一部分,接待对象主要是外国友好团体和华侨、港澳同胞,旅游接待规模小;接待单位多为事业性质,旅游行政部门与旅游接待单位合为一体。这一时期是新中国旅游业的初始时期。但是 1966 年开始的"文化大革命",使刚刚起步的新中国旅游业遭受严重干扰和破坏。

2. 1978 年以后中国旅游业的发展

1978 年 12 月,中共十一届三中全会确定党和国家的工作重点转移到社会主义现代化建设上来。随后,中共中央提出促进技术进步、提高经济效益、对外开放对内搞活等重大决策,为旅游业带来了生机和活力,旅游饭店建设、旅游交通、景点建设、物资供应、旅游教育、旅游商品开发等各项工作全面展开,旅游业步入正常发展的轨道。

1985 年国务院批转国家旅游局《关于当前旅游体制改革几个问题的报告》，明确我国旅游管理体制采取"政企分开，统一领导，分级管理，分散经营，统一对外"的原则。随着国家旅游方针政策框架体系的形成以及各地旅游行政管理机构的充实完善，中国旅游业加快了改革步伐并开始四个转变：一是从以旅游接待为主转变为旅游资源开发与旅游接待并举；二是从只抓国际旅游转变到国际国内旅游一起抓，相互促进；三是旅游基础设施建设以国家投资为主转变为国家、地方、部门、集体、个人一起上，自力更生与利用外资　起上；四是旅游经营单位由事业单位转化为企业，从所属行政管理部门独立出来，自主经营。这四个转变的出现和逐步实现，是新中国旅游发展史上的重大转折。

1986 年，旅游业正式列入我国国民经济和社会发展计划，从而在国民经济体系中确立自身的地位，在产业序列中取得优先发展的保障。1987 年我国旅游外汇收入增长率超过旅游人数增长率。这意味着我国旅游业的前期投入开始产生效益，开始从数量型增长向效益型发展的根本转变。

自 1988 年始，中国旅游业由改革开放初期的超常增长阶段步入自然增长阶段，旅游业供求关系逐步从卖方市场转变为买方市场，市场竞争日趋激烈。在 1988～1993 年的五年中，旅游市场呈现大波大折、大起大落的特点，从而使全行业较早接受了市场观念和竞争观念；同时，旅游业投入继续增长，旅游产业逐步形成规模，为旅游业的持续发展奠定了较为雄厚的基础。

1994 年以后，随着社会主义市场经济体制和运行机制在我国的确立和完善，中国旅游业的市场运行机制基本形成，旅游业进入一个新的历史阶段，即竞争性增长阶段。在这一阶段，市场组织加速发育，跨地区、跨行业、跨所有制的多元化经营日渐兴盛，新的市场规范和秩序也在进一步发展中产生，旅游业步入良性循环发展的轨道。1997 年，尽管受东南亚金融危机影响，中国旅游创汇仍

保持增长势头,接待境外游客人数和创汇分别比上年增长 7.6%
和 12.7%。

1998 年中央经济工作会议把旅游业作为国民经济新的增长
点,旅游业在国民经济和社会发展中的作用受到高度重视。2002
年,旅游外汇收入和入境旅游人数已经双双进入世界第五位。

2009 年 12 月国务院下发《国务院关于加快发展旅游业的意
见》(国发〔2009〕41 号)被社会各界一致认为是一个具有里程碑
意义的重要文件,《意见》明确提出要把旅游业培育成为国民经济
的战略性支柱产业和人民群众更加满意的现代服务业。成为中国
经济社会发展阶段划分的一个新标志,标志着全面建设小康社会
背景下民生内容的拓展,标志着消费立国、服务业主导产业经济发
展的新经济时代已经来临。

第六节 旅游市场

一、旅游市场的内涵及构成

(一)旅游市场的内涵

市场一般指产品和劳务进行买卖的场所。经济学家用市场一
词泛指交易某类产品或劳务的买方与卖方的集合。在这个意义
上,广义的旅游市场就是旅游产品供求双方交换关系的总和,即在
旅游产品交换过程中所产生的各种经济现象和经济关系。其中,
旅游产品是指为满足游客旅游需求而在一定地域上生产或开发出
来以供销售的物象与劳务的总和(如餐饮和住宿服务、旅游交通
服务、景点服务等),包括对应于游客旅游全过程的整体服务(旅
游线路)。

在旅游市场营销中,人们常用的"旅游市场"一词是指狭义的

旅游市场概念,指旅游产品现实的和潜在的购买者,即客源市场,例如日本市场、东南亚市场,这些购买者共同具有某一特定的、能通过交换得到满足的旅游需求或欲望。在这个意义上,旅游市场规模大小取决于人们的旅游欲望的强烈程度、拥有可供交换的资源(包括可自由支配收入和闲暇时间)的多少和愿意用这些资源进行交换来满足旅游欲望的人的数量。

(二)旅游市场的构成

旅游市场构成的基本要素包括:

1. 旅游产品经营者。他们是旅游产品的卖方,指具有独立的经济利益和自主决策权的经济法人。在市场经济条件下,它包括提供旅游产品和服务的企业、个人和其他社会组织,即旅游产品的生产者和供应者。他们根据市场需求向旅游市场提供旅游产品并获取收入,作为卖方构成旅游市场主体之一。他们既可以是组织,也可以是个人。

2. 旅游产品需求者。指参与旅游产品交换的买方,他们从旅游市场购买并消费旅游产品,从而满足自己的旅游需求。旅游产品需求者作为买方构成旅游市场主体之一。他们既可以是组织,也可以是个人。

3. 旅游产品。可供交换的旅游产品作为买卖双方交换的对象构成旅游市场的客体。旅游产品包括各种有形的和无形的旅游资源、旅游设施、旅游服务以及旅游商品等,满足游客行、游、住、食、购、娱的需求,使游客获得一种体验和经历。

4. 旅游市场中介。旅游市场中介是指通过营销和交换活动,联结旅游市场各主体之间的所有有形的和无形的媒介和桥梁,如营销价格、竞争、旅游信息、旅游服务、政策法规等,它们组成了旅游产品供应者之间、旅游产品消费者之间以及旅游产品供应者和旅游产品消费者之间的媒介体系,在旅游市场中起到促进和保障交换的作用。

二、旅游市场类型

所谓旅游市场分类,就是根据国境、地理、消费、旅游目的、旅游组织形式等因素,划分为不同的旅游细分市场。

1. 按国境划分旅游市场。按国境来划分,一般分为国内旅游市场和国际旅游市场。在国内旅游市场上,旅游者是本国居民,主要使用本国货币支付各种旅游开支,并自由地进行旅游而不受国界的限制,因而大力发展国内旅游不仅容易可行,而且可以对国内商品流通、货币回笼等起促进作用。在国际旅游市场上,由于旅游者是其他国家或地区的居民,使用其他国家的货币支付旅游开支,往往涉及货币兑换、旅游护照、目的地国家的签证许可等问题,因而国际旅游市场与国内旅游市场相比较要复杂。

2. 按地域划分旅游市场。世界旅游组织根据世界各地旅游发展情况和客源集中程度,将世界旅游市场划分为六大市场,即欧洲市场、美洲市场、东亚和太平洋市场、非洲市场、中东市场、南亚市场六大区域。从六大区域性市场的发展看,欧洲是世界上最重要的国际旅游客源地和国际旅游消费区,自 20 世纪 50 年代以来国际旅游接待人数和国际旅游收入一直居六大旅游市场之首。美洲是仅次于欧洲的国际旅游发达地区,国际旅游接待人数和旅游收入在六大旅游市场中居第二位,同时美洲地区也是世界上第二大国际旅游客源市场。东亚和太平洋地区自 20 世纪 60 年代以来一直是世界上排名第三位的国际旅游接待地区,也是世界上第三大国际旅游客源市场。自 20 世纪 60 年代中期以来,这一地区的国际旅游接待量和国际旅游收入一直以高于世界平均增长率的速度增长。

3. 按旅游目的划分旅游市场。对旅游市场传统的划分往往是根据旅游目的的性质,划分为观光旅游市场、文化旅游市场、商务旅游市场、会议旅游市场、度假旅游市场、宗教旅游市场等。当前,除了以上传统旅游市场外,又出现了一些新兴的旅游市场,如满足旅游者健康需求的体育旅游市场、疗养保健旅游市场和狩猎旅游市场等;满足旅游者业务发展需求的修学旅游市场、学艺旅游市场等;满足旅游者个性需求的探险旅游市场、美食旅游市场、环境旅游市场和惊险游艺旅游市场等。总之,由于旅游者的旅游目的不同,对旅游产品的需求不同,从而可划分为不同的旅游细分市场。

4. 按消费划分旅游市场。根据旅游者的消费水平,一般可将旅游市场划分为豪华旅游市场、标准旅游市场和经济旅游市场。在现实经济中,由于人们的收入水平、年龄、职业以及社会地位、经济地位的不同,其旅游需求和消费水平也不同,从而对旅游产品的质量要求也不一样。通常,豪华旅游市场的主体是社会的上层阶层,他们一般对旅游价格不敏感,而是希望旅游活动能最大限度地满足他们的旅游需求。如参加团体旅游,他们更喜欢同具有相同社会和经济地位的人在一起旅游。标准旅游市场的主体是大量的中产阶级,他们既注重旅游价格,又注重旅游活动的内容和质量。经济旅游市场的主体是那些收入水平较低或没有固定收入者,他们更多的是注重旅游价格的高低。因此,旅游经营者应根据其提供的旅游产品的等级,科学地进行市场定位,以选择合适的目标旅游市场,并努力增强对旅游市场的吸引力和扩大市场占有率。

5. 按旅游组织方式划分旅游市场。根据旅游的组织方式,可将旅游市场划分为团体旅游市场和散客旅游市场。

团体旅游一般是指以包价为主的旅游组织方式。包价的内容通常包括旅游产品基本部分,如行、游、住、食、购、娱,也可以是基本部分中的某几个部分。旅行社往往以优惠的旅游价格分别购买各单项旅游产品,然后组织成旅游线路产品再出售给旅游者,因而旅游者参加团体包价旅游,其旅游价格一般较便宜。由于团体包价旅游往往提前安排好活动日程,旅游者能够放心地随团旅游。另外,包价旅游的内容灵活多样,可以根据旅游者的偏好而自由选择。

　　散客旅游主要指自行结伴的旅游组织方式。散客旅游者可以按照自己的意向自由安排活动内容,也可以委托旅行社购买单项旅游产品或旅游线路中的部分项目,因而比较灵活方便。散客旅游的主要缺点是旅游者自己要考虑每一站的抵离接送及住宿、就餐等问题,其所购买的各单项旅游产品的价格之和比旅行社同样内容的团体包价旅游的价格也要昂贵得多。由于散客旅游灵活方便,随着现代旅游业的发展,散客旅游迅速增加,而团体旅游比重大幅度下降,散客旅游已成为国际旅游市场发展的一种新趋势。

三、中国旅游市场状况

　　目前,我国旅游业已形成了入境旅游、国内旅游和出境旅游全方位发展的局面,因此,我国旅游市场也可分为入境旅游市场、国内旅游市场和出境旅游市场三个方面。

　　(一)入境旅游市场

　　入境旅游市场指海外来华旅游市场,或称外国旅华市场或国际客源市场。我国入境旅游市场由三部分构成,即外国人、海外华侨和港澳台同胞。其中,港澳台游客是我国入境游客的主体。

　　中国旅游业统计公报,2012 年是我国旅游业特别是入境旅游经受严峻考验和挑战的一年,全国旅游行业化挑战为机遇,保持了旅游业总体平稳较快增长。入境旅游人数 13240.53 万人次。其中:外国人 2719.16 万人次,香港同胞 7871.30 万人次;澳门同胞 2116.06 万人次;台湾同胞 534.02 万人次。入境过夜旅游者人数 5087.52 万人次;国际旅游(外汇)收入达 500.28 亿美元。

　　(二)国内旅游市场

　　国内旅游市场是我国旅游业的重要组成部分。随着我国经济持续快速发展,国民生活水平不断提高,国内旅游市场发展迅猛,旅游消费水平在迅速提高。我国国内旅游中,城镇居民无论是出游人次、出游率,还是消费水平,都远远高于农村居民。近几年来,农村居民外出旅游处于快速增长阶段。考虑到农村居民庞大的人口基数和农业经济的未来发展,应该说农村居民的旅游市场极具发展潜力。自从 1999 年国务院公布新的《全国年节及纪念日放假办法》即采用新休假制度后,国内旅游市场初步形成了春节、"十一"两个出游量集中的旅游黄金周。但是,旅游黄金周的出现也暴露出一些不足和需要加以改进的地方,其中最突出的就是因为出游时间的过分集中而引起的一系列问题。如某些旅游热点地区人满为患,拥挤不堪,不仅严重影响了游客的旅游热情和对当地的印象,而且也威胁旅游目的地的可持续发展。总而言之,近年的旅游黄金周现象反映了我国国内旅游巨大的市场规模和良好的发展潜力。它所带来的问题需要经过《全国年节及纪念日放假办法》和带薪休假制度的完善加以解决。

中国旅游业统计公报显示,2012 年全国国内旅游人数 29.57 亿人次,比上年增长 12.0%。其中:城镇居民 19.33 亿人次,农村居民 10.24 亿人次。全国国内旅游收入 22706.22 亿元人民币,其中:城镇居民旅游消费 17678.03 亿元,农村居民旅游消费 5028.19 亿元。全国国内旅游出游人均花费 767.9 元,比上年增长 5.0%。其中:城镇居民国内旅游出游人均花费 914.5 元,农村居民国内旅游出游人均花费 491.0 元。

(三)出境旅游市场

我国出境旅游市场的发展虽然时间不长,但保持了较快的增长率。20 世纪 90 年代始,出境旅游人数逐渐增多。1997 年 7 月 1 日,由国家旅游局与公安部共同制定并经国务院批准的《中国公民自费出国旅游管理暂行办法》发布实施,标志着中国公民自费出国旅游的正式开始。

据中国旅游业统计公报显示,2009 年,我国公民出境旅游市场继续快速发展,旅游目的地不断增加,其中赴台游发展迅猛。

2012 年,我国公民出境人数达到 8318.27 万人次。出境第一站按人数排序,列前十位的国家和地区依次是:中国香港、中国澳门、日本、韩国、越南、中国台湾、美国、俄罗斯、新加坡和泰国。

我国公民出境旅游市场的发展,使我国旅游业的市场体系更加完整,在国际旅游市场上的地位进一步提高;满足了国内居民的出境旅游需求,使出境旅游成为人民生活水平提高的重要标志。据世界旅游组织最新统计显示,2010 年全球旅游全面恢复增长,中国超过西班牙成为继法国、美国之后世界第三大旅游目的地。此外,继续保持世界上最大的国内旅游市场和亚洲第一大出境旅游市场的地位。

第七节　旅游的影响

旅游的影响,又称旅游效应,是指由旅游活动所引发的种种利害影响。它既包括作为旅游活动主体的旅游者的影响,也包括旅游产业相关利益集团活动的影响。现代旅游发展中,旅游者的行为和旅游服务企业的行为已经成为足以影响人类社会文化的发展趋向,甚至影响区域环境演化方向的十分重要的因素之一。

为了了解和认识旅游的影响,可以按照旅游影响的内容将其划分为经济影响、社会文化影响和环境影响三种类型来认识。

一、旅游的经济影响

在一定程度上,旅游是一种依赖于消费者经济状况的人类活动,并对这些国家和地区具有经济方面的影响力。这种影响对一个国家的经济既有积极方面的影响,也有消极方面的影响。

(一)旅游对经济的积极影响

旅游业对国民经济所产生的积极影响,概括起来,主要体现在以下几个方面。

1. 增加外汇收入，平衡国际收支

不论发达国家还是发展中国家，发展旅游业的一个主要目的都是赚取外汇，改善国际收支平衡状况。旅游创汇与传统的商品出口相比，具有很多优点，主要表现为换汇成本低、换汇速度快、不受进口国关税壁垒的影响、物质资源消耗少等特点。

2. 扩大内需，加快货币回笼

在商品经济社会中，任何一个实行纸币制的国家或地区，政府都要有计划地投放货币和回笼货币，控制货币流通量。因此，国家必须监督和控制货币的投放与回笼，以保持社会上流通的货币量与流通的商品量协调一致，以维护社会经济的正常运行。在国家的物质商品生产能力有限，一时难以扩大物质商品投入量的情况下，发展旅游业，特别是国内旅游业，转移人们的购买趋向，鼓励旅游消费，是扩大内需、回笼货币的一个重要途径。

3. 增加政府税收

税收是国家财政收入的主要来源。没有足够的税收，政府不仅不能增加对经济发展和公共事业的投资，也难以维持国家机构的正常运转。发展旅游业可以起到增加国家税收的作用。国家的旅游税收目前主要来自两个方面：一是对游客直接征收的税与费，主要包括入境签证费、出入境时交纳的商品海关税、机场税等；二是对旅游企业征收的营业税和所得税等。

4. 调整地区产业结构，带动相关行业的发展

旅游业是一项综合性产业，关联性强，它的发展一方面有赖于国民经济各行各业的综合发展，另一方面也可以带动和促进国民经济许多行业的发展，改善国民经济结构。"旅游兴，百业旺"，旅游业不仅促进了国民经济现有部门、行业的发展，而且对调整国民经济产业结构、促进产业结构合理化和综合发展起到非常积极的作用。

5. 增加就业机会,缓解社会压力

就业问题是国民经济中一个重要问题,它不仅关系到每个劳动者的生存和发展,而且也关系到整个社会秩序的稳定。旅游业是第三产业的重要组成部分,在提供就业机会和解决就业问题方面具有重大意义。和其他产业相比,旅游业在提供就业方面的优势在于:旅游业属劳动密集型的产业,在旅游接待工作中,许多工作需靠员工手工操作,且需要直接面对客人提供富有人情味的服务,需要大量的劳动力,因而能提供大量的直接就业机会。旅游业的就业岗位层次众多,一方面需要高素质管理与技术人才,另一方面很多工作,尤其是旅游交通、旅游餐饮、旅游商品、旅游景区等行业的大多数工作并不需要很高的技术,对年龄要求也不十分苛刻,能为尚不具备技术专长的青年和下岗职工提供就业机会。旅游业是个具有关联带动性的产业,不仅自己可以直接提供就业机会,而且能够连带其他行业提供就业机会。

6. 旅游扶贫致富,缩小地区差别

世界上不同国家和地区,或者一个国家的不同地区,由于受自然条件、开发历史等方面因素的影响,其经济发展水平是不平衡的,而旅游在缩小这种地区差别方面能够起到一定的积极作用。如果说国际旅游可以引起旅游客源国的财富向旅游目的地国转移,在一定程度上使国际间的财富进行再分配,那么,国内旅游则可以把国内财富从客源地向目的地转移,使国内财富在区域间进行再分配。旅游扶贫是一种特殊的扶贫形式。20世纪80年代中期以后,我国各地政府积极引导、扶持旅游资源丰富、具有开发价值和开发潜力的贫困地区,积极发展旅游业,走"旅游脱贫致富"的道路。

7. 改善投资环境,扩大国际间的合作

旅游业的发展可以从多方面改善投资环境,吸引外资,扩大出口,加强国际间经济交流和合作。国际旅游业是对外开放的一个

"窗口",为旅游业提供了开展经济合作的必要物质条件,国际旅游业也促进了各国科技人员和信息的交流。

(二)旅游对经济的消极影响

在经常有大量旅游者来访的情况下,由于外来旅游者的收入水平较高或者他们为了旅游而长期积蓄的缘故,旅游者的消费能力高于旅游目的地的居民,则难免会引起旅游目的地的物价上涨,降低当地居民的生活质量。也有可能影响产业结构发生不利变化,如以农业为主的国家或地区,从个人收入来看,由于从事旅游服务的所得高于务农收入,因此常使得大量的劳动力放弃农业而从事旅游业。这种产业结构不正常变化的结果是,一方面旅游业的发展扩大了对农副产品的需求;另一方面农副业产出能力下降,如果再加上农副产品价格上涨的压力,很可能会影响到旅游目的地社会和经济的稳定。

过分依赖旅游业会影响国民经济的稳定,一个国家或地区如果过分依赖旅游业来发展自己的经济,那么将会影响到国民经济的稳定。特别是像我国这样一个大国更是如此。主要原因是:第一,作为现代旅游活动主要组成部分的消遣度假旅游有很大的季节性,而淡季时会造成旅游设施的闲置和从业人员的失业;第二,旅游需求在很大程度上取决于客源地居民的收入水平、闲暇时间和旅游的流行时尚,而这些因素的变化都是旅游接待国或地区所不能预料和控制的;第三,旅游需求还会受到旅游接待国或地区各种政治、经济、社会乃至某些自然因素的影响,一旦这些非旅游业所能控制的因素发生不利变化,也会使旅游需求大幅度下降。以上任何一方面的原因,都会使旅游业乃至整个经济部门严重受挫,造成严重的经济和社会问题。

二、旅游的社会文化影响

人们为了追求不同的文化体验,才产生旅游的欲望。因此,文化特色是旅游的灵魂。而在追求特色文化的同时,不同文化群体间的接触和交往又常常会带来或大或小的、或积极或消极的影响。

（一）旅游对社会文化的积极影响

1. 有助于提高民族素质

这一点主要是针对国内旅游而言的。这方面影响主要表现在三个方面:第一,旅游活动的开展具有促进人们身心健康的作用;第二,旅游活动的开展有助于人们突破惯常环境对思维的束缚,使人们开阔眼界,增长知识;第三,旅游活动的开展有助于培养人们的爱国主义情感。

2. 有助于增进国际间的相互了解

国际旅游活动的开展客观上具有人民外交的作用。由于旅游是不同国度、不同民族、不同信仰以及不同生活方式的人们之间直接交往,而不是以文字媒体或者以个别人为代表进行的信息传递和间接沟通,因而更有助于增进不同国家人民之间的相互了解,增强国际间的和平友好关系。在这个意义上,国际旅游活动的开展在缓和国际关系以及促进在国际事务中实行人类和平共处方面起着非常重要的作用。

3. 有助于促进民族文化的保护和发展

民族文化是一个国家或地区重要的旅游资源。随着旅游业的发展和接待外来旅游者的需要,当地一些原先几乎被人们遗忘的传统习俗和文化活动又重新得到恢复和开发,传统的手工艺品因市场需求的扩大又重新得到发展,传统的音乐、舞蹈、戏剧等又重新受到重视和发掘,濒临毁灭的历史建筑又重新得到维护和管理,等等。所有这些原先几乎被抛弃的文化遗产不仅随着旅游的开展而获得新生,而且成为其他旅游接待国或地区所没有的独特文化资源。它们不仅受到旅游者的欢迎,而且使当地人民对自己的文化增添了新的自豪感。

4. 有助于推动科学技术的交流和发展

科学技术的发展是旅行和旅游产生和发展的前提条件,这一点已为历史的发展所证实,但是在另一方面,旅游也是科学研究和技术传播与交流的重要手段。在旅游发展的各个阶段,很多人以科学考察为目的,完成了许多研究,在客观上也起到了传播和交流知识与技术的作用。此外,旅游发展中对科学技术不断提出新的要求,也推动了相关领域科学技术的发展。

5. 有助于促进旅游目的地生活环境的改善

为了适应旅游业发展的需要,旅游接待地区的基础设施会得以改进,生活服务设施和其他方便旅游者的设施也会有所增加。虽然这一切都始自发展旅游业的需要,但在客观上也改善了当地居民的生活环境,方便了当地人民的生活。

(二)旅游对社会文化的消极影响

随着旅游活动的开展,旅游者不可避免地会将自己的生活方式带到旅游目的地。由于旅游者来自世界各地,他们具有不同的价值观、道德观念和生活方式,而这些东西也在无形之中传播和渗透,对旅游目的地社会产生不良的示范效应,干扰当地居民的正常生活,侵害当地居民的利益。一些传统的民间习俗和庆典活动逐渐被商品化。旅游目的地工艺品被大量生产,粗制滥造,也使旅游目的地文化形象和价值受到损害和贬低等现象。

三、旅游的环境影响

旅游对环境的影响主要是对旅游目的地而言的。在旅游目的地,旅游与环境的关系非常密切,它们是相互依存又相互制约的关系,即"一荣俱荣,一损俱损"的关系。所谓环境,既包括自然环境,也包括该地的社会生活环境。旅游项目的开发和旅游活动的开展在导致环境发生变化方面,既有其积极的影响,也有其消极的影响;既有其直接的影响,也有其间接的和诱导的影响。

（一）旅游对环境的积极影响

旅游业对于环境依赖的程度很高，因此在旅游的发展过程中，高度重视对环境的保护。无论是在旅游的规划和管理方面，还是在旅游环境的维护和改善方面，旅游对环境都会产生积极的影响。

1. 保护重要自然景区

旅游业凭借良好的自然环境开展旅游活动，因此旅游接待国（地）首先会重视环境的保护以及绿化工作，从而使自然环境和珍稀动植物得到保护；旅游业的发展，又会为自然环境的保护提供资金。

2. 保护历史文化古迹

历史文化是旅游业发展的根本所在，各地的旅游发展都十分重视历史文化的挖掘、整理和保护。所以，发展旅游一定会使当地重视对古代建筑与历史遗迹的维护、恢复和整修，并为其提供资金。

3. 提高环境质量

环境美是旅游发展的前提，旅游开发都十分重视环境质量的提高，如通过控制大气污染、水体污染、垃圾污染和其他环境问题促进环境全面净化；通过各种形式的园艺手法、得体的建筑风格和科学的维护方法，使旅游区整体环境得到美化和提升。

4. 改善基础设施

旅游的发展常常能改善地方的基础设施，如机场、道路、通信、用水系统和污水处理系统等。

（二）旅游对环境的消极影响

一个景区的生态平衡是经过几千年甚至是上万年的自然演变而形成的相对的稳定系统。而旅游及其相关活动可能在很短的时间内改变这种自然生态的平衡系统。突出的表现就是植被减少、野生动物受到滋扰、动物活动规律被打乱等。也有可能引起对环境的污染：包括水体污染、大气污染、垃圾污染和建设污染等。这些污染,有的来自旅游活动本身,如水上摩托、游泳、跳水等产生的涡流会影响水域生态环境;有的来自游客产生的生活垃圾、生活污水,再者,旅游目的地建设与旅游环境的不协调,也会造成旅游目的地的建设污染。

思考题:

1. 谈谈托马斯·库克对旅游业的贡献。
2. 现代旅游大发展的原因。
3. 影响旅游者旅游动机的因素有哪些?
4. 旅游业的特点。
5. 中国旅游业的发展阶段。
6. 旅游活动对经济的影响有哪些?

第二章　中国历史与文化常识

本章导读

通过本章学习:

——了解中国历史的发展沿革,中国古代历史常识,中国文学艺术的发展演变及中国传统文化的主要思想流派,中国戏曲的发展历程。

——识记中国不同历史时期的重要人物和历史事件,中国不同历史时期著名文学家、诗人、书画家的姓名及代表作。

——掌握中国古代重要典籍,中国不同戏曲种类的代表作品。

第一节　中国历史发展概述

一、先秦时期的历史发展

先秦是指原始社会到战国时期这段时间。原始社会时间很长,可以分为旧石器时代(300 万年~1 万年前)和新石器时代(1万年~四五千年前)。在祖国大地上,大约 170 万年前就已生活着原始人群,这就是云南元谋人。距今约 50 万年前的周口店"北京人"已具备人的基本特征,能直立行走,能制造和使用简单的工具,产生了语言,并会使用天然火。大约 18000 年前在北京周口店龙骨山里,生活着一批被称作"山顶洞人"的远古人类。他们已经具有明显的黄种人的体态特征。山顶洞人不仅会人工取火,而且制造出中国缝制工艺史上的第一枚骨针,骨针约同火柴棍般粗细,长约82毫米。新石器时代,有代表性的文化是仰韶文化和龙山文化,以及长江中下游和黄河下游的河姆渡文化、大汶口文化。这些文化的先民已经靠种植水稻、粟等农作物生活,原始农业出现了;并且制造陶器,纺织,原始的手工业出现了;还饲养猪、狗、鸡等家禽家畜,原始的畜牧业也出现了。

公元前2070年,禹的儿子启建立夏朝,这是我国历史上第一个奴隶制国家。夏朝开始有了历法,所以人们都把中国古老的传统历法叫夏历。夏历是按月亮的运行周期制定的,又叫阴历。由于历法中有节气变化和农事安排,所以又称农历。公元前1600年夏朝被商朝取代。商代出现的甲骨文,是一种刻在龟甲和兽骨上的文字,从此中国历史进入有文字记载的时期。商代青铜器的冶炼和铸造技术达到很高水平,商朝后期制造的司母戊大方鼎重达875公斤,是迄今为止发现的世界上最大的出土青铜器。商朝最后的统治者纣王好酒淫乐。周部族的首领姬发联合其他部族讨伐商朝,经过牧野之战,推翻了商朝,于公元前1046年建立周朝,史称“西周”。公元前771年,西周被犬戎族所灭。周平王迁都洛邑(今河南洛阳),史称“东周”。东周包括春秋、战国两个时期。春秋时期,各诸侯国相互兼并征战,出现齐桓公、晋文公、宋襄公、秦穆公、楚庄王五个霸主,史称“春秋五霸”。战国时期兼并战争继续进行,形成齐、楚、燕、韩、赵、魏、秦七个强国,史称“战国七雄”。

二、秦汉时期统一多民族封建国家的形成

公元前221年,秦始皇统一中国,建立历史上第一个统一的中央集权的封建制国家——秦(前221～前206年),定都咸阳。秦王朝统治时期,废除分封制,立郡县,建立以皇帝为中心的封建官僚制度;统一文字、度量衡、货币和车轨等,修筑以咸阳为中心的驿道,修建万里长城等。由于沉重的赋税、繁重的徭役、严酷的刑法,人民无法生活下去。公元前 209 年,陈胜、吴广领导农民起义,项羽和刘邦也相继起兵反秦。公元前 206 年,秦朝被刘邦领导的武装力量推翻。秦亡后,爆发历时四年的"楚汉战争",最后项羽失败,刘邦建立西汉王朝(前 206～25 年),定都长安(今西安)。在汉文帝、景帝统治时期,社会经济发展,科学文化繁荣,各民族间的联系得到加强,史称"文景之治"。汉武帝在位 54 年,使西汉势力达到极盛时期,成为世界上强大的帝国。在他统治时期,出现思想家董仲舒,史学家司马迁,文学家司马相如,音乐家李延年,军事家卫青、霍去病,政治活动家张骞,理财家桑弘羊,农学家赵过等人。西汉后期,朝政腐败,阶级矛盾尖锐,爆发"绿林"、"赤眉"农民起义。公元 25 年,汉室宗亲、南阳豪强地主刘秀利用农民起义的力量重建汉政权,定都洛阳,历史上称东汉(25～220 年)。刘秀在位期间,采取了一系列措施,恢复、发展社会生产,使东汉初年出现社会安定、经济恢复、人口增长的局面,因此刘秀统治时期,史称"光武中兴"。东汉时期,蔡伦总结前人经验,改进造纸术;大科学家张衡写成天文学巨著《灵宪》,发明测报地震的地动仪,对天文学和地震科学的发展做出贡献。东汉统治后期,政治腐朽,外戚专权,土地兼并日益严重,公元 184 年爆发黄巾起义。公元 196 年,曹操强迫汉献帝迁都许昌,东汉名存实亡。此后,地方割据势力日渐强大,经过混战,最后形成魏、蜀、吴三国鼎立的局面(220～280 年)。

三、魏晋南北朝是中国历史上长期分裂的时期

司马炎建立晋朝,取代魏朝,统一全国,定都洛阳,史称西晋(265～317 年)。晋武帝司马炎在位期间(265～290 年)是西晋历史上最好的时期,国家采取了许多重大的政治、经济措施,社会出现繁荣景象,史称"太康之治"。门阀士族是地主阶级中的一个特权阶层,它萌生于东汉,发展于三国,初步形成于西晋时期。然而国家的统一不足 60 年即被破坏。西晋灭亡后,司马睿在南方建立

偏安的晋王朝,定都建康(今南京),史称东晋(317～420年)。383
年,前秦苻坚举87万军队进攻东晋,企图一举统一中国,在淝水被
东晋谢石、谢玄率领的少数军队击败,这就是历史上著名的"淝水
之战",它进一步确定了早已存在的南北对峙的局面,公元420年
东晋灭亡,我国历史进入南北朝对峙的时期。魏晋南北朝时期,玄
学产生,代表人物有何晏、王弼、嵇康、阮籍、向秀和郭象。这一时
期佛教成为最有影响的宗教。公元581年,杨坚建立隋朝(581～
618年),八年后统一全国,结束东汉末年以来近四百年的分裂割
据局面。

四、隋唐时期——封建社会走向繁荣和成熟的时期

隋朝定都长安(今西安)。文帝统治时期,由于采取一系列强
化中央集权,发展社会经济的措施,一度出现社会安定、经济繁荣、
国家强盛的局面,史称"开皇之治"。604年,杨广弑父(杨坚)即
皇帝位,此为隋炀帝。隋炀帝奢侈腐化,大兴土木,穷兵黩武,严重
地破坏社会经济的发展,造成农民起义。618年,隋王朝灭亡。李
渊窃取农民起义的胜利果实,在长安建立唐朝(618～907年)。唐
朝是我国历史上实力强盛、经济繁荣、文化发达、对外联系密切的
王朝。首都长安有近200万人口,是世界著名的大都市。在唐太
宗时代,出现"贞观之治"。唐玄宗李隆基开元年间(713～741
年),是中国古代历史上最为繁盛的时期,号称"开元盛世"。但唐
玄宗晚年因宠爱杨贵妃及政治腐败,酿成"安史之乱",长安沦陷,
从此唐朝由盛而衰,之后的藩镇割据和宦官争权,更使大唐日益衰
败。王仙芝、黄巢领导的农民起义,最后瓦解了唐的统治,致使朱
温在907年篡夺唐政权。此后的五十多年中,中原一带相继建立后
梁、后唐、后晋、后汉、后周五个朝代。同期,南方各地和北方的山西
先后出现前蜀、吴、吴越、楚、闽、南汉、南平、后蜀、南唐、北汉等十个
割据政权。这一时期,历史上称"五代十国"(907～960年)。

五、宋元时期——中国封建社会的高度发展时期

960年,后周大将赵匡胤发动"陈桥兵变",废周称帝,建立宋朝,定都开封,史称"北宋"(960～1127年)。宋太祖消灭周的残余势力和其他割据政权,结束分裂局面,并以"杯酒释兵权"的方式,解除一些将领的军权,加强了中央集权。北宋初年爆发的王小波、李顺领导的农民起义,在历史上第一次提出"均贫富"的口号。此后,农民起义不断发生。与此同时,东北契丹族的辽国和女真族的金国,以及西北党项族的西夏,同北宋彼此征战不息。1125年金灭辽,1127年金兵攻陷北宋都城东京,掳走徽、钦二帝,北宋灭亡。赵构南渡,在临安(今杭州)重建宋室政权,史称"南宋"(1127～1279年)。南宋朝廷不思收复失地,杀害抗金名将岳飞,以称臣、割地、岁贡银绢为条件与金媾和,以求苟存。正当中原地区宋金战争不已之时,北方的蒙古汗国崛起。成吉思汗在统一蒙古各部后,发动大规模战争,1227年灭西夏,1234年灭金,1271年忽必烈建立元朝,定都大都(今北京)。1279年率军南下灭掉南宋。

元朝初年,由于国家统一,注重农业与水利,农业、手工业和交通都获得发展,元朝遂成为疆域辽阔的大帝国。但终因阶级压迫深重、民族矛盾尖锐和连年灾荒,导致"红巾军"起义,元朝灭亡。

六、明清时期——中国封建社会的晚期

在元末农民起义中,经过17年争雄的朱元璋,在应天府(今南京)称帝,建立明朝(1368～1644年)。接着兴师北伐,攻占大都,结束元的统治,进而统一全国。1402年,明成祖朱棣在"靖难之役"中获胜,登上皇帝宝座,1421年迁都北京。明朝初期采取有利于恢复和发展生产的措施,移民垦荒,驻军屯田,兴修水利,轻徭薄赋,促进了农业的发展。手工业和商品经济也得到发展,为资本主义生产关系的产生创造了条件。到明中期,资本主义生产方式已

处于萌芽状态。从明太祖朱元璋开国,到宣宗在位的 70 年间,是明的强盛时期,对外交往大为发展。从 1405 年起,历时 28 年,郑和七次率船队出使"西洋",增强了与亚非国家的经济文化交流。明中期以后,朝政日益腐败。到明末,专制主义的封建统治愈加腐朽,土地高度集中,农民大量沦为佃户,加上地租赋税沉重和灾荒连年,人民无法忍受,只好武装反抗。以李自成、张献忠为首的农民大起义,经过 17 年浴血奋战,于 1644 年推翻明朝,建立短期的大顺政权。

清建国于 1616 年,初称后金,1636 年改国号为清,1644 年入关,颠覆大顺农民革命政权,定都北京。1911 年辛亥革命爆发,清王朝灭亡。康熙、雍正、乾隆帝在位时(1662～1795 年)是清的繁盛时期。这一时期,经济繁荣,国家富裕,史称"康雍乾盛世"。但不久便腐朽没落,皇帝荒淫无度,高官贪赃枉法,贵族大肆兼并土地,加紧剥削和压迫人民;对外实行"闭关自守"政策,使我国长期与世隔绝,既失掉国外广大市场,又不了解西方的政治、经济、军事、文化的发展,阻碍了中国正在成长中的资本主义生产方式萌芽的发展,坐失学习西方近代先进科学技术的良机。中国日趋落后,终于无力抵御西方列强的侵入,在"鸦片战争"中失败。

七、灾难深重的近代中国

从 1840 年的鸦片战争到 1919 年"五四"运动的 80 年间,是中国人民反帝反封建的旧民主主义革命时期。在这期间,西方列强先后对我国发动两次"鸦片战争"和"中法战争"、"甲午战争",以及"八国联军"入侵。对此,中国人民进行了英勇顽强、可歌可泣的斗争。从三元里人民的自发抗英斗争、太平天国革命和义和团运动,到孙中山领导的辛亥革命,充分显示了中国人民的革命精神,也给中外反动势力以沉重打击。但是由于中国科学技术相对落后,清政府政治腐朽、卖国投降,中外反动势力联合镇压,以及革命领导者自身存在弱点,这些革命或遭失败,或不彻底。清政府及以后的北洋政府同侵略者签订一个又一个丧权辱国、割地赔款的不平等条约,使中国一步步沦为半殖民地半封建社会。

1919 年的"五四"运动,使中国进入新民主主义革命时期。1921 年中国共产党成立,从此中国人民在共产党的领导下,先后进行了三次国内革命战争(1924～1927 年的反帝反封建战争、1927～1937 年的土地革命战争和 1945～1949 年的解放战争)和八年抗日战争,终于在 1949 年 10 月 1 日成立中华人民共和国,中国历史进入新时期。

第二节 中国古代历史小常识

一、天文与历法

(一)天干、地支

甲、乙、丙、丁、戊、己、庚、辛、壬、癸的总称叫"天干",子、丑、寅、卯、辰、巳、午、未、申、酉、戌、亥的总称叫"地支"。天干用来表示次序,地支用来表示时间。十个天干和十二个地支,以单数配单数,以双数配双数,按顺序组合成六十对,即甲子、乙丑、丙寅……壬戌、癸亥,叫作"干支",也叫"甲子"、"六十花甲",可用来表示年、日的次序,周而复始,循环使用。干支纪日始于商代;干支纪年始于东汉,西汉以前的干支是后人推算加上的。我国古代纪月用地支,夏历以正月为寅,以此类推,十二月为丑,闰月不设独立的地支。纪时也用地支,一天十二个时辰,子时为 23 时至凌晨 1 时,以此类推,亥时为 21 时至 23 时。

(二)节气

一年分二十四个节,也称"气"或"节气"。中国古代利用土圭实测日影,以测定节气。地球每 365 天 5 时 48 分 46 秒围绕太阳公转一周,每 24 小时还要自转一次。由于地球旋转的轨道面同赤道面不是一致的,而是保持一定的倾斜,所以一年四季太阳光直射到地球的位置是不同的。以北半球来讲,太阳直射在北纬 23.5° 时日影最短,定为"夏至";太阳直射在南纬 23.5° 时日影最长,定为"冬至";夏至和冬至即指已经到了夏、冬两季的中间了。一年中太阳两次直射在赤道上时,就分别为春分和秋分,这也就到了春、秋两季的中间,这两天白昼和黑夜一样长。在商朝时节气只有 4 个,到了周朝时发展到了 8 个,到秦汉年间,二十四节气已完全确立。公元前 104 年,由邓平等制定的《太初历》,正式把二十四节气订于历法,明确了二十四节气的天文位置。反映四季变化的节气有:立春、春分、立夏、夏至、立秋、秋分、立冬、冬至 8 个节气。其中立春、立夏、立秋、立冬叫做"四立",表示四季开始的意思。反映温度变化的有:小暑、大暑、处暑、小寒、大寒 5 个节气。反映天气现象的有:雨水、谷雨、白露、寒露、霜降、小雪、大雪 7 个节气。反映物候现象的有惊蛰、清明、小满、芒种 4 个节气。这样就组成了我们所说的二十四节气。从以上节气的名称可知,它们大都反映物候、农时或季节的起点与终点,明显是以方便农耕为考量,可以说是太阳位置的反映,也是气候寒暖的反映。节气与阳历的对应比较有规律,上半年每月 6 日和 21 日左右是交节日期,下半年每月 8 日和 23 日左右是交节日期。《节气歌》总结了这些知识:"春雨惊春清谷天,夏满芒夏暑相连,秋处露秋寒霜降,冬雪雪冬小大寒。每月两节不变更,最多相差一两天,上半年来六、廿一,下半年是八、廿三。"二十四节气是我国劳动人民独创的文化遗产,它能反映季节的变化,指导农事活动,影响着千家万户的衣食住行。由于几千年来,我国的主要政治活动中心多集中在黄河流域,二十四节气也就是以这一带的气候、物候为依据建立起来的。

（三）朔、望、晦

1．"朔"，农历每月的第一天。"朔"本为月相的名称。当月球运行到地球和太阳之间，和太阳同时出没，从地球上看不到月光，此时的月相就叫"朔"；而这一天被定为农历每月的初一，因此农历每月的第一天也叫"朔"。

2．"望"，农历的每月十五称"望"（有时候是十六日或十七日），也称"望日"，即月圆之日。这一天地球运行到太阳和月亮之间，太阳从西方落下去时月亮正好从东方升起，日月相望。地球上看到的月亮呈圆形，这种月相叫望。望后的日子称"既望"，表示望日刚过，指大月十七日，小月十六日。

3．"晦"，《说文解字》说："月尽也。"《释名》说："晦，灰也。火死为灰，月光尽似之也。"因此，古人把农历每月的最后一天称为"晦"。

二、地理

（一）山东、山西

战国、秦、汉通称华山以东为山东，以西为山西。春秋晋国、北魏、五代晋国地居太行山之西，所以称太行山以东为山东，以西为山西。金代开始，山东指现山东半岛一带，成为行政区域名。汉以后指太行山以西的区域为山西；元代开始，山西成为行政区域名。

（二）塞外

"塞"指长城要塞。"塞外"又名塞北、朔北、漠南，指长城以北，今内蒙古自治区的中部和西部一带。

三、礼仪

（一）帝王的祭祀

古代帝王的祭祀典礼按规格分为三等，即大祀、中祀、群祀。大祀一般包括祭祀天地、上帝、太庙、社稷等，皇帝必须亲临主祭。祭祀前要经过斋戒、沐浴、更衣等烦琐仪式，以示诚心敬畏。中祀一般包括祭祀日、月、先农、先蚕、前代帝王、太岁等。群祀指祭祀群庙、群祠的活动。中祀和群祀不必皇帝每次亲临,可命皇子或王公代为主祭。

（二）尊卑与左右的关系

不同时代、不同场合有所不同。从时代上来说,周、汉、元时以右为尊,右为上位,把左认为"僻左不正",因而"左迁"表示降职;从东汉至隋唐、两宋和明朝,我国又逐渐形成了左尊右卑的制度。从场合来说,古代乘车尊左,一般是主座居左,御者居中,另有一人居右陪坐（此人叫"参乘"或"车右"）;民间活动时,一般来说,喜庆活动以左为贵,凶伤吊唁以右为尊。

四、名号

（一）谥号、庙号、徽号、年号

1. 谥号,是古代对死去的帝王、大臣、贵族,按其生平事迹给予褒贬或同情的称号。谥号始于周初,秦始皇弃而不用,西汉初恢复。一般地说,帝王谥号由礼官议定,诸侯大夫的谥号则由天子或朝廷赐予。谥号有固定用字,如慈惠爱民曰文,克定祸乱曰武,主义行德曰元等,这是美谥;杀戮无辜曰厉,去礼远众曰炀,好祭鬼怪曰灵等,这是恶谥;还有表示同情的哀、愍、怀等。一般人的谥号多用两字,如岳飞谥曰武穆,海瑞谥曰忠介。清代历朝皇帝从太祖努尔哈赤到德宗载湉的谥号依次是:高、文、章、仁、宪、纯、睿、成、显、毅、景。

2. 庙号,是皇帝的神主（灵牌）奉祀于太庙时所用的称号。庙号在商朝即已出现,汉承其制,以后历代往往称第一代皇帝为"太祖"、"高祖"或"世祖",第二代皇帝多称"太宗"。在称呼时,庙号常常放在谥号之前,同谥号一道构成已死帝王的全号。习惯上,唐朝以前对殁世的皇帝一般简称谥号,如汉武帝、隋炀帝,而不称庙号。唐朝以后,由于谥号的文字加长,则改称庙号,如唐太宗、宋太祖等。

3. 徽号，又称"尊号"，是庆典时加给帝王及皇后表示褒美的称号，可以屡次加上，每次通常加两个字，尽是颂词。以上三种名号构成皇帝的全称，如清乾隆帝全称为"高宗法天隆运至诚先觉体元立极敷文奋武钦明孝慈神圣纯皇帝"，其中"高宗"为庙号，照例要放在首位，从"法天隆运"到"孝慈神圣"皆为历年所上徽号，"纯"则为谥号。

4. 年号，是皇帝纪年的名号，始于西汉武帝时。历代皇帝皆在即位前确定自己的年号，以该年（或次年）为某某元年。元代以前，皇帝的年号常因出现"祥瑞"或发生重大事件等原因而更改，因而一个皇帝可能有多个年号，如汉武帝在位 54 年，先后用了 11 个年号；武则天在位 21 年有 18 个年号。明清时期，一个皇帝通常只有一个年号，故后人常以年号作为该皇帝的代称，如"乾隆"、"嘉靖"等。年号的字数一般为两字，比如明思宗朱由检的"崇祯"，唐太宗李世民的"贞观"，唐玄宗李隆基的"开元"；有少数三字、四字乃至六字者，比如王莽的"始建国"，武则天的"万岁通天"，西夏景宗的"天授礼法延祚"。

（二）名与字

"名"，是个人在社会上所使用的符号。"字"是名的解释和补充，是与"名"相表里的，所以又称"表字"。也就是说，古人名与字有意义上的联系。例如，孔子，名丘字仲尼，"丘"与"尼"，都与他家附近的尼山相关，"仲"指排行老二；屈原，名平，字原，广平曰原；诸葛亮，字孔明，"孔明"就是"很亮"；唐代诗人王维，字摩诘，"维摩诘"是印度一个在家的佛教居士，是佛经中一个著名的在家菩萨。在古代，名是幼时起的，供长辈呼唤。男子到了二十岁成人，要举行冠礼，这标志着本人要进入社会，这时候要取字。女子长大后许嫁才命字，因此未许嫁的叫"未字"，亦可叫"待字"。古代由于特别重视礼仪，所以在名、字的称呼上十分讲究。在人际交往中,名一般用作谦称、卑称,或上对下、长对少的称呼。平辈之间,相互称字,则认为是有礼貌的表现。下对上、卑对尊写信或呼唤时,可以称字,但绝对不能称名,尤其是对君主或自己父母长辈的名,更是连提都不能提,否则就是"大不敬"(对君)和"不孝"(对父母)。

（三）避讳

我国封建时代,对君主和尊长的名是不能直接称呼的。避免直接写出或说出君主和尊长的名,叫避讳,这是中国封建社会中特有的一种历史和文化现象。古代对以下三种人必须避名讳:第一种是皇帝的名字,全国上下臣民都要避讳,叫作"国讳";第二种是父母或祖父母的名字,全家后代的人都要避讳,叫作"家讳";第三种是对周公、孔子一类圣人的名字要避讳,叫作"圣讳"。避讳的方法有改字、缺笔、空字三种。改字,即遇到要避讳的字时使用别字代替。如汉为避文帝刘恒名讳,改"恒娥"为"嫦娥";晋为避文帝司马昭名讳,改"昭君"为"明妃"。缺笔,即遇到要避讳的字时,在该字上少写一笔。如历代为避孔子名讳,凡写"丘"字都缺第四笔;清代为避康熙皇帝玄烨名讳,凡写"玄"字都缺末笔。空字,是将应避的字空出,或以"某"代之。由于避讳,有的人名、地名、书名、官名会被改动。如汉武帝名彻,汉初的蒯彻被改为蒯通;汉文帝名"恒",《史记》便将北岳恒山(今保定大茂山)改为"常山";唐太宗名"世民",便改《世本》为《系本》;隋文帝的父亲名"忠","忠"与"中"同音,便将官名中书改为"内史"。说话或朗读时为了避讳,就用另一个读音相近的字来代替。例如《红楼梦》中,林黛玉因其母叫贾敏,故凡遇"敏"字时都读为"密"音。

五、职官

（一）三公九卿

秦汉时期的官制,三公指左右丞相、太尉和御史大夫;九卿是廷尉、奉常、郎中令、卫尉、太仆、典客、宗正、治粟内史、少府,他们分别掌管刑法、财政和税收等各项事务。

(二)三省六部

三省指尚书省、中书省、门下省,自南北朝至唐,同为最高政务机构;它们的长官分别称为尚书令、中书令、门下侍中。六部指吏、户、礼、兵、刑、工部,系隋唐至清的中央行政机构;它们的长官都称为尚书、侍郎。鸦片战争后逐渐添设新部,六部之名遂废。

(三)历代地方机构

从秦汉到隋唐,基本实行郡(太守)、县(县令)两级或州(刺史)、郡、县三级,明清时期大体上分为省(总督、巡抚)、道(道员)、府(知府)、县(知县)四级。

(四)官吏选拔制度

古代官吏选拔制度,从先秦至魏晋南北朝,先后经历了世卿世禄制度、察举学校制度、九品中正制度的演变;隋朝创立科举制度,直到清末,科举考试一直是国家选拔官吏的主要途径。科举制度由初创至完备有一个过程。隋文帝杨坚废除为世族垄断的“九品中正”制度,于587年设“志行修谨”、“清平干济”二科,正式开科取士。入试者不论出身、门第,但凭考试成绩予以录用。隋炀帝杨广大业三年(607年),开设进士科,用考试办法来选取进士。唐朝承袭隋朝传下来的人才选拔制度,增设秀才、明经、明法、明算、武举诸科,仍以进士科最受重视。明清时期形成一整套自下而上完整的科举考试制度。参加科考者均通过童试(县、府、院三场,中试者称生员,即秀才)、乡试(省级考试,中者称举人)、会试(礼部考试,中者称贡士)及殿试(皇帝亲自考试,中者称进士,前三名依次称状元、榜眼、探花),始取得做官资格。乡试第一名叫解元,会试第一名叫会元,加上殿试一甲第一名的状元,合称三元。一人“连中三元”,是科举场中的佳话。光绪三十一年(1905年),清统治者决定推行新的学校制度,科举制度被废除。

第三节　中国的文学艺术

一、文学

在我国五千年的文明史上，我们的祖先在文学领域取得了辉煌的成果，为我们留下一大批不朽的作品。这些作品不仅在国内，也在国外广为流传，在世界文学史上占有重要地位。

不同历史时期的文学作品，受当时社会、政治、经济和文化背景的影响，它们的内容和表现形式各不相同，反映出鲜明的时代特点。先秦文学以散文（包括历史散文和诸子散文）、诗歌（包括《诗经》和楚辞）为主。汉初，以贾谊、晁错为代表作家的政论散文创作，成就可观；两汉的富于文学性的"史传"，成为此后文人效法的楷模，"赋"这一中国特有的文学形式取得突出的成就，"乐府"也由民歌发展为文人创作。魏晋南北朝时期，文学日益摆脱经学的影响，诗歌、辞赋、骈文、散文、小说取得显著的成果。唐代，诗歌创作进入黄金时代，格律诗发展成熟；同时古代散文也得到复兴，还出现"传奇"（小说）和"词"。宋、元时期，词、曲、戏剧和话本空前繁荣，以欧阳修、苏轼为首的散文创作成绩斐然。明、清两代，出现由宋元讲史话本发展而来的长篇章回小说，同时在戏剧领域取得新的成就；诗词、散文、骈文领域作家众多，流派林立，进入全面总结时期；明末的小品文颇见光彩，清代的文学理论研究得到发展。

各时期的代表作家及著名作品有：

《诗经》，是我国第一部诗歌总集，原名《诗》，或称"诗三百"，共有305篇，分为风、雅、颂三类。另有6篇佚诗，有目无辞。全书主要收集了周初至春秋中叶500多年间的作品。大约在公元前6世纪编订成书。内容十分广泛，深刻反映了殷周时期，尤其是西周初至春秋中叶政治、经济、军事、文化以及世态人情、民俗风习等社会生活的各个方面。

《左传》是我国第一部叙事详备的编年史。作者左丘明。记事起于鲁隐公元年（前722年），止于鲁哀公二十七年（前468年），记述春秋时代250多年的历史，涉及列国之间政治、军事、外交、经济、文化等方面重大的史事。它叙事委婉详尽，情节富于故事性和戏剧性，人物形象鲜明，语言生动精妙，具有很高的文学价值。名篇有《郑伯克段于鄢》、《曹刿论战》、《烛之武退秦师》、《蹇叔哭师》、《展喜犒师》、《季札观周乐》等。

《战国策》是一部国别体史书。作者不详。全书分东周、西周、秦、齐、楚、赵、魏、韩、燕、宋、卫、中山十二策。记事起于周贞定王十六年（前453年），止于秦二世元年（前209年），载录了战国至秦初240余年的史实。主要记载战国时代谋臣策士游说诸侯或相互辩论所发表的政治见解和提出的斗争策略，以及他们错综复杂的政治活动。它长于论事，善于刻画人物，语言上既有雄辩的论说、铺张的叙事，又有尖刻的讽刺、隽永的幽默，文学价值很高。名篇有《苏秦以连横说秦》、《范雎说秦王》、《邹忌讽齐王纳谏》、《冯谖客孟尝君》、《赵威后问齐使》、《触龙说赵太后》、《鲁仲连义不帝秦》等。

屈原，战国时期楚国的爱国诗人，我国文学史上第一个具有伟大成就的文学家，代表作是《离骚》。离骚，旧解释为离愁或罹忧，近人又释为牢骚。该诗前半篇反复倾诉对楚国命运的关怀，表达革新政治和反对权贵的意志，后半篇陈述神游天上、追求理想和因败欲殉国的思想历程，反映出抒情主人公热爱楚国的强烈感情。

贾谊，西汉政论家、文学家。少时即以博学能文称于郡中，二十余岁召为博士，为文帝赏识，提拔为太中大夫，主张改革政制。曾因受谗被贬长沙，作《吊屈原赋》抒发自己抑郁不平的感慨；又作《鹏鸟赋》，以老庄"齐万物，一死生"和"知命不忧"的消极思想自遣郁闷。四年后复召回朝任梁怀王太傅，因梁王坠马死而郁郁自伤，不久去世，年仅33岁。其政论文《过秦论》总结秦王朝兴亡的历史教训，为文帝改革政治提供借鉴。该文通过铺张渲染，写得气势豪迈，极富艺术表现力。《论积贮疏》提出使民归农，注重积粮的主张，言辞激切，分析透辟。有《贾长沙集》。

晁错，西汉政治家、政论家。景帝时任内史，迁御史大夫。力主改革政治，对法令多有更定，并建议削减诸侯封地，遭到诸侯王和贵族官僚的强烈反对和嫉恨，在吴楚七国叛乱时为政敌所谗而被杀。原有文31篇，以《论贵粟疏》、《守边劝农疏》、《言兵事疏》最有名。其文论事说理，切中要害，分析利弊，具体透彻。今存文八篇和若干佚文片段，编为《晁错集注释》。

司马迁，西汉史学家、文学家。他的《史记》是中国历史上第一部纪传体通史，记事始于传说中的黄帝时期，下限到汉武帝末年，前后跨越3000多年历史。全书共130篇，52万字。分12本纪、10表、8书、30世家、70列传，开创了我国以后各朝史书的编写体例。"本纪"是全书提纲，按年月记述帝王的言行政绩，实际上是帝王的传记。"表"用表格来简列世系、人物和史事。"书"则记述制度发展，涉及礼乐制度、社会经济、天文音律、河渠地理等诸方面内容。"世家"记述子孙世袭的王侯封国史迹。"列传"是重要人物的传记。其中的本纪和列传是主体。《史记》的文学性极强，塑造了项羽、刘邦、樊哙、李广、荆轲、蔺相如、信陵君等一大批性格鲜明的人物，被鲁迅誉为"史家之绝唱，无韵之离骚"（见《汉文学史纲要》）。

班固，东汉史学家、文学家。他编撰的《汉书》是中国第一部纪传体断代史，主要记述汉高祖元年（前206年）至王莽地皇四年（23年）共230年的史事，包括本纪12篇，表8篇，志10篇，列传70篇，共100篇，80万字，是继《史记》之后我国古代又一部重要史书。《汉书》语言严谨整齐，带有骈偶成分，描写人物、叙述史事方面成就较高,在文学史上有一定的地位。

汉赋分大赋、小赋。小赋多为抒情作品,如贾谊的《鵩鸟赋》。大赋以铺叙事物为主,多写宫观苑囿之盛和帝王穷奢极欲的生活,于篇末或寓讽谏之意,也有辩论说理之作。主要作家及其代表作为:枚乘《七发》,司马相如《子虚赋》、《上林赋》、《长门赋》,扬雄《甘泉赋》、《羽林赋》、《解嘲赋》,张衡《西京赋》、《东京赋》等。

汉乐府,指汉代音乐官署乐府所采集的民歌。今存四五十首,著名的有表达人民反对战争的《战城南》,表现人民不得不铤而走险的《东门行》,表现人民痛苦生活的《妇病行》,表现坚贞爱情的《上邪》,描写美丽少女罗敷的《陌上桑》,表现焦仲卿与刘兰芝生死不渝爱情的长篇叙事诗《孔雀东南飞》等。

汉末建安年间至三国魏初,文学创作以诗歌的成就最为突出。这一时期的文学被称为“建安文学”。代表作家有“三曹”和“建安七子”。“三曹”是曹操及其子曹丕、曹植。“建安七子”是孔融、陈琳、王粲、徐幹、阮瑀、应玚和刘桢。他们的诗文都具有俊爽刚健的风格,被后人称赞为“建安风骨”。

陶渊明是东晋时期的隐逸诗人,是中国田园诗歌的奠基人。著有《陶渊明集》。代表作有《归去来兮辞》、《桃花源记》、《归园田居》、《饮酒》、《咏荆轲》、《读山海经》等。

李白,是唐代继屈原之后伟大的浪漫主义诗人,人称“诗仙”。他的诗歌有强烈的战斗性,表现了反抗传统秩序、争取个性解放的叛逆精神。著有《李太白全集》,存诗近千首,还有少量的赋与散文。代表作有《蜀道难》、《行路难》、《将进酒》、《早发白帝城》、《望天门山》、《望庐山瀑布》等。

杜甫,唐代伟大的现实主义诗人,人称“诗圣”;其诗具有丰富的社会内容、强烈的时代色彩和鲜明的政治倾向,真实深刻地反映了“安史之乱”前后一个历史时代政治时事和广阔的社会生活画面,因而被称为“诗史”。流传下来的诗有 1400 多首,编为《杜工部集》。代表作有《兵车行》、《春望》、《北征》、《闻官军收河南河北》、《茅屋为秋风所破歌》和"三吏"、"三别"等。

李白和杜甫,并称"李杜",今人誉之为"双子星座"。

白居易,唐代伟大诗人,作品平实易懂,倡导新乐府运动,主张"文章合为时而著,诗歌合为事而作",写下不少感叹时世、反映人民疾苦的诗篇,对后世颇有影响。存诗近3000首,在唐代诗人中首屈一指。生前自编为《白氏长庆集》75卷。代表作有《卖炭翁》、《长恨歌》、《琵琶行》、《新乐府》等。

韩愈,唐代文学家。政治上反对藩镇割据,思想上尊儒排佛,文学上力反六朝以来的骈偶文风,提倡散体,与柳宗元同为古文运动的倡导者。他主张文章要有充实的内容,学习古文应该"师其意不师其辞","唯陈言之务去",并力求做到"文从字顺"。他以散文体裁写下大量的政论、书启、赠序、杂说、祭文、墓志铭、状表等,句式灵活多变,文笔流畅而有气势。其中《师说》论述了从师为学的重要性,提出"弟子不必不如师,师不必贤于弟子"的合理见解,是脍炙人口的名篇。有《昌黎先生集》。

柳宗元,唐代文学家。政治上参加主张革新的王叔文集团,失败后被贬永州。文学上,与韩愈一样倡导古文运动,并称"韩柳"。所作散文题材广泛,内容深刻,形象生动,语言精练。代表作《捕蛇者说》揭露社会矛盾,批判时政,尖锐有力;《三戒》等寓言,篇幅精短,笔锋犀利;《永州八记》等山水游记,语言清隽,在写景状物中多有寄托。有《河东先生集》。

欧阳修,北宋中叶的文坛领袖,诗文革新运动的倡导人。他继承唐代古文运动的方向,强调"道"(内容)对"文"的决定作用。有《欧阳文忠集》153卷。《醉翁亭记》、《秋声赋》、《卖油翁》、《与高司谏书》、《五代史伶官传序》、《蝶恋花(庭院深深深几许)》、《生查子(元夕)》等篇脍炙人口。

苏轼,北宋著名文学家。他处于新旧党争激烈起伏之际,政局动荡不安。他不赞成变法派的激进措施，也不像保守派那样顽固守旧，所以政治上始终不得意，屡遭排挤打击，但是能够一贯保持刚正不阿的品德和豁达乐观的精神。他在文学艺术上的成就是多方面的，其散文波澜迭出，变化无穷；诗题材广泛，风格清新豪迈；转变词风，一扫当时绮艳柔靡的风气，开创了豪放词派；他还是著名的画家，长于画竹；他还擅长行书、楷书，与蔡襄、黄庭坚、米芾并称"宋四家"。有《东坡全集》等。代表作有前、后《赤壁赋》,《石钟山记》,《水调歌头（明月几时有）》,《念奴娇·赤壁怀古》等。

唐代的韩愈、柳宗元和宋代的欧阳修、苏洵、苏轼、苏辙、王安石、曾巩等努力倡导古文（散文），反对骈文，给当时和后代的文坛以深远的影响，后人选编他们的著作为《八先生文集》和《唐宋八大家文钞》，所以被称为"唐宋八大家"。

辛弃疾，南宋豪放派词人。其词气势豪放，感情沉郁，以浪漫主义的激情抒发他一生力主抗金、收复失地的怀抱，抨击投降派偏安误国的罪行，并表现自己备受打击、壮志难酬的苦闷。著有《稼轩长短句》,《水龙吟（楚天千里清秋）》,《菩萨蛮（郁孤台下清江水）》,《摸鱼儿（更能消几番风雨）》,《青玉案（东风夜放花千树）》,《破阵子（醉里挑灯看剑）》等是久传不衰的名篇。

李清照，南宋婉约派词人。她早年生活优裕，金兵入侵后遭遇家国巨变，客死临安。其词前期主要描写伤春怨别和闺阁生活的题材，表现多愁善感的情怀；后期则充满了"物是人非事事休"的浓重感伤情调，表达了她对故国、旧事的深情眷恋。另外，她的诗文感时咏史，与词风迥异。她还擅长书画，兼通音律。现存诗文及词为后人所辑，有《漱玉词》等。李清照是中国历史上唯一一位名字被用作外太空（水星）环形山的女性。《点绛唇（蹴罢秋千）》、《如梦令（常记溪亭日暮）》、《如梦令（昨夜雨疏风骤）》、《声声慢（寻寻觅觅）》、《夏日绝句》等篇深受读者喜爱。

关汉卿，著名的元代戏剧家。一生写了60多部杂剧，不但数目居元剧之冠,而且有许多精品传世,如《窦娥冤》、《救风尘》、《望江亭》、《调风月》、《拜月亭》、《单刀会》、《三勘蝴蝶梦》、《智斩鲁斋郎》等。其中《窦娥冤》是他最出色的作品。窦娥是一个善良正直、在黑暗势力迫害下敢于反抗的妇女形象。剧作家通过窦娥之口喊出"地也,你不分好坏何为地? 天也,你错勘贤愚枉做天"的话,愤怒地斥责了元朝的最高统治者。

王实甫,著名的元代剧作家。创作的杂剧有 14 种,现在全存的只有《西厢记》、《破窑记》和《丽春堂》三种。其中《西厢记》是元人杂剧的不朽之作,是以爱情为题材的杂剧的高峰。故事出于唐代元稹的传奇《莺莺传》,金人董解元曾改编为《西厢记诸宫调》,王实甫在董西厢的基础上再改编为杂剧。它全名为《崔莺莺待月西厢记》。《西厢记》在艺术上的突出特点,是对人物的心理活动作了细腻的刻画。

施耐庵,元末明初文学家,《水浒传》的作者。《水浒传》最早为一百回本,已有梁山排座次后征辽和征方腊的故事。后来出现一百二十回本,增加了征田虎和征王庆的故事。明末清初金圣叹腰斩《水浒》,将七十一回以后的故事删去,添上"惊噩梦"的结局,成为七十回本。《水浒传》艺术地再现了梁山泊农民起义的产生、发展和失败的过程,愤怒地揭露朝政的腐败和官吏豪绅的罪恶,热情地歌颂了起义英雄的反抗斗争,流露对受招安悲惨结局的同情,同时也暴露出作者受忠君观念影响的局限。

罗贯中,明初文学家。他的最大成就是完成长篇章回小说《三国演义》。有关三国的故事,早已广泛流传,南朝裴松之在为陈寿的《三国志》作注时辑录了大量逸事传闻,北宋时"说三分"是说书的一门专科,元代刊行了长 8 万字的讲史话本《全相三国志平话》,并有 40 余种三国戏。罗贯中在此基础上写成《三国志通俗演义》。此书形象地再现了从汉末黄巾起义到西晋统一这一时期的历史面貌,广泛地描写了各个地主武装集团之间错综复杂的矛盾斗争,鲜明地表达了作者的忠义观念和仁政思想。

吴承恩,明代文学家。他晚年的作品长篇神话小说《西游记》,叙述唐僧师徒到西天取经的故事。唐僧取经,原是一个真实的历史事件。唐太宗贞观年间,僧人玄奘私自越境到天竺(印度)取经,克服许多困难,历时17年,终于取回佛经600多部,并著《大唐西域记》12卷。这一富有传奇色彩的故事经过民间的广泛流传,到宋代"说话"中就有专讲它的,并形成《大唐三藏取经诗话》,到元代又有《西游记》平话,并有杂剧《唐三藏西天取经》等。吴承恩的《西游记》是在此基础上再创作的。全书一百回,主要是通过写孙悟空大闹天宫和一路降妖伏魔的斗争,鞭挞黑暗的封建社会和凶残的统治阶级,歌颂敢于战胜困难、反抗一切邪恶势力的斗争精神,同时也表现作者追求王道政治和鼓吹儒释道合一的思想。

汤显祖,明代戏曲作家。著有《玉茗堂全集》。戏曲作品为《临川四梦》,即《紫钗记》、《还魂记》、《邯郸记》和《南柯记》。其中《还魂记》就是《牡丹亭》,是他的代表作。它写少女杜丽娘和书生柳梦梅离奇曲折的爱情故事,通过杜丽娘为追求自由幸福的爱情而起死回生的情节,揭露和批判封建礼教虚伪残暴的本质,热情赞扬年轻人敢于冲破封建礼教牢笼,追求自由幸福爱情的斗争精神。它最大的艺术特色是采用浪漫主义的创作方法,运用大胆的想象和夸张,赋予爱情以起死回生的力量。全剧曲词优美,百读不厌。

曹雪芹,清代伟大的现实主义文学家。代表作是《红楼梦》,这是一部不朽的现实主义文学巨著。《红楼梦》初名《石头记》。最初是以手抄本形式流传于社会。曹雪芹在世时,有一别号为"脂砚斋"的人屡次为他整理书稿,并加评语。乾隆五十六年(1791年),程伟元把他的原本和高鹗续补的四十回本合在一起,改称《红楼梦》,用活字排版印刷,这部伟大巨著便从北方到南方广泛流行起来。《红楼梦》以封建社会为背景,以贾宝玉、林黛玉这两个具有反封建礼教精神的青年的爱情悲剧为主要线索,描写贾家荣、宁二府由盛转衰的变化,揭露贵族地主荒淫腐败和互相倾轧,暴露他们残酷压迫剥削劳动人民的本质,歌颂地主阶级中具有叛逆精神的青年和某些奴隶的反抗行动,对封建礼教等传统思想进行批判,客观上揭示出封建社会必然走向崩溃的历史命运。它在艺术上,善于成群地刻画栩栩如生的人物,善于纵横交错地结构故事情节,善于进行宏大的场面描写,善于熔铸古典语汇、提炼口语俗语,都是无与伦比的。《红楼梦》在它流传的初期,就已经引起人们研究探索的热情。二百多年来,研究《红楼梦》已经成为一门学问,被称为"红学"。研究者成员之众,流派之多,著述之繁,在中国文学史上是仅有的。

二、戏曲

中国的戏曲是在民间说唱和舞蹈的基础上发展起来的。其渊源最早可以追溯到春秋时期的俳优,他们以乐舞谐戏为业,取悦统治者。汉代民间广泛流行一种将说唱与舞蹈动作结合在一起的"百戏",到唐代始发展为融歌唱、舞蹈、道白和表情动作为一体的"参军戏"。北宋年间,出现词人用一种词牌填写多首歌词,连续描述一个故事的"诸宫调";同时在民间的"勾栏"(大致相当于后代的戏园子)之中,也出现了由多名演员共同表演歌舞并重、故事情节相当复杂的长篇"杂剧"。元代,杂剧继承并发展了宋代杂剧和宋、金诸宫调,曲调更加丰富,舞蹈更加优美,情节更加曲折,表演更加生动,构成完整的戏曲艺术整体。它的出现,标志着中国戏剧艺术达到了成熟的阶段。杂剧的兴盛,与宋元以来城市经济的繁荣发展有直接的联系。在大都等主要城市中,杂剧是当时人们最为喜闻乐见的文艺形式,涌现出许多杰出的剧作家、演员和大批优秀剧目,其中尤以关汉卿及其作品影响最大。

明代的戏曲在宋元杂剧的基础上继续发展。嘉靖年间,昆山乐工魏良辅与剧作家梁辰鱼合作,对流行于江南一带的昆山腔加以改造，创造了昆曲这一剧种。后传至北方，成为南北各地最受欢迎的戏曲剧种。在众多的明代剧作家和戏曲剧目中，以汤显祖创作的《牡丹亭》影响最为深远。

　　清朝的戏曲较前代更为普及，茶楼、戏园等演出场所也更加普遍，一批贴近人民生活、雅俗共赏的地方戏曲逐渐兴起，剧种如梆子、川剧、秦腔、豫剧等，多达数十种。被誉为东方戏曲艺术杰出代表和中国"国粹"的京剧，就是在这种背景下产生和发展起来的。京剧的产生，一般皆追溯到四大徽班进京。乾隆五十五年（1790年），浙江盐务大臣为恭祝乾隆帝80岁寿辰，特征集安徽三庆班入京演出，受到京城各界欢迎。随后，四喜、启秀、霓翠、和春、春台诸徽班接踵而至。不久启秀、霓翠并入其他四班，即为"四大徽班"。在此前后，汉调诸班也相继入京。两个剧种的艺人们在京经常同台演出，相互观摩，取长补短，逐渐融合，又吸收昆曲、梆子、秦腔、曲艺等多个剧种的表演方式和唱法，最终形成京剧这一新的、更加完美的戏曲艺术形式。

　　京剧艺术讲究"四功五法"，四功是唱（唱各种曲调）、念（具有音乐性的念白）、做（表演技巧，舞蹈化的形体动作）、打（武打和翻跌的技艺，包括刀枪剑戟等兵器对打、独舞的"把子功"和毯子上翻滚跌扑的"毯子功"）；五法是手（手势）、眼（眼神）、身（身段，指舞蹈化的形体动作）、发（"甩发"技术）、步（台步）。在演员中有生（男性角色的统称，有老生、小生、武生之分）、旦（女性角色的统称，又分青衣、花旦、花衫、刀马旦、武旦等）、净（俗称"花脸"，大多扮演性格、品质或相貌特异的男性人物，面部化妆用脸谱）和丑（他们在鼻梁上抹一白方块，扮演男性喜剧角色，不一定是坏人，有善良忠厚、幽默风趣的人物，也有愚蠢自私、狡猾诌媚的家伙）四大角色行当。戏装，帝王戴王冠，穿黄色带龙纹的蟒袍；文官戴纱帽，穿绯色或青、绿色蟒袍；武将戴盔头，穿有虎豹图案的靠衣；平民百姓、穷书生戴方巾，穿褶衣。

　　京剧曲调丰富,唱腔优美,行当齐全,结构紧凑,表情动作细腻,唱念做打并重,自产生之日起就受到各阶层人士的普遍赞誉,并迅速发展为全国最为流行的戏曲形式。

　　当代最流行的剧种除京剧外,还有越剧(用浙江绍兴的方言演唱,唱腔委婉、表演细腻,代表作有《梁祝》、《西厢记》、《红楼梦》、《碧玉簪》等)、评剧(发源于河北唐山,流行于华北、东北,代表作有《花为媒》、《刘巧儿》等)、黄梅戏(长于抒情,载歌载舞,生活气息浓厚,唱腔委婉动听,表演朴实优美,代表作有《天仙配》、《女驸马》等),以及豫剧、汉剧、川剧、粤剧和秦腔等。

三、绘画艺术

(一)中国画的分类

　　中国画简称“国画”,属于东方绘画体系。使用的工具和材料主要为毛笔、墨、中国画颜料及宣纸、丝帛等。按技法可分为水墨、工笔、写意、勾勒、白描等。水墨画在中国画中占有重要地位,写意水墨更是传统中国画里令人赏心悦目的画种。就其题材而言,则大致包括人物、山水、花鸟等三类作品,其中以人物画产生最早,但是后来最为发达、艺术成就最高的则首推山水画,反映出古代中国人民热爱大自然、向往大自然的民族特性。

(二)中国画的特色

　　我国古代的绘画,从艺术形式到表现手法,经历了7000多年的演变、提高和推陈出新,具有迥别于西洋绘画的鲜明的民族特色。概括地说,主要有四个方面:

　　1. 形神兼备,以形写神。所谓以形写神,指的是无论是画人物、走兽,还是山水、花鸟,不仅外形要画得像,更重要的是通过对外形的描绘表现出其内在的神韵。所以“神似”历来是中国画家孜孜以求的艺术境界。

　　2. 立意在先,构图灵活。中国画十分强调意境和主题。创作一幅中国画,首先要"立意",即确定作品特别要表现的境界和情调。造型以线条为主,构图(安排画面)大多采用"散点透视"即多视点的方法,不注重立体感和光照方向。有时还将东西南北、春夏秋冬的各种景象融入一幅画中。

3. 虚实结合,浓淡相宜。中国画特别重视笔墨的运用,浓重的地方为"实",轻淡的地方为"虚",一幅好的作品正是通过虚实结合、浓淡对比来增强形象的鲜明性和感染力。线条是中国画造型的重要手段,通过对不同线条的灵活运用能准确反映出所画物体不同的质感和特色。如流畅的线条给人以愉快的感觉,时停时顿的线条则用以表现焦急与忧伤。中国历来有"墨分五色"(浓、淡、焦、重、清)和"以墨为主,以色为辅"的说法,即用墨的浓淡变化来表现物体的色彩、明暗和质感。

4. 诗、书、画、印结合。一幅完整的中国画不仅要有画家自题的画题、姓名以及作画时间等,而且还包括诗人或书法家(有时是画家自己)题写的诗文,用以补充和丰富画的主题和意境。再盖上红印章,起装饰和平衡画面的作用。这样,使国画集诗、书、画、印于一身,形成独特的艺术形式。

(三)中国画的优秀画家与作品

我国古代的绘画艺术非常发达,涌现出大批优秀画家,为我们留下众多的艺术精品。

商周以前的远古时代,人们在劳动中创造了岩画和陶绘,表现出对美好生活的希冀。

春秋战国时期,绘画较成熟,应用亦较广泛。留存至今的有楚墓帛画《龙凤人物图》和《人物御龙图》(二画均在湖南省博物馆)等。

汉代独尊儒术,使绘画一度变成经学的附庸,但是仍不失雄浑气魄。作品按功用可分为三类:其一,表彰功臣、劝诫贤愚的宣教类壁画;其二,宫殿、衙署、学馆、神庙中的装饰性壁画;其三,其他用途的神怪图、墓室壁画、帛画、漆画、画像石、画像砖等。其内容和形式已大为丰富。例如,湖南长沙马王堆一号汉墓出土的帛画《升天图》,表现天上、人间、冥府不同的景象;河北安平县东汉墓的壁画《君车出行图》,渲染墓主人乘马车出行时随行车队整齐威严的显赫声势。

魏晋南北朝时期,画家们挣脱了儒学的羁绊,个性得到张扬,绘画艺术因此得以蓬勃发展。从载体看,壁画趋于成熟,卷轴画开始兴起;从题材看,人物画发达,花鸟画萌芽,山水画已从人物画背景中独立出来。涌现出一批优秀的画家和画作,例如,东晋顾恺之的《女史箴图》所画人物神态宛然,仕女端庄娴静,《洛神赋图》用笔细劲如蚕丝,设色鲜艳厚重;梁元帝萧绎的《职贡图》以简练遒劲的线条绘出十二个“番邦”朝贡使臣不同的服饰和仪容;北齐杨子华的《北齐校书图》以纤细的笔触刻画安坐执笔审读的长者、恭侍请示的青年,以及或专注思考或侧身商谈的宿儒群像,表现繁忙而认真的校书场面。

隋唐时期,山水画发展成熟,形成专门画科。现存最早的山水画作是隋初展子虔的《游春图》。《游春图》描绘了江南二月桃杏争艳时人们春游的情景。展氏开了“青绿山水”(以石青、石绿为主的山水画)一派,又由唐代李思训、李昭道父子发展为“金碧山水”(比“青绿山水”多泥金一色,用以勾染山廓、石纹、坡脚、沙嘴、彩霞、宫殿、楼阁)一格,后者以古绝的赋色、遒劲的笔墨显现大唐气象。例如,李思训的《江帆楼阁图》描绘暮春时节人们泛舟游湖的情景,李昭道的《明皇幸蜀图》描绘唐玄宗一行为避“安史之乱”行于蜀中险峻山岭间的情景。

唐代人物画以宫廷生活为主,强调个性独具、仪容硕美,形成唐代特有的风范。作品以阎立本的《步辇图》、张萱的《虢国夫人游春图》、周昉的《簪花仕女图》最具代表性。《步辇图》描绘唐太宗接见前来迎娶文成公主的吐蕃使者禄东赞的情景。《虢国夫人游春图》描绘唐玄宗的宠妃杨玉环的三姐虢国夫人率其眷从出游赏春的情景。《簪花仕女图》分为"戏犬"、"看花"、"漫步"、"采花"四个情节，展现唐代宫廷嫔妃骄奢闲适生活的一个侧面。被后人称为"百代画圣"的吴道子，擅长佛教和道教人物画，甘肃敦煌莫高窟103窟《维摩诘图》是他的传世之作。他所画人物的衣褶，飘飘欲举，人称"吴带当风"。存世的《天王送子图》，是后人学他风格的作品。

这一时期，花鸟画开始作为一个专门题材出现。尤其以马、牛为主的动物类题材在这一时期达到了较高的艺术成就，例如现在存世的韩幹的《照夜白图》、韩滉的《五牛图》以及戴嵩的《斗牛图》等，都反映了当时的作品将写实的风格与传神的笔法相融合的特点，充分体现了画家们的不凡功力。

五代时期，创立了专门的宫廷画院机构。山水、人物、花鸟画在继承传统的同时又出现了自然主义的韵味。

以荆浩、关仝为代表的北方山水画派，创造了全景式构图，以皴擦点染表现北方大山大水的雄阔，山水之间点缀着微小的人物，使画面显得更加巍峨险峻。例如，荆浩的《匡庐图》，画庐山主峰及其附近景色。画面以全景式构图，用水墨皴染，画出山势的形态变化，又在山腰画出曲折的山径，在山间水滨布置屋宇、桥梁、松树、林木，充分发挥了水墨画的特点。以董源、巨然为代表的南方画派，则善于表现平淡真情的江南风景，尤能体现云气雾霭的气象，使江南的青山绿水显得轻柔秀润。例如董源的《潇湘图》，绢本长卷，以横幅描绘湖南潇湘一带江边的秀美景色。山水皆以花青运墨点染，表现出潇湘一带空气湿润、烟雨空蒙的特点。他们四人被后世并称为"南北山水四大家"。

当时的人物画以宫廷君臣的日常生活为主，注重人物神情与心理的描写，以细腻的笔致、明丽的色彩赋予画面清新的格调，代表画家有周文矩、顾闳中等。其中顾闳中的《韩熙载夜宴图》以

"孤幅压五代"的气派独立于世。此图描绘南唐大臣韩熙载放纵不羁的夜生活，以长卷形式展现夜宴活动中听乐、观舞、休息、清吹、送别五个互相联系又相对独立的场面。此画是中国古代工笔人物画的经典之作。

这时期的花鸟画开始出现两大流派。一派是西蜀黄筌父子，以极细致的线条和柔丽的赋色画宫中珍禽，几乎不见笔迹，只似轻色染成，创造出"黄家富贵"的样式，深受统治者青睐。黄筌传世作品有《写生珍禽图》卷，描绘飞禽昆虫等二十余种，刻画精细逼真。另一派是南唐的徐熙，用"落墨"法抒写田园蔬果、草虫花鸟，粗笔浓墨，略施杂彩，不掩笔迹，而神气生动，创造出"徐熙野逸"的趣味。徐熙传世之作《雪竹图》，描写江南雪后严寒中的枯木竹石覆雪的景象。竹节用墨皴擦，结构清楚；竹叶用细笔勾描，正反向背各逞其势；地面秀石不勾轮廓，只用晕染方法衬出，以示覆雪。"徐"、"黄"二体从此著称于花鸟画坛，影响深远。

宋代是中国绘画全面大发展的时期。这一时期绘画进一步分科，按题材可分为山水画、人物画、花鸟画、宗教画、杂画等。

山水画中，继承北方画派的有李成和范宽。李成擅长画平远寒林，常以淡墨表现丰富的层次和虚幻的空间。范宽善画崇山峻岭，往往以顶天立地的构图突显雄伟气势。南宋山水则讲究意境的创新和笔墨的简括，并提出"阔远"、"迷远"、"幽远"这新三远章法。其开山鼻祖为李唐，其后有马远、夏圭、刘松年，他们并称"南宋四大家"。

肖像、人物画、风俗画技法此时达到顶峰。北宋李公麟画人物多用线描，笔法如行云流水，而不设色，人称"白描"；更精于画马，常观察群马生活。其《五马图》全画用白描法，只在局部（如马的鬃、尾，人的帽、须）用深浅不同的墨色稍加渲染。南宋梁楷善以简洁的笔墨描绘出人物的神态特征。其《泼墨仙人图》以泼洒般的浓淡水墨映衬出一个秃顶小眼、宽衣大肚的醉仙形象。北宋末年,专工界画的画院画师张择端的巨幅风俗画卷《清明上河图》,以简练、巧妙的笔法描绘出清明时节京城开封店铺林立、市民熙熙攘攘的繁荣景象,是当时城市经济空前发展的真实写照。

花鸟画经宋徽宗赵佶的倡导十分兴盛,技法已达巅峰。赵佶的《柳鸦芦雁图》写鸦憩柳枝雁戏芦旁、《芙蓉锦鸡图》写锦鸡回望芙蓉偃枝、《瑞鹤图》写群鹤盘旋于汴梁宣德门上,都是传世珍品。北宋崔白以铁线淡彩代替了黄筌父子浓艳细密的画风,存世作品有《双喜图》(又名《禽兔图》)和《寒雀图》。

在北宋中、后期,又兴起了"文人画"潮流,以苏轼、文同、米芾等为代表的一批文人竭力推动"文人画"的发展。他们强调绘画要有诗一般的意境,即所谓"画中有诗,诗中有画";他们主张即兴创作,不拘于物象的外形刻画,要求达到"得意忘形"、"象外传神"。到了南宋又以米友仁、赵孟坚、扬补之、僧法常为代表,将文人画进一步发扬推广,以梅、兰、竹、菊的题材为抒情对象,寄寓清高的人格理想。

总体来说,宋代画家更注重笔墨技巧,在勾勒挥洒中,或见理趣、或抒志向、或寓禅意,汇成多元化的主题。

元代,山水画得到较大的发展。元初山水画以赵孟頫(代表作有《水村图》)、高克恭(代表作有《春山欲雨图》)为代表,中后期出现了黄公望(代表作有《天池石壁图》)、王蒙(代表作有《夏山高隐图》)、吴镇(代表作有《洞庭渔隐图》)、倪瓒(代表作有《雨后空林图》)为代表的一代山水画大师,人称"元四家"。他们受董源、巨然画风影响,但不强调山水的内在结构和韵律,而是借以抒发感情、表达自我情绪与人格,所以对笔墨技法的追求进入一个空前的变革和创造时期。而此时的花鸟画则以水墨梅竹、墨花、墨禽风行一时,讲究自然天趣、清润秀雅,以顾安(代表作有《拳石新篁图》)、李衎(代表作有《墨竹》)、柯九思(代表作有《清閟阁墨竹图》)、王冕(代表作有《南枝早春图》)等为其中的代表。

　　明清两代是中国绘画史上的一个重要阶段。文人画依旧占据画坛的统治地位,但在创作思想上有着崇古保守、因循模仿的倾向,同时流派众多,风格纷杂。明初以戴进为代表的"浙派"和以吴伟为代表的"江夏派",重视造型特点,画高山用斧劈皴,画人物用铁线描,于严谨中见豪放,于精雅中见个性。明代中期以苏州为中心的"吴门画派",重振文人绘画,崇尚北宋及元代山水,强调笔墨神韵,致力于宁静典雅、蕴藉风流的艺术风格,以沈周、文徵明、唐寅、仇英为代表。明代后期,无论山水、人物、花鸟都有新的发展。山水画以董其昌为代表的"华亭派"影响最大。同时还有赵左的"苏松派",沈士充的"云间派",都以仿古为尚,注重笔墨韵致。人物画以陈洪绶最有声望,所画人物夸张变形、笔法遒劲,设色古雅。

　　清代的绘画艺术,依旧以文人画为主流,山水画的创作以水墨写意画盛行。文人画中有以王时敏、王鉴、王翚、王原祁"四王"为代表的画坛"正统派",他们以摹古为主旨,崇尚董其昌和"元四家",讲究笔墨趣味,不追求对现实的描写,而注重表达一种宁静、与世无争的情怀。以朱耷(八大山人)、原济(石涛)、髡残、弘仁"四僧"为代表的"革新派",在艺术上主张抒发个性,反对循规蹈矩,反对摹古。清代中期,出现了"扬州八怪"(清乾隆年间在江苏扬州卖画的八个画家,一般指汪士慎、郑燮、高翔、金农、李鱓、黄慎、李方膺、罗聘)为代表的"扬州画派",他们借画抒发自己郁闷的心胸,比拟清高的人品,表达鲜明的个性,因此作品具有较深刻的思想和炽热的感情,形式上不拘一格、狂放怪异。晚清"海派"画家以虚谷、任熊、任颐、吴昌硕等为代表,他们继承了水墨写意花卉传统,并将书法、篆刻的用笔融入绘画,以苍劲酣畅的笔法、淋漓的墨色、鲜艳强烈的敷彩,创造出气势磅礴的艺术形式,开拓了文人画的新风尚。

　　近现代绘画,以齐白石等为代表,他们既坚持中国画的传统,又大胆创造出雅俗共赏的新型风格,在中国绘画史上写下了光辉的一页。代表人物有擅长画虾的齐白石,以画骏马闻名于世的徐悲鸿,以及多才多艺、独创"泼彩法"的张大千等。

四、文字与书法艺术

(一)古代文字的演变

相传我国的文字是由黄帝时的史官仓颉创造出来的。实际上,早在旧石器时代,我国的劳动人民出于生产、生活的需要,就开始用结绳的方法表示某种意思。到了新石器时代,人们进而在某些器物上刻画一些简单的符号,所表达的意思也较前更加复杂。以后,随着这些符号的不断增加、演变和逐渐统一,便产生了我国最早的文字——象形文字。现阶段发现的最早的汉字是商代的甲骨文(刻在龟甲、兽骨上的古文字,多为象形文字)。周代的文字以金文、甲骨文为主,字体称"大篆",字形渐趋方正,并开始呈现线条化、平直化的趋势。秦始皇统一中国后,命李斯整理各地文字,以"大篆"和原秦国通行文字为基础创立小篆,通行全国,为今天的方块字奠定了基础。由于小篆的笔画圆转,书写比较困难,所以许多人写字时常将圆转的笔画改为方折,在笔画的粗细、部首的使用等方面也较为灵活,从而大大提高了书写速度。由于这种书写方式多出自下层徒隶,故称"隶书"。至汉代"隶书"成为通行文字。汉魏之际,又出现了一种新的汉字字体,即楷书,是从隶书演变而来,只是横画不再上挑而采用顿势,撇、捺也不再顿收而采用尖收,并出现了硬钩。隋唐时期,楷书更加成熟,成为最为流行的字体。从唐代直到明清,楷书皆作为官府文书和科举考试的正式字体。约与楷书同时或稍后,还出现了一种称为"行书"的字体。行书运笔较为灵活自然,其书写较为规整者接近楷书,故称"行楷";较为放纵者接近草书,故称"行草"。自晋朝以来喜欢书法者大多擅长行书。

(二)书法艺术与书法家

将文字的书写作为一种专门的艺术形式,是中国文化独有的特点，是由汉字独特的构成形式决定的。书法成为一种独立的艺术是从秦朝开始的。秦统一后留下的《泰山刻石》和《琅琊台刻石》，据说出自李斯之手，结构严谨，运笔圆熟，疏密得当，生动有力。两汉以后，特别是魏、晋、南北朝、隋唐时期，随着真（汉字的正楷）、草、篆、隶、行、魏碑等不同风格的字体并行于世，我国的书法艺术进入繁荣时期，涌现出大批优秀的书法家和不朽的书法艺术珍品。

楷书，据传创始人是汉末的钟繇。唐代是楷书的鼎盛期，代表人物有欧阳询、颜真卿和柳公权等。欧体字刚健险劲，法度森严；颜体字丰满雍容，雄浑凝重，朴质博大；而柳休字挺秀劲健，工巧严密。柳体是秀丽中见雄壮，颜体是雄壮中见秀丽，故有"颜筋柳骨"之称。直到今天，人们仍把他们的书法精品作为临摹的范本。

行书相传是汉末刘德升创立的，晋代是行书最繁荣的时期。代表人物有东晋的王羲之、宋代的苏轼等。王羲之，人称"书圣"，其行书清新秀丽，于妩媚中见劲健，代表作《兰亭集序》有"天下第一行书"之美誉。苏轼的行书苍劲豪放，代表作有《寒食诗》和《赤壁赋》等。

草书的代表人物有东汉末年的张芝、东晋的王献之和唐代的孙过庭。张芝学习书法非常勤奋，晋卫恒《四体书势》中记载："凡家中衣帛，必书而后练（煮染）之；临池学书，池水尽墨。"后人称书法为"临池"，即来源于此。他被世人尊称为"草圣"。王献之，王羲之第七子（父子并称为"二王"），所书《十二月帖》等笔势奔放，一气呵成，为草书中的圣品。

五、几部重要的古代典籍

（一）《永乐大典》

明代永乐年间编纂的《永乐大典》，是我国古代，也是当时世界上编纂规模最为浩繁、涉及范围最为广泛的一部类书（分门别类的文献汇编），几乎包容政治、经济、科学、文化、宗教等各个领域，与现代的百科全书颇有相似之处。全书共 22937 卷，11095

册,37000 多万字。其篇幅之巨、范围之广、编写之精、装潢之美,无论是在中国还是在世界文化史上都是罕见的。在编纂过程中,规定对各类图书不得任意删节涂改,必须照原样一字不差地整部、整卷或整段地分别辑录,因而完整或较为完整地保存了许多古代佚文或孤本。清初,《永乐大典》原本亡佚,副本则于雍正年间移存东交民巷翰林院。1900 年,八国联军侵入北京,《永乐大典》大部分被毁,其余则多被列强掠去。据不完全统计,全世界现存《永乐大典》375 册,其中 200 余册存于国内。

（二）《古今图书集成》

《古今图书集成》于清雍正三年（1725 年）编成。全书共分 6 编,32 典,6109 部,1 万卷,5000 册,另编目录 40 卷,是我国现存规模最大的古代类书。

（三）《四库全书》

《四库全书》是清朝乾隆年间编纂的我国古代规模最大的一部丛书。全书分经、史、子、集四大类,收入古代至清初官私著作 3470 种,分 79016 卷,36078 册。另编《四库全书总目提要》200 卷,对所收各书的渊源、版本、作者、内容等进行了详尽的考证,是古代重要的目录学著作。《四库全书》的编纂,搜集和整理了大批珍贵的古代典籍,对保存和发扬祖国优秀文化遗产,促进文化事业的繁荣起了重要作用。但在编纂过程中,也对很多书中不利于清朝统治的记载进行了大量的篡改和销毁。

第四节　中国古代主要思想流派

中华文化源远流长,内容宏富,博大精深,是中华民族的宝贵财富。而这文化宝库中的思想文化,数千年来对于中国政治、经济、文化、社会等诸多领域起着重大影响。春秋战国时期,是中国思想文化的确立和集大成时期。这一时期形成了以孔孟为代表的儒家思想、以老庄为代表的道家思想、以韩非为代表的法家思想、以孙武、孙膑为代表的兵家思想等众多思想流派。这些流派，在中国文化的百花园里争奇斗艳，构建了影响中华民族发展，甚至影响世界的庞大思想体系。由于篇幅所限，本节只介绍在中国思想发展史上影响最大的两个流派：儒家思想和道家思想。

一、儒家思想

儒家思想指由孔子创立的后来逐步发展的以"仁"为核心的思想体系，又称儒学。是中国影响最大的思想流派，也是中国古代的主流意识。

（一）孔子的思想

孔子（前551～前479），名丘，儒家学派的创始人，中国古代伟大的思想家、教育家。孔子的言论，由他的门人整理成为《论语》，《论语》是研究孔子思想的主要依据。在政治方面，孔子非常崇拜周公的政治，将"天下有道，则礼乐征伐自天子出"，"天下有道，则政不在大夫"，"天下有道，则庶人不议"作为衡量社会制度的重要尺度。他主张用法先王、行德治的方法，恢复当时"礼崩乐坏"社会秩序，减轻人民所受的痛苦。在伦理思想方面，他提出了"仁"和"礼"的学说。孔子认为，要实现"德治"，必须提倡"仁"学，即通过个人的内心修养，形成"仁"这个无美不备的德行，要用"仁者爱人"调整人与人之间的关系，调整阶级与阶级之间的关系，"仁"的终极目的在于"克己复礼"。他把伦理范畴的"仁"和政治范畴的"礼"紧密结合在一起，由此而形成的伦理政治对后世的影响至深至远。孔子大半生的时间从事教育活动，他是中国历史上第一个兴办私学的人，在教育思想和教学方法方面，提出了"有教无类"、"因材施教"、"学而不思则罔、思而不学则殆"、"温故而知新"等教育理念，至今受到人们的重视和遵循。两千年来，孔子倡导的和谐、友爱、克己、为人、团结、集体主义等伦理道德，在中国历史上起了巨大影响。孔子已被国际学术界尊为世界古代十大思想家之首。

（二）儒家思想的发展

孔子以后，儒学与时俱进，不断发展，逐渐成为中国封建专制社会最具影响力政治思想。在这一发展历程中，孟轲、董仲舒、朱熹起了非常重要的作用。

1. 孟子（前371－前289）名轲。战国时期鲁国人，中国古代著名思想家、教育家，儒家代表人物。著有《孟子》一书。孟子继承并发扬了孔子的思想，成为仅次于孔子的一代儒家宗师，与孔子合称为"孔孟"。孟子一生以继承孔子学说为职志，推崇周朝的传统制度，但不是原封不动的恢复"周礼"，主张政治上实行温和的改良，"托古改制"。他还集成孔子"仁"的思想，提出要推行仁政，就得使"民有恒产"。他的仁政说发展了孔子的富民思想。孟子倡导"民为贵，社稷次之，君为轻"的民主思想，他的重民主张是为了缓和社会的阶级矛盾，维护"无君子莫治野人，无野人莫养君子"的旧的统治秩序，在封建社会起了重大进步作用。

2. 董仲舒（前179－前104）广川（河北枣强）人。为了适应汉朝大一统的需要，董仲舒以儒学为基础，以阴阳五行为框架，兼采诸子百家，提出了"天人合一"说、"天人感应"说和"性三品"说，建立起新儒学。其核心是"天人感应"、"君权神授"。形成了一套完整的思想体系。他给汉武帝上《天人三策》就是这一体系的具体说明，《春秋繁露》是其代表作。孔子思想通过孟子和董仲舒的发挥，成为封建社会的统治思想。

3. 朱熹（1130－1200）字元晦，徽州婺源（今属江西）人。南宋哲学家、教育家。集宋代理学之大成，为程朱学派的主要代表。朱熹所编著的《四书章句集注》，始立四书之名，明清定为必读注本。程朱理学是以儒家思想为基础，吸收佛教和道教思想形成的新儒学，是宋代主要的哲学思想。其核心内容为："理"是宇宙万物的本源,是第一性的;"气"是构成宇宙万物的材料,是第二性的。把"天理"和"人欲"对立起来,认为人欲是一切罪恶的根源,因此他提出"存天理,灭人欲"。这实际上是为封建等级秩序辩护。朱熹的学说曾传到日本,在德川时代颇为流行。

（三）儒家旅游思想

儒家的创始人孔子十分重视旅游的作用,他所提出的"知者乐水,仁者乐山;知者动,仁者静;知者乐,仁者寿"开创了儒家人本主义的"比德说"旅游观。"山水比德"就是将仁人君子的品德比拟为自然山水,具体来说,就是将山水与不同思想修养、气质特点、个性品格紧密联系起来,赋予山水以人格魅力;凡是人具有的美德,都可以赋予山水;而且人可以通过游览山水达到娱乐、长寿的目的。这种"比德说"旅游观,一方面肯定了游山观水能给仁人君子以美的艺术享受。另一方面,又奠定了儒家功利主义旅游观的基础,即将"仁"与自然山水有机融合,旅行的最终目的是为了实现人生理想。儒家把"修身、齐家、治国、平天下"作为人生理想的最高追求,而旅游是为践行人生理想服务的,因此不论是游学、游说还是漫游,都要因人而异,因地制宜。当你和自己的父母生活在一起的时候,就应该尽自己的孝道,不让父母担心,因此要做到"父母在,不远游,游必有方。"而主张入世哲学的儒家思想要有"治国平天下"的远大理想,要舍小家,为大家。因此又提出"君子怀德,小人怀土","士而怀居,不足以为士矣",就是要求有理想的知识分子要天下漫游,通过游学、游说学习知识,增长才干,宣传自己的政治理想,以实现自己的人生价值,正是由于儒家把旅游作为实现人生理想的重要手段,因此在旅游形式的选择上更倾向于实用主义。

二、道家思想

道家是由春秋末年老子创立,以老子和庄子为代表的思想流派。因以"道"为宇宙本源,故称。道家之名,始见于西汉司马谈

《论六家之要指》。

（一）老子的思想

老子即老聃，姓李，名耳，是我国古代伟大的哲学家和思想家，道家学派创始人。生卒年不可考。相传为楚国人，做过周守藏史，熟悉各种典章制度。世界百位历史名人之一。在道教中老子被尊为道祖。现存《老子》（又称《道德经》）一书是否为他所作，历来有争论，书中基本上记述了他的主要思想。《老子》否认天有意志，强调天地不仁。提出了一个超绝一切的虚无本体——"道"，以为"道生一，一生二，二生三，三生万物"。在道的思想支配下，老子的政治主张是"无为而治"。《老子》有丰富的朴素辩证法思想，认为"有无相生，难易相成，高下相倾，声音相和，前后相随"把矛盾双方看作相互依存、互为条件。老子鼓吹"愚民"政策，号召统治者在"治民"时，必须遵守"虚其心，实其腹，弱其志，强其骨，常使民无知无欲"。老子的理想社会是"小国寡民"世界，这是一种落后的历史观。《老子》哲学在中国思想史上有着重要的地位，后代哲学家都在不同程度上受到他的影响。

（二）庄子的思想

庄子（约前369－前286）名周。宋国蒙（今河南商丘东北，一说今安徽蒙城县）人。是我国战国时期伟大的思想家、哲学家和文学家。道家学说的主要创始人。与道家始祖老子并称为"老庄"，他们的哲学思想体系，被思想学术界尊为"老庄哲学"，代表作《庄子》。庄子的思想包含着朴素辩证法因素，主要思想是"天道无为"，认为一切事物都在变化，他认为"道"是"自本自根，未有天地，自古以固存；神鬼神帝，先天生地"。"道"也是其哲学的基础和最高范畴，即关于世界起源和本质的观念，又是人之认识境界。主张"无为"，放弃一切妄为。又认为一切事物都是相对的，幻想一种"天地与我并生，万物与我为一"的主观精神境界，安时处顺，逍遥自得，庄子把老子的对立面转化的思想倒向了相对主义和宿命论。在政治上主张"无为而治",反对一切社会制度。庄子的文章,想象力很强,文笔变化多端,具有浓厚的浪漫主义色彩,并采用寓言故事形式,富有幽默讽刺的意味,对后世文学语言有很大影响。庄子哲学在中国思想史上有重要地位,后来的玄学、佛学、理学对它都有所吸收。

（三）道家思想的发展演变

道家自创建以来,经历杨朱的"为我"学说,宋钘、尹文派主张的"情欲寡浅"、"禁攻寝兵",关尹派主张的"淡然独与神明居",理论体系日益丰富。道家学说经过庄子的发挥达到全盛,与儒墨三足鼎立。战国中期出现的黄老学派,吸取老子"虚静"思想并加以改造,汉初统治者据以为指导,实行清静无为与民生息的政策,收到一定效果。魏晋玄学崇尚老庄,以道家观点解释儒家经义,促成儒道融合,之后道家思想虽再未占统治地位,但始终作为儒学的补充而为统治者所利用。

（四）道家旅游思想

道家旅游思想同儒家旅游思想一样,以老庄哲学为核心的道家学派所开创的旅游思想,对中国旅游文化的发展也产生了极其深远的影响。

道家创始人老子主张"人法地,地法天,天法道,道法自然。"提出"道法自然"的哲学命题,庄子继承并发展了这一思想,他认为,自然界有其自身的客观规律:"天地固有常矣,日月固有明矣,星辰固有列矣,禽兽固有群矣,树木固有立矣。夫子亦放德而行,循道而趋,已至矣。"庄子强调崇尚自然,顺应自然,任意遨游,超越生死,物我两忘:"乘风云,骑日月,而游乎四海之外"。因此他提出了"乘天地之正,而御六气之辩,以游无穷"的"逍遥游"思想。这种玄远淡泊,以人与自然的融通为最高境界的旅游思想,对后世的影响极大。

畅神说魏晋南北朝时期,随着传统儒学的失落,产生了强调理性思辨的玄学,肯定山水旅游的"畅神说"也随之出现。"畅神说"

是南朝山水画家宗炳提出的,他说:"峰岫峣嶷,云林森眇,圣贤映于绝代,万趣融其神思。余复何为哉?畅神而已"。意在强调要全身心的投身于大自然中,发现并亲身感受自然之美和自足之乐,通过人的精神和自然景致的高度融合以达到精神上的愉悦。如果说儒家对自然山水的赞美仅仅是象征意义的话,那么"畅神说"则是全身心的融入、感受自然之美。它超越了儒家"比德说"伦理性和功利性的束缚,强调了自然山水的怡神寄情作用,吸引着人们去体悟和感受不事雕饰的自然之美,进而促进了人们审美情趣和审美态度的转变。

思考题:

1. 中国古代主要朝代有哪些?各朝代发生哪些事件?涉及哪些人物?

2. 中国的天干、地支和纪年法之间的关系。

3. 中国古代的姓名字号避讳现象是怎样产生的?

4. 中国各个时期文学、曲艺、绘画领域代表人物及代表作品有哪些?

第三章　中国的自然旅游景观

本章导读

通过本章学习：

——了解湖泊的成因类型、冰川景观，森林、草原等资源在我国的分布，建立自然保护区的意义。

——识记不同景观类型中的代表性景区，我国的历史文化名山、名湖、名泉，我国生物景观中的重要代表景观及其雅称，我国独特的天象及气候景观，我国自然保护区类型及保护对象。

自然景观是地质、地貌、气候、水文、土壤、生物六大要素相互依存、相互制约，共同构成的自然综合体，基本上是天然赋存的。由于地理纬度、海陆分布和地形等地带性和非地带性因素的影响，不同地区不但存在各单一要素之间的差异，而且存在更为明显的自然综合体整体之间的特征差异。自然景观被称为旅游的第一环境，是激发人们旅游动机的最早的，也是最持久的因素。中国辽阔的疆域形成类型齐全、数量丰富、北雄南秀、特色鲜明的自然景观。特别是在南、北纬30°与回归线之间的世界荒漠带上，唯有中国的大地上东是葱绿秀美的江南丘陵山地，西是号称"世界屋脊"的雪域高原，在东西间相对高低悬殊的过渡地带上，形成完整的亚热带山地垂直景观结构。中国丰富多样的自然景观为旅游业的持续发展奠定了雄厚的基础。

自然旅游资源可分为地文景观、水域风光、生物景观、天象与气候景观四大类。

第一节　地文景观

地文景观,指的是长期在地质作用下和地理过程中形成,并在地表面或浅地表存留下来的各种景观。此类旅游资源分布面积大,所属类型种类多,直观性强,是旅游资源中最重要的类型之一。

一、山地景观

在所有的地文景观类型中,最吸引旅游者的是多样的山地景观。我国是个多山的国家,广义的山地占国土面积的 2/3 以上,而且构成山地的岩石类型齐全,在地球内外应力的共同作用下,形成各种类型的山地地貌,其景观千差万别,具有观光游览、避暑消夏、度假疗养、登山探险、科考研修和宗教朝觐等多种旅游价值,在旅游活动中发挥各自不同的作用。

(一)花岗岩山地景观

花岗岩俗称"花岗石"、"麻石",是酸性侵入岩中分布最广泛的一种岩石,质地坚硬,主要矿物成分为石英及长石,颜色一般为肉红色、灰红色、灰白色或灰色。花岗岩山地都是在近期构造运动中形成的断块抬升山地。由于花岗岩垂直节理丰富,在流水侵蚀、重力崩塌的作用下,形成高大、雄伟、峭拔、险峻的景观特征,其主峰突出,群峰簇拥,峰谷相间,蔚为大观。然而由于花岗岩球状风化作用突出,因此山地顶部轮廓圆滑,一座座山峰犹如一朵朵含苞待放的莲花,故而多以"花山"、"华山"、"莲花山"命名。中国的花岗岩山地分布广泛,其中以安徽的黄山与九华山、陕西的华山、山东的泰山、湖南的衡山、江西的井冈山等最为著名。

花岗岩丘陵一般是在早期构造运动中形成的断块山地,成山后长期受到外应力的持续作用,因此高度较小,起伏和缓。著名的花岗岩丘陵有浙江的普陀山、福建厦门的鼓浪屿和泉州的清源山、天津蓟县的盘山、海南天涯海角和鹿回头，等等。

(二)流纹岩山地景观

流纹岩是一种火山酸性喷出岩，常有流纹构造。流纹岩常组成景观奇特的山峦，造型丰富逼真，而且在不同时间、从不同角度观看，常常会呈现出不同形象，有变幻之妙。典型的有浙江雁荡山、天目山，杭州西湖的孤山和宝石山等。

(三)砂岩山地景观

砂岩结合当地其他自然条件，可以塑造出各种造型景观。例如新疆吐鲁番的火焰山就是由红色砂岩构成；其他如湖南的张家界砂岩峰林地貌，福建武夷山、安徽齐云山的丹霞地貌等。砂岩一般化学性质稳定，抗风化力较强，又易于雕琢，也常是摩崖石刻的优先选材选址区，如洛阳龙门石窟、大同云冈石窟、南京栖霞山千佛洞石窟等，都是以砂岩为物质基础的。

1. 丹霞地貌景观

丹霞地貌是在色彩鲜艳、红如朝霞的巨厚的红色砂砾岩上，由内外应力作用发育而形成的方山、奇峰、赤壁、岩洞等特殊地貌。多发育在降水丰富的湿润地区，以广东省仁化县的丹霞山最典型，故将这种特殊的红砂岩地貌命名为丹霞地貌。目前，中国已发现350多处丹霞地貌，多分布在南方。2010年8月1日，"中国丹霞"被正式列入《世界遗产名录》。"中国丹霞"项目是中国把全面展示丹霞地貌形成演化过程的6个丹霞地貌风景区，"捆绑"申报自然遗产，它包括福建泰宁、湖南崀山、广东丹霞山、江西龙虎山、浙江江郎山、贵州赤水。

2. 砂岩峰林景观

指张家界武陵源特色自然风景。武陵源位于湖南省西北部，包括张家界、索溪峪、天子山三个景区。武陵源砂岩峰林地貌是以石英砂岩为物质基础，经流水侵蚀的不同阶段的作用而发育成方山、桌状山、墙状岩、石柱、石峰等多种多样的砂岩自然造型景观。奇峰林立,造型生动,沟谷纵横,植被茂密。植被覆盖率达94%以上,其中有珙桐、银杏等珍稀树种;林中生活着猕猴、背水鸡、大鲵等动物,是一个生机勃勃的风景世界。

3. 嶂石岩地貌

嶂石岩地貌,和丹霞地貌、张家界地貌并称为中国三大砂岩地貌。嶂石岩景区位于石家庄西南的赞皇县境内。嶂石岩景观主要为"丹崖、碧岭、奇峰、幽谷"。区内高达600多米的三级红色砂岩大断崖构成的丹崖绝壁,在嶂石岩一带南北伸展20多公里,发育了众多幽谷深渊、奇峰怪石,独特的"Ω"形嶂谷——"天下最大的回音壁"入选《吉尼斯世界纪录》。

(四)高山景观

中国不仅多山,而且多高山。世界著名的极高山多数在中国境内。自1980年首批开放8座山峰以来,到1992年已增加至36座。中国的高山雪峰偏集于兰州、成都、昆明一线以西。特别是青藏高原周边的山地,很多高峰在6000米以上。

登山探险均在海拔3600米以上的高山和5000米以上的极高山上进行。因此,高山和极高山是登山探险和科学考察旅游的胜地。

我国首批对外开放的8座山峰是:

珠穆朗玛峰。喜马拉雅山主峰,在中国西藏自治区和尼泊尔接界处。"珠穆朗玛"为藏语"女神第三"的音译。海拔为8844.43米(2005年测定),为世界第一高峰。

希夏邦马峰。旧时亦称高僧赞峰,海拔8012米。

慕士塔格山。维吾尔语意为"冰山",为昆仑山高峰之一,海拔7546米。

公格尔山。在新疆维吾尔自治区西南部,为昆仑山高峰之一,海拔7719米。终年积雪,有巨大冰川。

公格尔九别峰。一称公格尔第二峰、小公格尔峰,在新疆维吾尔自治区西南部。为昆仑山高峰之一，海拔 7595 米。

博格达山。一称博格多山，在新疆维吾尔自治区中部。属北天山东段。海拔 5445 米。3800 米以上有现代冰川。

贡嘎山。一称贡噶山，在四川康定县南。为大雪山的主峰，海拔 7556 米。

阿尼玛卿山。即积石山，一称玛积雪山，在青海省东南部，延伸至甘肃省南部边境，为昆仑山脉中支，海拔 7160 米。

（五）高原景观

高原，指海拔在 500 米以上、顶面比较平缓的高地。它与平原的区别在于有较大的高度，与山地的区别在于有较大的平缓地面和较小的起伏。中国四大高原分别是：内蒙古高原、黄土高原、云贵高原和青藏高原。

二、岩溶景观

岩溶地貌是在巨厚的碳酸盐岩层上，由于水的溶蚀和析出、沉积等化学变化过程而形成的地貌，又称喀斯特地貌。它包括溶蚀地貌和沉积地貌两种类型。溶蚀地貌景观有五种，除溶洞位于地下外，其余均在地表，包括切割表浅的石芽，基部相连顶部分离的峰丛，切割到底如林而立的峰林，傲然耸立在一片平地上的孤峰。沉积地貌主要发育在大型的地下溶洞内，为乳白色，其形状有直立在洞底部的石笋，有悬挂在洞顶的石钟乳，有顺洞壁下垂如珠帘般的石幔（又称石帘或石帷幕），还有顶天立地的石柱等。在地表发育的沉积地貌像梯田一样顺着山坡阶阶下降，多呈淡黄色，这叫钙华阶地。这种景观多分布在岩溶泉露头处和泉水流经的斜坡地上。大规模的钙华阶地以美国西部的黄石公园、中国四川的黄龙风景区和云南中甸的白水台最典型。

岩溶地貌在中国东半部南北均有，发育最完美、分布最集中的要数广西和云贵高原。

（一）地表岩溶景观

石灰岩是自然界沉积岩中最主要的造景岩石，是岩溶地貌景观的物质基础。我国桂、黔、滇、川著名的岩溶地貌景观，均以石灰岩为基础。由于石灰岩易于溶蚀，因此江河溪川穿越石灰岩地区时，也易于形成河流峡谷，如云南的虎跳峡、渝鄂的长江三峡及大宁河小三峡、北京市延庆县的龙庆峡等。广西桂林山水、云南石林都是驰名世界的岩溶地貌杰作。桂林山水和云南石林虽然都是地表的岩溶地貌景观，但风格迥异。

桂林山水指的是桂林到阳朔沿漓江两岸的风光。两岸奇峰罗列，中间绿水回绕，景色奇秀，宛如山水画卷，自古就有"桂林山水甲天下"之誉，是世界上规模最大、风景最优美的岩溶景区。桂林素以"山清、水秀、洞奇、石美"而闻名于世。这里的溶洞比比皆是，可谓"无山不洞，无洞不奇"。

云南石林为小尺度的山石造型地貌，是热带石芽的一种特殊形态，形体高大，相对高度一般在20米左右，大的可达60米左右，山石挺拔，坡壁峭立，坡壁上刻有平行垂直的凹槽。

（二）溶洞景观

洞穴分布和岩性、构造、气候条件、地下水作用都有密切关系。溶洞广布于贵州、广西、云南、湖南等岩溶发育地区。目前我国已开发的洞穴有300余处，著名的有广西桂林七星岩、芦笛岩、冠岩，辽宁本溪水洞，贵州安顺龙宫，浙江桐庐瑶琳仙境，北京房山石花洞，广西荔浦的丰鱼岩、冷水江的波月洞，湖北宜昌的三游洞，重庆武隆的芙蓉洞，四川兴文的天泉洞、神风洞，云南建水的燕子洞，江苏宜兴的三洞，江西萍乡的孽龙洞、九江的狮子洞等。

三、风沙景观

风沙景观是指风沙作用于干旱地区而形成的地貌景观，广布于中国的西北地区。新疆、甘肃等地由风沙作用形成的风蚀柱、风蚀蘑菇和各种形状的沙丘等风沙地貌景观,十分普遍。

(一)雅丹地貌

雅丹地貌是干旱地区的一种风蚀地貌,指在巨厚的湖相沉积层上发育的具有陡壁的小丘与风蚀沟槽、洼地相间分布的地貌组合。其垄脊和沟槽顺盛行风方向平行伸长,高半米至数米,长数十米至数百米,沟宽一两米。远望这种地貌,很像城市的街道与建筑的结构,然而人迹全无,故俗称魔鬼城。20世纪初中外学者进行罗布泊联合考察时,在罗布泊西北部的古楼兰遗址附近发现这种奇特的地貌,并根据维吾尔族人对它的称呼来命名。"雅丹"原意为"具有陡壁的小丘"。

(二)沙漠地貌

沙漠,指地面完全为沙所覆盖,干旱缺水,植物稀少的地区。古称"瀚海"。蒙古语所说的"戈壁",是指地面主要由沙砾构成的地区,即砾质荒漠,也是沙漠的一种。我国的沙漠多在新疆、内蒙古一带。沙漠景观主要为沙丘和沙响,是探险旅游的极佳去处。

沙丘是风力作用下沙粒堆积的地貌,呈丘状或垄岗状,一般高几米至几十米,更高的达数百米。按流动程度分固定、半固定和流动沙丘三种。新月形沙丘是平面呈新月形的沙丘。各具特色的沙丘奇观,主要分布在新疆的塔克拉玛干沙漠和内蒙古的腾格里沙漠、巴丹吉林沙漠、毛乌素沙漠等处。

塔克拉玛干沙漠。维吾尔语意为"进去出不来"。一称塔里木沙漠。在新疆南部塔里木盆地中,面积约32.4万平方公里,是我国最大的沙漠。

腾格里沙漠。在内蒙古巴彦淖尔市阿拉善左旗西部和甘肃中部边境,面积约3万平方公里。沙丘、盐沼、湖盆交错。

巴丹吉林沙漠。在内蒙古阿拉善右旗西部和额济纳旗东部一带,面积约4万平方公里。沙丘间有洼地、盐湖,为主要牧场。

毛乌素沙漠。一称乌审沙漠。在内蒙古鄂尔多斯市南部乌审旗和陕北榆林一带,面积约 1 万平方公里。

响沙,就是"会唱歌"的沙丘,主要有 4 处,即宁夏中卫沙坡头、内蒙古鄂尔多斯市达拉特旗的银肯、新疆塔克拉玛干沙漠及甘肃敦煌鸣沙山。其中,宁夏中卫和敦煌鸣沙山最著名。敦煌鸣沙山还是我国最著名的新月形沙丘。

(三)砂林

最具有特色的是云南陆良县的彩色砂林。彩色砂林是由于早期水土流失冲刷而形成峡峪、峰崖、丘陵、沟壑,五彩缤纷的风化沙石断面随处可见,在阳光的照射下光彩夺目。云南陆良的砂林与云南的石林、元谋的土林,合称为云南"滇中三林"。

四、黄土景观

黄土高原由第四纪黄土母质沉积形成,是中华民族文化的摇篮和农耕社会的发祥地。黄土颗粒细,土质松软,土体深厚,多因暴雨侵蚀而形成沟壑交错的地形。

(一)黄土塬

塬,指我国西北黄土高原地区因流水冲刷而形成的一种呈台状,四周陡峭,顶上平坦的地貌。闻名天下的陕西岐山县五丈原即为典型黄土塬。

(二)土林

土林一般出现在盆地和谷地内,其突起的残留土柱侧坡常保持陡直。土林不但在黄土高原地区可以常常见到,在其他一些松散土状沉积物分布地区也可见到,如云南元谋盆地的土林、四川西昌的土林、江苏南京六合县竹厂的土林、吉林乾安的土林、西藏最西部的札达县的土林,等等。

五、火山景观

火山旅游资源包括现今尚在活动喷发的火山、近代火山活动喷发的遗迹以及地质历史上火山活动留下的火山构造等。我国近代曾活动喷发过的火山,以黑龙江的五大连池最为典型。熔岩流壅塞白河,形成五个串珠状湖泊,谓之五大连池。因岩浆喷发的场面跃然如初,故有"火山地貌博物馆"之称,是我国重要的火山地貌保护区。

六、地震遗迹和遗址景观

地震是因为地壳释放出积聚很久的强大能量而产生大地强烈震动并往往产生巨大破坏作用的自然现象。历史上发生地震留下遗迹的有海南省琼山县东寨港和演海的海底残村,唐山大地震遗址、四川汶川地震遗址等。

七、我国的历史文化名山

因文化景观著名或历史遗迹众多而闻名的山地,称为历史文化名山。我国有众多的历史文化名山。它们各自特点突出,有其特有的历史价值和文化价值。这些山地因自然风光优美,加之建筑景观宏伟、历史文物众多,形成了具有浓厚文化氛围的游览胜地。

(一)五岳

五岳是历代帝王祭祀之处,也是僧道参禅修真之所。东岳泰山气势磅礴,以"雄伟"著称;西岳华山壁立千仞,以"险峻"闻名;南岳衡山风景优美,以"秀丽"著称;北岳恒山松柏苍翠,殿宇掩映,以"幽静"闻名;中岳嵩山峰峦起伏,以"俊秀"著称。有人说:"恒山如行,泰山如坐,华山如立,嵩山如卧,衡山如飞。"

1. 泰山

位于山东泰安市,总面积426平方公里。古称"岱山"或"岱宗"。道教因东方为阴阳交替之地,遂以泰山为群山之祖、五岳之首。泰山是优美的自然风光和人文景观巧妙融合的典型山地风景名胜区。山体为片麻岩、花岗岩、闪长岩等构成的断块山。主峰玉皇顶海拔 1532.7 米。泰山海拔虽不太高，但由于处在华北平原之上，所以显得异常雄伟。泰山风光优美，古迹众多，主要景点有一天门、红门宫、万仙楼、经石峪、柏洞、中天门、五松亭、十八盘、南天门等。玉皇顶东南有日观峰，在此可观赏"旭日东升"、"晚霞夕照"、"黄河金带"、"云海玉盘"四种景观。秦汉以前，有 72 位帝王登泰山封禅朝拜，秦汉以后有 11 位皇帝前来封禅祭祀，还有众多文人墨客到此歌咏赋颂，因而泰山殿宇众多，碑刻林立，文化景观十分丰富，是其他名山不可比拟的。1987 年 12 月，泰山作为自然与文化双重遗产被列为《世界遗产名录》。2006 年，泰山进入"世界地质公园"行列。

2. 华山

位于陕西省华阴市境内，古称西岳、太华。华山分落雁（南峰）、莲花（西峰）、朝阳（东峰）、玉女（中峰）和云峰（北峰）5 峰。《水经注》说它"远而望之若花状"，故名华山。最高峰海拔 2154.9 米。自山麓至绝顶，庙宇古迹、天然奇景处处可见。华山的楼台、岩洞大都依山而建，蔚为大观；凌空凿于千仞直壁上的长空栈道，在悬崖上镌刻的全真岩，三面临空的鹞子翻身等胜迹险景，令人身临其境而心惊胆战。苍龙岭、千尺幢、百尺峡、擦耳崖、老君扶犁沟、上天梯和悬崖峭壁上开凿的石级小道等，更是令人称奇叫绝。

3. 衡山

位于我国湖南省衡山县亚热带湿润气候区，72 峰挺拔秀丽，古木参天，终年苍翠，故而衡山有"五岳独秀"之誉。祝融峰海拔 1300.2 米。祝融峰之高、藏经殿之秀、方广寺之深、水帘洞之奇合称南岳四绝。衡山历史上是读书人聚集讲学之地，建有南岳书院、邺侯书院等，同时衡山也是湘中一处避暑胜地。

4. 恒山

恒山位于山西浑源县东，海拔 2016.1 米。山势雄伟，怪石争奇，古树参天。东西两峰对峙，一线浑水中流。苍松翠柏之间，散布着楼台殿宇。幽静恬谧,自古称颂。北魏时期的悬空寺建于金龙口西崖峭壁上,凿洞插悬梁为基。楼阁间以栈道相通,风景优美,别具一格,实为恒山景观之最。

5. 嵩山

位于河南登封境内,是华夏 5000 年文化的荟萃之地。历代帝王将相、墨客骚人、高僧名道纷至嵩山祭祀封禅,探胜猎奇,造庙建祠,留下了许多寺庙宫观、祠庵台坛等遗物、遗迹。天下名刹少林寺为佛教禅宗的祖庭,中岳庙为道教著名洞天,嵩阳书院为古代传播儒学的四大书院之一,古老的周公测影台和元代观星台是中外天文史上的奇观,嵩岳寺塔为我国现存最古老的砖砌佛塔。此外嵩山的奇石、异峰、飞瀑、泉洞等自然资源也是嵩山景观中的神奇之所在。2004 年首批进入“世界地质公园”行列。

(二)宗教名山

“中国名山多寺庙”,指的是佛道两教的建筑群。可以说大江南北、大河上下、长城内外,风景优美的山地几乎都有或佛、或道、或佛道兼有的建筑群。

1. 四大佛教名山

五台山。位于山西五台县,相传为文殊师利菩萨的道场。又名清凉山,有“清凉佛国”之称。由五座山峰环抱而成,五峰高耸,峰顶平坦宽阔,如垒土之台,故称五台。五台各有其名,东台望海峰,西台挂月峰,南台锦绣峰,北台叶斗峰,中台翠岩峰。其中以北台最高,海拔 3061.1 米。五台山无论在佛教历史方面,还是佛寺规模方面,都是中国佛教的第一中心。著名的佛教建筑有显通寺、塔院寺、殊像寺、大白塔、菩萨顶寺等。2004 年首批进入“世界地质公园”行列。

峨眉山。位于四川峨眉山市西南。相传为普贤菩萨的道场。又名光明山。因山势逶迤,“如蟒首蛾眉,细而长,美而艳”,故名。主峰万佛顶海拔 3079.3 米,素有“峨眉天下秀”的称誉。主要景观有报国寺、万年寺、伏虎寺、洪椿坪、洗象池、金顶等。1996 年,与乐山大佛被作为文化和自然双遗产共同列入《世界遗产名录》。

　　普陀山。位于浙江东北部舟山市普陀区。相传是观音菩萨的道场。它是舟山群岛中的一个岛屿,有"海天佛国"之称。最高峰佛顶山海拔 286.3 米。该山以供奉观音为主,岛上寺庙林立,其中普济、法雨、慧济三大寺建筑精美,为典型的清代建筑群。

　　九华山。位于安徽青阳县西南。相传是地藏菩萨的道场,最高峰十王峰海拔 1344.4 米。原名为九子山,后据李白诗"昔在九江上,遥望九华峰,天河挂绿水,绣出九芙蓉"而更名为九华山。历代大规模建筑寺庙,鼎盛时期,佛寺达 300 多座,僧众 4000 余人,有"仙城佛国"之称。现尚存化城寺、慧居寺、月身宝殿(肉身塔)、百岁宫等古刹 78 座,百岁宫内还供有"应身菩萨"无瑕禅师的肉身坐像。

　　2. 四大道教名山

　　武当山。又名太和山。位于湖北的丹江口市境内。列中国"四大道教名山"之首,又是武当武术的发源地。方圆 400 公里,主峰紫霄峰海拔 1612 米。武当山山势奇特,雄浑壮阔,有 72 峰、36 岩、24 涧、11 洞、3 潭、9 泉等胜迹,构成峰奇谷险、洞室幽邃的秀丽画境,既有泰山之雄、华山之险,又有黄山之奇秀、雁荡山之幽雅。山间道观建筑总数达 2 万余间,规模宏大,建筑考究、文物丰富。山间主要景点有金殿、紫霄宫、遇真宫、复真观、天乙真庆宫等近百处。现存的 36 处宫观大多是明代所建,是中国现存最完整、规模最大、等级最高的道教古建筑群,1994 年被作为文化遗产列入《世界遗产名录》。

　　龙虎山。原名云锦山。位于江西鹰潭市西南郊 20 公里处。为中国道教发祥地,道教"正一派"祖庭,被誉为道教第一仙境。源远流长的道教文化,独具特色的碧水丹山,以及现今所知历史最悠久、规模最大、出土文物最多的崖墓群,构成了这里自然、人文景观的"三绝"。龙虎山的著名景点有天师府、上清宫、龙虎山、悬棺遗址和仙水岩等。

青城山。古称丈人山,又名赤城山。位于都江堰市西南15公里处。其36座山峰,如苍翠四合的城郭,故名青城山。海拔1600米。这里林木青翠,峰峦多姿,向有"青城天下幽"之誉。青城为我国道教发祥地之一,相传东汉张道陵(张天师)曾在此创立五斗米道。因此,历代宫观林立,至今尚存38处,著名的有建福宫、天师洞、上清宫等,并有经雨亭、天然阁、凝翠桥等胜景。2000年青城山-都江堰被作为文化遗产列入《世界遗产名录》。

齐云山。又称白岳。位于安徽休宁县城西15公里处。因其"一石插天,直入云端,与碧云齐"而得名,与黄山比肩而立。它是一处以道教文化和丹霞地貌为特色的山岳风景名胜区,是徽州文化的杰出代表。该山道教始于唐乾元年间(758~760年),至明代道教盛行,香火旺盛,成为我国四大道教名山之一。明代大旅行家徐霞客三年之内两上齐云山。清代乾隆皇帝誉之为"天下无双胜境,江南第一名山"。齐云山下的河流与小村浑不在意地分出了"阴阳",点出了"鱼眼",被张三丰看破玄机,成就了道教名山之下,世界最宏丽壮观、形神兼备的天然太极图。五百多块碑铭石刻星罗棋布于山间。主要景观有洞天福地、真仙洞府、月华街、太素宫、香炉峰、小壶天、玄天太素宫、玉虚宫、方腊寨、五青峰、云岩湖等。

第二节　水域风光

水域风光,指的是水体及其所依存的地表环境构成的景观或现象。水是自然界中分布最广、最活跃的因素之一。它在地质地貌、气候、植被及人类活动等因素配合下,可形成不同类型的水体景观,如烟波浩渺的大海,飞流直下的瀑布,清澈透明的湖水,碧波粼粼的河流,给予人们不同的感受、不同的体验、不同的美感,成为自然旅游资源的重要组成部分。

一、江河景观

江河是水景中最重要的一类。中国名川大河很多,辽阔的大地上江河纵横。我国的河流按水系可分为内流水系和外流水系两类。外流河分属三大洋(太平洋、印度洋、北冰洋)水系。外流河流域的面积约占全国总面积的 65.2%,我国东部河流又以秦岭、淮河为界,南、北方河流有较大差异。一般来说,北方河流流量小,水位变化大,而南方河流则相反。我国的内流河全部集中在西部和北部的内陆区域。

我国河流长度超过 1000 公里的大河有 20 条,河流长度超过 2000 公里的河流有 8 条,其中 6 条发源于西部地区,即长江(金沙江)、黄河、澜沧江、塔里木河、雅鲁藏布江和怒江。以自然景观为主的江河多分布在秦岭、淮河一线以南,较著名的有桂林漓江、大宁河小三峡、武夷山九曲溪、贵州潕阳河等。

自然人文景观都很丰富的江河主要是中国的几条大河,如长江、黄河、黑龙江、鸭绿江。其中景观之多、景致之美首推长江。而三峡是长江沿岸自然人文景观最集中的河段。沿岸有古悬棺、古道、刘备托孤的白帝城、诸葛亮水陆八卦阵、屈原及王昭君故里等,更有葛洲坝、三峡大坝等壮观的现代工程。黄河是我国第二大河,全长 5464 公里。被誉为中华民族的母亲河。最秀美的河流当数位于广西桂林至阳朔间的漓江。人称"百里漓江,百里画卷"。鸭绿江、楠溪江、富春江、新安江、丽江、鸳鸯溪、瑞丽江、赤水河等著名江河也各具特色。

二、湖泊景观

湖泊是地球陆地表面封闭洼地中积水形成的面积较为宽广的

水域。

我国有大小湖泊约2万个,其中面积在1平方公里以上的天然湖泊有2838个。湖泊的分布,大致以大兴安岭—阴山—贺兰山—祁连山—昆仑山—唐古拉山—冈底斯山一线为界。此线东南为外流湖区,以淡水湖为主,湖泊大多直接或间接与海洋相通,成为河流水系的组成部分,属吞吐性湖泊;此线西北为内流湖区,为盆地水系的尾闾,以咸水湖或盐湖为主。著名湖泊风景区有太湖,杭州西湖,扬州瘦西湖,嘉兴南湖,南京玄武湖、莫愁湖,湖南洞庭湖,武汉东湖,江西鄱阳湖,安徽巢湖,云南苍山洱海、昆明滇池,北京昆明湖、中南海、北海、什刹海,西藏纳木错,新疆天池、艾丁湖、博斯腾湖,内蒙古呼伦湖和贝尔湖,黑龙江镜泊湖,吉林长白山天池,台湾日月潭等。

(一)湖泊的成因类型

湖泊是陆地上洼地积水形成的比较宽阔的水域。按成因有七种类型:

1. 河迹湖。主要是由河流泥沙淤积河道或分割水域而形成的,一般是淡水湖。中国五大湖中的鄱阳湖、洞庭湖、洪泽湖等属于此类。

2. 海迹湖。亦称潟湖,古海湾被沙坝、沙嘴及滨海堤等封闭而成的湖泊,如太湖、杭州西湖。

3. 构造湖。由于地壳构造运动形成的断陷盆地蓄水而成,多呈长形,两岸陡峭,湖水很深。如云南昆明的滇池、大理的洱海和澄江县的抚仙湖,台湾的日月潭等。

4. 堰塞湖。由山崩滑坡、冰碛物、火山熔岩流等堵塞河道而成,如黑龙江省的镜泊湖和五大连池。

5. 火山口湖。火山喷发后陷落的火山口积水而成,如吉林的长白山天池。

6. 冰碛湖。由于冰川的刨蚀或冰碛作用形成的凹地积水而成,新疆天山天池和喀纳斯湖是典型冰碛湖。

7. 人工湖。规模不一的各种水库,比较著名的有浙江的千岛湖、宁夏的沙湖、贵州的红枫湖等。

(二)湖泊的景观类型

这里主要讲的是淡水湖。从个性景观特征来看,有四种类型:

1. 清大平远型。开阔的湖面、相对平坦的湖滨,既有如海面般清大平远的意境,又有荷稻飘香、帆影如梭的富饶景象。这种类型以洞庭湖最典型。

2. 娇小秀美型。环绕的群山倒映在湖面,湖光山色相辉映,点点风帆画中行;这种娇秀美景所呈现的真切的美、朦胧的美,四时皆有。这种类型以享有"天堂"美誉的杭州西湖最典型。

3. 两者复合型。太湖风光就兼有洞庭之浩大与西湖之秀美,其鼋头渚和蠡园更是太湖之胜景。

4. 多岛型。建于山区的人工湖泊,水中多有山岛。这种类型以千岛湖最典型。

(三)名湖简介

1. 洞庭湖。位于湖南省北部。北连长江,南接湘、资、沅、澧四水,面积约3900平方公里,是中国第二大淡水湖。洞庭湖是中国重要产粮地之一。滨湖风光明媚,岳阳楼为"江南三大名楼"之一;君山岛素有"洞庭茶岛"之称,所产"君山银针"驰名中外;泛舟湖上,纵目四望,"衔远山,吞长江,浩浩汤汤,横无际涯;朝晖夕阴,气象万千"的湖光山色尽入眼底,美不胜收。

2. 太湖。古称震泽。地跨江苏、浙江两省,北倚无锡,东邻苏州,南有湖州,西接宜兴。湖周405公里,面积近2425平方公里,是中国第三大淡水湖。太湖以旷秀取胜。湖中现有大小岛屿51个,岛上与湖周山峰号称"七十二峰",形成一幅湖中有湖、山外有山的壮阔图画。太湖清波白浪,层峦叠翠,湖光山色相映,四季意境迥异。无锡的鼋头渚、梅园、蠡园,苏州的洞庭西山、洞庭东山等,都是以太湖风光为依托形成的著名景点。

3. 西湖。位于浙江省杭州市,因在杭州城区之西而得名,曾称武林水、西子湖。原是和钱塘江相连的海湾,后因泥沙淤塞而成湖。湖周长15公里,面积6.03平方公里,平均水深1.5米左右。西湖三面环山,一面临城,湖光山色,妩媚动人,宛如嵌在古都杭州的一颗璀璨夺目的明珠。宽阔的湖面上一山(孤山)、二堤(苏堤和白堤)、三岛(小瀛洲、湖心亭、阮公墩)相间分布,各具特色,加之人文胜迹遍布湖山之间,形成举世无双的人间天堂美景,令无数游客为之陶醉。1985年,被评为"中国十大风景名胜"之一。

4. 千岛湖。即新安江水库。位于浙江省淳安县境内,其东部入口位于建德市境内。面积约573平方公里。因在开阔的湖面上,隐现着两百多个大小岛屿,低水位时,多逾千数,"千岛"之名即由此而来。

5. 滇池。位于云南省昆明市西山脚下,面积约340平方公里。被誉为云贵高原上的一颗明珠。湖四周多名山胜景,有大观楼、西山、海埂、白鱼口、郑和公园等。

6. 洱海。位于云南省大理市,面积253平方公里,为云南第二大湖,自古以秀丽的风光闻名。湖形似人耳状,被称为洱海。洱海以"银苍玉洱"的特有风韵和"风、花、雪、月"(下关风,上关花,苍山雪,洱海月)四大奇景,名闻天下。

三、泉

地下水的天然露头为泉。泉是地表重要的水源之一,它不仅给人类提供甘甜可口的饮用水,给人类带来一个个环境优美的自然景观,还具有沐浴、治病、疗养的功能。中国是个多泉的国家,且各种类型齐全。中国自古就有赏泉、品茗、温泉沐浴的传统,因此有泉的地方,大都已成为旅游胜地。

（一）泉的类型

以泉水的流出状态来划分,由下向上或喷或涌的称上升泉,自上而下滴落的称下降泉。以出水口的出水温度来划分,低于20℃的为冷水泉,20℃~37℃为温泉,38℃以上为热泉和高热泉,热泉以上的称为汤。以泉水中矿物质的含量来划分,小于1克/升为淡水泉,超过此标准的为矿泉。

（二）中国的名泉

1. 观赏泉。具有鲜明的景观特色与观光价值的当数上升泉。由于地下含水层中水压不同,上升泉所表现出来的景观特征也不尽相同。有的泉缓缓溢出并夹带气泡升起,犹如串串珍珠,人们常称其为"珍珠泉";有的泉如沸腾的水,在水面冒出很高的水头;有的泉水如柱,射向天空,可高达数十米,甚至数百米。前两种景观比较平和,称涌泉,景观异常壮观的后者称喷泉。喷泉多有泥沙与水同喷的现象。旅游景区中的观赏泉多是涌泉,也是冷水泉。著名的有山东"泉城"济南的趵突泉、江苏镇江的中泠泉、太原晋祠的难老泉等。有的观赏泉不是以涌泉的水景为主,而是与水伴生的奇特景致,如杭州三大名泉之一的"玉泉观鱼"、甘肃"敦煌三绝"的月牙泉、云南大理的蝴蝶泉、台湾台南县的水火泉等。喷泉多为间歇性的,世界上开发出来用于旅游的并不多。美国西部黄石国家公园开发最早,这里最吸引旅游者的是有"活的水火山"之称的间歇喷泉群,其中最著名的是老忠实泉。该泉平均每隔65分钟喷一次,水柱高达40米左右,持续2~5分钟。在中国西藏当雄草原附近的羊八井地热区内有同样的景观。

2. 品茗泉。世界茶文化之源是中国,伴随茶文化的形成,中国大地上出现了一批著名的品茗泉。著名的品茗泉有"五大名泉",即"天下第一泉"江苏镇江金山中泠泉、"天下第二泉"无锡惠山泉、"天下第三泉"苏州虎丘观音泉,以及杭州的虎跑泉、济南的趵突泉,除此还有北京的玉泉、江西庐山的谷帘泉等。在这些名泉旁都建有茶肆。中国的茶文化就是在这些地区形成和发展的。

3. 沐浴泉。在中外历史上,温泉沐浴曾是上层社会的一种消遣、休憩行为,随之形成一批世界驰名的温泉度假地。温泉中以热泉和高热泉的洗浴效果和医疗价值最好,故驰名的温泉度假地中以"汤"命名的居多。中国著名的温泉有北京的小汤山、南京的汤山、辽宁鞍山的汤岗子温泉、黑龙江的五大连池、内蒙古乌兰浩特的阿尔山温泉、广东的从化温泉、福建的福州温泉,以及台湾的北投温泉和阳明山温泉。

四、瀑布

瀑布,指从河床横断面陡坡或悬崖处倾泻而下的水流,因水流从陡峭的山崖上飞泻而下时,如垂挂于天际的白练在飘荡而命名。瀑景多分布在山区河流的中上游地段,以及岩溶地貌区内处于崖壁上的地下河的出口处。由于受地形和气候的影响,中国的瀑布多分布在秦岭淮河以南地区。瀑布的大小和气势,取决于河面的宽度、河床断裂点的落差以及河流水量的大小。

据统计,全国大小瀑布至少在数百个以上,瀑布群也不下数十个。其中贵州黄果树大瀑布,是中国最大的瀑布。黄果树瀑布、黄河壶口瀑布和吊水楼瀑布都是发育在大河上的瀑布,素有"中国三大瀑布"之称。

黄果树瀑布是贵州省镇宁县白水河上九级瀑布群中规模最大的一个,丰水期瀑布的最大宽度达84米,落差68米,瀑下犀牛潭最深点为17.7米。瀑后崖壁上横贯一条134米长的溶洞,洞壁天然形成三处"天窗",步入洞内,眼前的瀑布变成洞前的水帘。瀑布、水帘洞、犀牛潭构成黄果树瀑布的三大奇景。

壶口瀑布位于山西省吉县与陕西省宜川县交界的黄河段。瀑布以上河床宽250～300米,由于岩石断裂和河水冲刷、切蚀,河床中心30～50米宽的部分形成深达30米的巨沟,遂形成瀑布。汹涌而至的河水突然汇入狭窄的沟中,波浪翻滚,惊涛怒吼,声震峡谷,数里可闻,宛若茶壶注水,巨壶沸腾,故名壶口,古有"天下黄河一壶收"之说。壶口瀑布有三绝:"水中螺"、"水底冒烟"、"七色彩桥"。

吊水楼瀑布,位于黑龙江省牡丹江上游镜泊湖,由火山岩流堵塞河道而形成。吊水楼瀑布酷似闻名世界的"尼亚加拉大瀑布",是世界最大的玄武岩瀑布。

我国名山中的著名瀑布也很多。庐山的谷帘泉、三叠泉、开先瀑、玉渊瀑、香炉峰瀑布早已多见记载和诗篇。雁荡山的大龙湫,被誉为雁荡山十八瀑布之冠,是中国瀑布中以瀑高流长、变化复杂而见称的一大名瀑。四川的九寨沟在纵深 40 余千米的沟谷中,自上而下发育的 108 个湖泊间,有大大小小的形态各异的瀑布或激流;其中最大、最美的是诺日朗瀑布,瀑宽约 100 米,多级下跌,总落差约 30 米,崖顶与崖壁上长满繁茂青翠的树木,水从林木中穿流下泻,形成罕见的"森林瀑布"奇观。此外,天柱山瀑布、长白山瀑布、金华冰壶洞瀑布、井冈山瀑布群等也很著名。

五、海洋与海滨景观

海洋以其完整的水体占据地球表面 71% 的面积,从海面到海底形成完整的景观体系,是地球上最大的景观区。目前海洋景观用于旅游的仅限于近海与海滨景观、热带浅海海底景观。中国位于太平洋西岸,有渤、黄、东、南四大海,大陆海岸线绵延长达 1.8 万公里,海岸曲折,港湾交错。许多海滨,空气清新、阳光和煦、滩缓沙细、景色幽美,是疗养、避暑、游览的胜地。

（一）近海与海滨景观

在中国 1.8 万公里长的海岸地带,这种景观主要集中在辽东半岛、胶东半岛和杭州湾以南的沿岸地区,以及沿海岛屿。我国主要的海滨胜地有辽东半岛南端的大连海滨,以游览山、海、礁岛为主。山东半岛东南隅的青岛海滨,以青山、碧海、绿树、红墙为特色。秦皇岛西南端的北戴河海滨,以滩缓、沙细、浪小、潮平著称。浙江东部舟山群岛上的普陀山海滨,以山、海、林、泉兼胜。海南的三亚,有"东方夏威夷"之称。

（二）热带浅海海底景观

热带浅海海底景观主要是热带浅海的珊瑚礁海底景观。这些地区是珊瑚和各类海洋动植物生长的最佳环境,海底世界极其美丽动人。同时,这些动植物繁茂生长的深度正在人体能经受的水压范围内,因此是潜水观光的胜地。

（三）潮汐

潮汐是所有海岸地带都存在的周期性的海水涨落现象。当它发生在喇叭口形的沉降河口时,就会形成潮墙向河口涌进的壮观景象。自古以来中国浙江钱塘江大潮是举世闻名的一大奇观。每年农历八月十八是最佳观潮时间,最佳观景点有盐官镇、八堡和老盐仓3处。

六、冰川景观

我国现代冰川大量分布于西部高山地区,新疆乌鲁木齐南的胜利达坂、四川贡嘎山东坡的海螺沟、云南玉龙雪山、甘肃嘉峪关的七一冰川以及祁连山等地都有冰川分布,已开发建有冰川公园。高山冰川地区,最壮观的莫过于冰塔林水晶世界,最典型的冰塔林位于珠穆朗玛峰北侧的中绒布冰川、东绒布冰川和章子峰冰川中。

第三节　生物景观

生物景观指的是以生物群体构成的总体景观,个别的具有珍稀品种和奇异形态个体。

生物圈是地球四大圈层中内容最丰富、美感特征最全面的景观。古人曾用拟人的手法描述了各自然要素在风景构成中的作用:风景以山为骨骼,以水为血脉,以草木为毛发,以云雾为服饰。又说:山得水而活,得草木而华。生物是显现自然风景的水平地带与垂直地带差异的标志性要素。

一、植物景观

我国是世界上植物资源最丰富的国家之一。自然植被有各种类型的森林、草原。森林包括针叶林、落叶阔叶林、常绿阔叶林、热带季雨林以及它们之间的过渡类型。草原有温带草原、干旱荒漠草原和高寒草原。木本植物中有乔木 2000 种。其中有许多物种起源于我国。我国还保留了一批古老和稀有的孑遗树种,如水杉、银杉、珙桐、银杏等,被称为"化石植物"。此外还有果木、蔓木、叶木及数以千计的花卉植物。

(一)古树名木与奇花异卉

古树名木是指多呈单体存在,以树龄、规模、形姿和所处环境为特色来吸引游客观赏,使人发思古之幽情,看自然之演变的树木。我国是世界公认的"世界树木宝库",保留下一批古老和稀有的孑遗树种,如被列为世界三大"活化石"的水杉、鹅掌楸、银杏,以及特有的金钱松、台湾松、银杉、珙桐、金钱楠等。这些稀有古老的植物对了解地球的历史和植物的演化阶段有很强的直观性,因此对旅游者的吸引力极大,往往一个单体就能吸引来源源不断的人流。中国有许多历史悠久的古树名木,或因名人手植,或因故事传说,或因形态别致而著名,在重要景点景区随处可见。如黄山的迎客松,树冠扁平,飘逸多姿,针叶短而密,苍劲古雅,给人一种刚毅挺拔之感,被称为"四绝之冠"。陕西黄陵的黄帝轩辕手植柏,高达 15 米,围粗 10 米,估计距今有 5000 多年的历史,堪称"世界柏树之父"。山东曲阜孔林,古木参天,茂密幽深。现有古树 2 万多株,占地 30 公顷,树龄多在数百年至 2000 年,为我国最大的古树园。中国寺庙中的古树名木更多。例如,北京戒台寺的五大名松(活动松、九龙松、抱塔松、身在松和卧龙松),浙江天台山国清寺的隋梅。

我国人民自古以来就注意以自然植被和奇花异卉装点自己的生活环境,栽培花卉的历史悠久,花卉名品众多,拥有名贵花卉6000 多种,约占世界的 3/4。其中,梅、兰、竹、菊被称为"四君子";水仙、菖蒲、兰、菊被誉为"花草四雅";玫瑰、蔷薇、月季被誉为"园中三杰"。我国春夏秋冬都有不同的观赏花卉,而且长期以来形成一些花卉的最佳观赏地,如洛阳、菏泽赏牡丹,无锡梅园、杭州孤山、南京梅花山赏梅。

（二）森林景观

森林景观,有原始森林景观、次生森林景观和人工森林景观之分。中国的天然森林主要分布在东北的大、小兴安岭和长白山地,西南的横断山地和藏东南,以及长江上中游的山地丘陵地区。根据树种结构和外貌特征,可把我国的天然森林分为寒温带落叶针叶林、中温带针阔叶混交林、暖温带落叶阔叶林、亚热带常绿阔叶林、热带雨林季雨林五种自然结构类型。我国东北山区和西南山区的原始林区,在科学考察、探险探奇及采集狩猎方面的旅游价值高。而在交通条件相对有利的广大东部次生林区及部分原始森林边缘区,则更适合开展大众观光、康乐度假及科普求知性旅游活动。

（三）草原景观

草原是在干旱、半干旱气候下,由旱生或半旱生的草本植物组成的植被类型。中国的草原类型以温带、暖温带和高山的草甸、草原为主,主要分布在内蒙古、新疆、西藏、甘南和川西北地区。阴山以北、大兴安岭以西的内蒙古草原,是中国最典型的温带草原,其风光之美,为历代诗人所称颂。人们有"天苍苍,野茫茫,风吹草低见牛羊"和"蓝蓝的天上白云飘,白云下面马儿跑"的美好形容,是理想的草原旅游场所。在新疆天山南北坡一定的海拔上,有高山草原呈地带性分布。青藏高原的高山草原和高山草甸,高旷开朗,坦荡无垠。

二、动物景观

据统计,我国有鸟类1160多种、兽类420多种、爬行与两栖类500多种,动物资源极为丰富。有不少世界稀有和我国特有的珍禽异兽,其中列为一级保护动物的就有68种,如有我国四大国宝动物之称的大熊猫、金丝猴、白鱀豚和白唇鹿等。对此,国家已经采取措施加以保护。我国不少旅游区都有特有的动物,如峨眉山的猴群、西双版纳的大象、扎龙的丹顶鹤、长白山的梅花鹿、大连蛇岛的蛇、青海湖鸟岛的鸟、海南陵水猕猴岛的猕猴、云南大理和台湾岛的蝴蝶聚会等。

三、动植物馆园

为科学研究、保护或繁衍某种濒危动植物,为发展旅游业,世界各地都建有规模不等的动植物馆园。动物园包括综合性动物园和专门性动物园,综合性动物园如北京动物园、上海动物园等;专门性动物园有水族馆、鸟园、蝴蝶园、蛇园、猴园、鳄鱼园等。水族馆和海洋公园是现代城市颇有魅力的游览地。北京、香港、青岛、深圳和大连等地的海洋世界馆,深圳、上海和河北北戴河等地的野生动物园都属此类。植物园可分为两类,即大型综合性植物园和独具特色的专科性植物园。著名的综合性植物园有北京植物园、南京中山植物园等。专科性的植物园种类很多,如反映气候特色的有杭州亚热带植物园、海南的热带植物园等,反映物种特色的植物园有山茶花园、秋海棠园、多浆植物园、蔷薇植物园、牡丹花园等。各地举办的花展、花会也吸引不少的游人,如广州三月的羊城花会、洛阳四月的牡丹花会等。

第四节　天象与气候景观

天象与气候景观,指的是天文现象与天气变化的时空表现。气象景观是大气层中的冷、热、干、湿、风、云、雨、雪、雾、闪电现象等各种物理现象和物理状态的总称。

一、云雾景观

云系由大气中水汽凝结而成的水滴、冰晶或它们混合组成的可见悬浮体。地球表面的云量分布总趋势是东南多,西北少。我国四川盆地和云贵高原年平均云量在"8"以上,西北内陆地区则不到"3",分别是全国云量最多和最少的地方。雾是由大量微小水滴或冰晶在贴近地面的大气中组成的悬浮物。雾的形态可分为五种,即辐射雾、平流雾、蒸汽雾、锋面雾和上坡雾。轻纱般缥缈的雾景在山中、水面也经常出现。

著名的云雾景观有:庐山云雾、草堂烟雾、黄山云海、新安江江面雾景。

另外,西湖的"双峰插云"、武汉龟山的"白云缭绕"等云雾胜景也历来为游人所称道。

二、雨景

我国有不少与雨景有关的胜景,例如"巴山夜雨"、"江南烟雨"、"梅雨赏梅"、"双桥烟雨"、"漏天银雨"、"云头观雨"、"洪椿晓雨"等都是著名的雨景。雨既能给人以朦胧美,还能唤起游人的多种情思遐想。

巴山夜雨,夜雨是指晚8时以后,到第二天早晨8时以前下的雨。"巴山"是指大巴山脉,"巴山夜雨"其实是泛指多夜雨的我国西南山地(包括四川盆地地区)。这些地方的夜雨量一般都占全年降水量的60%以上。

江南烟雨,指我国东南沿海地区江河湖岸的山乡景色。由于这里降水量较多,雨期均匀,细雨如丝或呈烟雾状态,配合以山村水景,小桥流水,炊烟袅袅,其意境耐人寻味,撩人心绪。

梅雨赏梅,梅雨是每年春末夏初,我国长江下游地区多连绵阴雨,空气湿度过大,可使衣物霉烂,因而也叫霉雨;因时值梅子黄熟季节,故又称梅雨。梅雨天气时品赏梅花、梅香、梅果成为当地民俗中的一项传统活动。

双桥烟雨,双桥,指的是广州中山八路飞跨珠江两支流的铁桥。烟雨朦胧日,遥看双桥,恰似两道彩虹,成为羊城八景之一。

漏天银雨,在山东蓬莱城东海边,有一处岩石,名为漏天岩,一年四季滴水不止,像下雨一样,即使遇上严重干旱,也照滴不误,因名"漏天银雨"。

云头观雨,鸡公山十景之一。河南信阳鸡公山地区雨量充沛,山势奇伟,泉清林翠,气候独特,风景秀丽,常见云腾雾绕,享有"云中公园"之美称。

洪椿晓雨,峨眉山传统十景之一,每当炎夏清晨,常有霏霏的"雨"洒向庭院,四周林中更是蒙蒙一片,并有淅淅"雨声",这就是十景之一的"洪椿晓雨"。

三、冰雪景观

把冰雪作为旅游观赏的对象,在我国有悠久的历史,在各地以"八景"、"十景"命名的景观中,常有雪景名列其中。例如,杭州西湖的"断桥残雪"。北京的"西山晴雪"、嵩山的"少室晴雪"、九华山的"平冈积雪"、太湖东洞庭山的"厘峰积雪",都是著名的雪景。

冰雪除了可供观赏外,还可用来开展冰雪运动以及冰雕、雪雕等活动。冰雕、雪雕是人类利用冰雪雕塑的各种造型景观。这是寒冷地区发展起来的一种特殊的雕塑艺术。世界上最著名的冰雪艺术景观旅游区有三处：加拿大魁北克省的雪雕，日本札幌的冰、雪雕，中国哈尔滨市的冰、雪雕。

四、雾凇与雨凇

雾凇又名树挂，是雾气在低于0℃的附着物上直接凝华而成的白色小冰粒，这种冰层是由比雨凇雨滴更小的雾滴凝结而成。雾凇景观以倒垂的柳枝最美。最著名的雾凇景观出现在吉林市的松花江畔。"吉林树挂"每年可出现60余天，以"中国四大自然奇观"（长江三峡、桂林山水、云南石林、吉林雾凇）之一的盛名享誉海内外。观雾凇有三景：夜观雾，晨观挂，午后赏落花。

雨凇是与雾凇类似的天然景观。它是寒冷时经过冷却的雨滴或毛毛雨滴，碰到物体很快地在它上面冻结起来的透明或半透明的冰层。我国雨凇最多的地方是峨眉山，庐山雨凇也很有名。雨凇又与云海、日出、夕阳、宝光、蜃景合称为"天象六景"。

五、日出与日落

观赏日出、日落是人们观赏大自然的一个重要部分。最佳观景点多在海滨和山巅。

黄山日出日落颇为著名。著名的日出观景点有泰山的日观峰、黄山东海的翠屏楼、华山的东峰、庐山的汉阳峰、衡山的祝融峰、峨眉的金顶、钱塘江的初阳台和北戴河的鹰角亭。日落以庐山的天池亭景致最佳。

六、风景

风是空气相对于地面的运动。各地"八景"、"十景"的名胜中，有不少景观是表现"风"之美的，如河北碣石山"石洞秋风"、浙江东天目山"经台秋风"、浙江海盐"茶磨松风"、峨眉"白水秋风"、云南大理"下关风"等。

七、霞景

霞是日月斜射天空中,由于空气层的散射作用和受大气现象及时辰影响,使天空的云层呈现黄橙红等色彩的自然现象;霞光就是阳光穿过云雾射出的色彩缤纷的光芒。霞景因瞬息万变,五彩迸发,对游人有极大的吸引力。霞和霞光多出现在日出或日落时,常与山地水汽、云雾等相伴随。主要形式有朝霞、晚霞、彩云、雾霞等。著名的霞景有浙江东钱湖中的"霞屿镇岚"(钱湖十景之一)、江西彭泽的"观客流霞"(江西彭泽八景之一)、贵州毕节的"东壁朝霞"(毕节八景之一)和河南信阳鸡公山的"晚霞夕照"(鸡公山十大奇景之一)。

八、佛光与蜃景

佛光又称宝光,产生佛光条件要求当时太阳高度不高(一般在早晨或黄昏时较多),观测者的前面要有云雾。太阳、观测者、人影三者成一直线。这种大气现象主要见于湿润地区的山区与林区,如黄山、庐山、武夷山、普陀山,尤以峨眉山出现最频繁,故最著名,世称"峨眉宝光"。国外则以德国哈茨山脉的布罗肯峰的最著名,称"布罗肯宝光"。

蜃景,即"海市蜃楼",是光线通过在垂直方向或水平方向上温度和密度差异较大的气层时产生多次折射和全反射后将远方景物的形状和色彩或多或少地改变后,投影在大气中而成的幻景,不同温度和密度的大气在光线的传播进程中起了透镜作用。蜃景中幻景呈正像直立空中的称"上现蜃景",此景以山东蓬莱海滨所见最著名,多出现在春夏之交的季节。幻景呈倒像立于空中的称"下现蜃景",此景多出现在夏季中的沙漠地区,也常出现在海面、草原、江湖、河面上。

第五节　自然保护区

一、自然保护区的含义

自然保护区是为了保护各种重要的生态系统及其环境,挽救濒危物种,在法律上确认的、为达到特定保护目的而划定的区域。在这片区域上,由政府专设的管理机构负责实施各种保护、建设与管理措施。其目的在于,保持地表基本的生态过程和生命系统(森林生态系统、草原及草地生态系统、沿海和淡水生态系统、农业生态系统等);保存物种遗传基因的多样性;保留自然历史遗迹;保证物种和生态系统的永久利用。自然保护区的建立是国家自然保护事业的重要组成部分,是国家为当前和长远利益保护自然环境和自然资源的必要投资。自然保护区除了保护自然资源和开展科学研究外,往往也是旅游的场所,已经成为开展生态旅游的最佳地区,可以进行森林、观鸟、考察、狩猎和探险等多项特种旅游。自然保护区往往也是著名的风景名胜区。我国还有一些交通、通信、食宿条件较好的自然保护区也正有计划地开放,供旅游者观赏。

二、建立自然保护区的意义

(一)保护自然本底

自然保护区保留了一定面积的各种类型的生态系统,可以为子孙后代留下天然的"本底"。这个天然的"本底"是今后在利用、改造自然时应遵循的途径,为人们提供评价标准以及预计人类活动将会引起的后果。

(二)贮备物种

保护区是生物物种的贮备地,又可以称为贮备库。它也是拯救濒危生物物种的庇护所。

（三）科研、教育基地

自然保护区是研究各类生态系统自然过程的基本规律、研究物种的生态特性的重要基地，也是环境保护工作中观察生态系统动态平衡、取得监测基准的地方。当然它也是教育实验的好场所。

（四）保留自然界的美学价值

自然界的美景能令人心旷神怡，而良好的情绪可使人精神焕发，燃起生活和创造的热情，所以自然界的美景是人类健康、灵感和创作的源泉。

三、自然保护区类型

（一）综合型自然保护区

综合型自然保护区是自然生态系统保持比较完整的保护区。例如保护温带湿润山地森林生态系统的长白山自然保护区，保护中亚热带山地森林生态系统的武夷山保护区，保护亚热带常绿阔叶林生态系统的梵净山自然保护区；例如有"世界低纬荒漠带中绿色明珠"之称的鼎湖山自然保护区，有"南国绿海"美誉的海南岛自然保护区等。

（二）珍稀植物型自然保护区

珍稀植物型自然保护区是以保护孑遗或特有的珍稀植物为主的自然保护区。例如以保护孑遗植物红松为主的小兴安岭丰林自然保护区，以保护温带草原为主的内蒙古白音敖包草原沙地自然保护区，以保护第三纪孑遗植物银杉为主的广西花坪自然保护区和重庆金佛山自然保护区，以保护中国特有树种望天树为主的西双版纳热带雨林自然保护区。

（三）珍稀动物型自然保护区

珍稀动物型自然保护区是以保护孑遗或特有的珍稀动物为主的自然保护区。例如四川的卧龙自然保护区是世界著名的孑遗动物,中国的国宝大熊猫的集中栖息地;如以保护东北虎为主的黑龙江七星砬子自然保护区,保护华南虎的广东车八岭自然保护区,保护世界罕见的"淡水鲸"白鱀豚的湖北新螺自然保护区,驰名中外的鹤乡黑龙江扎龙丹顶鹤自然保护区。

（四）自然遗迹型自然保护区

自然遗迹型自然保护区包括景观构成与特色截然不同的三种类型。

1. 罕见而独特的自然风景型自然遗迹保护区。例如,由奇特的高山湖泊、众多而壮观的瀑布、丰富多彩的动植物构成的,被称为"童话世界"的四川九寨沟自然保护区;以"高山平湖"白头山天池和林海雪原景致为特色的长白山自然保护区;丹山碧水相辉映,绿树成荫盖满山的福建武夷山自然保护区。

2. 地质景观型自然遗迹型自然保护区。例如黑龙江五大连池火山群自然保护区,四川黄龙寺钙华阶地自然保护区,保护生物化石剖面的山东山旺自然保护区。

3. 原始的自然与人文景观遗迹型保护区。例如珠穆朗玛自然保护区。

四、我国自然保护区的保护方式

我国人口众多,自然植被少。保护区不能像有些国家采用原封不动、任其自然发展的纯保护方式,而应采取保护、科研、教育、生产相结合的方式,而且在不影响保护区的自然环境和保护对象的前提下,还可以和旅游业相结合。因此,我国的自然保护区内部大多划分成核心区、缓冲区和外围区三个部分。

核心区是保护区内未经或很少经人为干扰过的自然生态系统的所在,或者是虽然遭受过破坏,但有希望逐步恢复成自然生态系统的地区。该区以保护种源为主,又是取得自然本底信息的所在地,而且还是为保护和监测环境提供评价的来源地。核心区内严禁一切干扰。

　　缓冲区是指环绕核心区的周围地区。它是试验性和生产性的科研基地,如饲养、繁殖和发展本地特有生物,是对各生态系统物质循环和能量流动等进行研究的地区,也是保护区的主要设施基地和教育基地。

　　外围区位于缓冲区周围,是一个多用途的地区。除了开展与缓冲区相类似的工作外,还包括有一定范围的生产活动,还可有少量居民点和旅游设施。

　　上述保护区内分区的做法,不仅保护了生物资源,而且又成为教育、科研、生产、旅游等多种目的相结合的,为社会创造财富的场所。

思考题:

　　1. 中国自然旅游景观的主要类型有哪些?

　　2. 自然旅游景观的三大功能。

　　3. 地震遗迹和遗址景观保留的意义。

　　4. 建立自然保护区的意义及我国自然保护区的保护方式。

第四章　中国的古代建筑与园林

本章导读：

通过本章学习：

——了解中国古代建筑的发展历程,古代建筑的基本构件。

——识记各类古代建筑的典型代表。

——掌握我国各类古代建筑的特点,各类建筑形制的体系及分类。

第一节　中国古代建筑概述

我国的古代建筑具有重要的旅游价值。它是我国传统文化的真实载体,它以独特的民族性享誉世界,同以意大利比萨斜塔为代表的罗马建筑、以法国巴黎圣母院为代表的哥特式建筑并列,为"世界三大古代建筑体系"之一。

一、中国古代建筑简史

原始社会早期,原始人为了避免猛兽和恶劣天气的侵害,或居于崖洞,或构木为巢。约5万年前的原始社会晚期,氏族公社形成。在北方,氏族部落利用木架和草泥建造简单的穴居和半穴居,逐步发展为地面上的房屋,出现面积很大的氏族聚落。南方则出现了干栏式木构架建筑。

　　由夏朝至春秋,我国进入奴隶制时代。其间,夏朝把版筑技术和排水技术用于城市建造,出现许多规模不大的设防城堡;商朝已掌握较成熟的夯土技术和较大的木构架技术,使用了陶质下水管,有了宫室、宗庙、陵墓、院落群体组合和灌溉工程、防御工程。西周使用了板瓦和筒瓦,提高了版筑技术。春秋时,改进后的木构架已经成为建筑的主要结构形式,宫室建筑较多地采用高大的夯土台,出现很多以宫室为中心的、城壁用夯土砌筑的大小城市。此时成书的《考工记》记载了王城规划的模式。

　　从战国至清朝,为我国的封建社会时期,木构架建筑体系逐步发展而成熟。

　　战国时有了制砖技术、多层木构架技术和彩画技术,出现了更为发达的高台建筑和规模更宏大的城市。

　　秦朝出现了空前规模的宫殿(如阿房宫)、陵墓(如秦始皇陵)、城防(万里长城)、公路(如驰道、直道)、水利工程(如都江堰、灵渠)。

　　汉朝,大量使用成组的斗拱,木构楼阁逐步代替高台建筑,砖石砌筑发展了,砖券结构出现了,先后营建了规模宏伟的长安城、洛阳城和规制整齐的邺城,宫殿建筑中采用了各种屋瓦和下水陶管,墓葬中使用了空心砖,表明独特的中国建筑体系至汉代已经基本形成。

　　魏晋南北朝时期,佛教建筑繁荣发展,出现许多壮丽的寺、塔(如登封嵩岳寺塔)、石窟(如大同云冈石窟、敦煌莫高窟、天水麦积山石窟、洛阳龙门石窟)和精美的雕塑与壁画;以邺城为模式的都城建设为了便利交通,把作为中心的皇宫位置向北推移,并设立规制整齐的东、西市。

　　隋朝开凿了贯通南北的大运河;依据详密规划建设起来的首都大兴城,其规模之宏巨、分区之明确、街道之整齐,都超越前代都城;建造单孔石拱桥的技术十分成熟。

　　唐朝,单体建筑屋顶坡度平缓,出檐深远,斗拱比例大,柱子粗壮,多用板门和直棂窗,风格庄重朴实。等级制度更为详密,建造的殿堂、陵墓、石窟、塔、桥及城市,在布局和造型上都气魄雄伟,雕塑和壁画尤为精美,是中国封建社会前期建筑艺术的高峰。伊斯兰教建筑于此时出现。我国现存最早的木结构建筑实物——五台山南禅寺和佛光寺部分建筑,是唐代汉式建筑的典型。

北宋是中国古代建筑体系发生大转变的时期。政府为了管理宫室、坛庙、官署、府第等建筑工程,于崇宁二年(1103 年)颁行《营造法式》,作为上述各种建筑的设计、结构、用料和施工的规范。单体建筑屋顶坡度增陡,出檐不如前代深远,重要建筑门窗多采用菱花隔扇,风格渐趋柔和。现存的山西太原晋祠圣母殿、福建泉州清净寺、河北正定隆兴寺和浙江宁波保国寺等体现了这些特点。此时的桥梁建筑技术有很大发展,出现了大跨度的木构拱桥(如张择端《清明上河图》所示);福建泉州洛阳江口的万安桥采用“筏形基础”的新技术,有效地解决了潮水冲刷的问题。都城建设打破了封闭式的里坊制度,出现临街的店铺,更便于市民生活和日益发达的商业流通(亦见于《清明上河图》)。地处北地的辽朝,借用汉族工匠的技术,于前期建造的城市、宫殿、寺、塔,仍保持盛唐风格,中期以后受北宋建筑影响而有“减柱法”、“斜拱”等新创造。例如天津蓟县独乐寺的山门殿出檐深远曲缓,为唐代遗风;山西大同华严寺的大雄宝殿减少内柱十二根,扩大了前部空间。金朝融合北宋和辽的建筑传统,在结构手法和艺术风格上有新的成就。例如山西大同善化寺的三圣殿,殿内用四根金柱支撑梁架屋顶,是辽金减柱法、移柱法的突出实例;其左右次间各出60°斜拱,形如怒放的花朵,是金代所盛行斜拱的代表作。

中国古建筑体系到了元朝,又进入一个融合多种文化的新发展时期。大都(今北京)是按照汉族传统都城的布局建造起来的,它是自唐长安城以来又一个规划周详、规模宏伟的都城。藏传佛教的寺院和塔,在从西藏到大都的许多地方建造起来;伊斯兰教的清真寺,在大都、新疆、云南及东南地区的一些城市更多地建造起来。它们的建筑艺术逐步影响到全国各地。中亚各族工匠带来许多新因素,使汉族工匠在宋、金传统上创造的宫殿、寺、塔和雕塑,表现出若干新的趋势。山西芮城县永乐宫、洪洞县广胜寺等现存的元代建筑,普遍使用辽代创造的"减柱法",梁架结构又有新的创造,许多构件多用自然弯材稍加砍削而成。

明清两朝是古建筑体系发展的最后一个高峰。明代,砖的产量增长,大部分城墙和一部分长城都用砖包砌,地方建筑也大量使用砖瓦。琉璃瓦的数量及质量都超过以往。官式建筑高度标准化、定型化。民间建筑的类型和数量增多,质量提高。各民族的建筑也有发展,地方特色更加显著。清朝于 1733 年颁布《工部工程做法则例》,统一了官式建筑的模式和用料标准,简化了构造方法。明清两代屋宇建筑出檐较浅,斗拱比例缩小;重要建筑已不采用"减柱法"。万里长城,北京明清故宫和沈阳故宫,北京的明十三陵、天坛、颐和园,河北的承德避暑山庄及外八庙、遵化清东陵、易县清西陵等著名建筑和园林,都是这一时期的杰作。

二、中国古代建筑的主要特点

第一,采用梁柱式结构。这种结构以木材为主要材料,由立柱、横梁和顺檩等构件组合而成。各构件的结合依靠榫卯,构成框架。木结构有井干、穿斗、抬梁三种结构方式。井干式是用方木或圆木四面垒叠而成,围成的空间似方井,原始而简单,现在仅在林区使用。穿斗式是用穿枋把一排排柱子穿连成为排架,然后用枋、檩、斗连接而成,便于施工,利于抗震,但是难于建成大型建筑,多用于民居和较小的建筑物。抬梁式是在立柱上架梁,梁上安短柱,短柱上又抬梁的结构方式;它可以加大建筑物的面阔和进深(四根柱子围成的空间称为"间"。建筑的迎面间数称为"面阔"或"开间",纵深间数称为"进深"),宫殿、坛庙、寺院等常采用,是中国木构架建筑的代表特征。梁柱式结构建筑是以柱和梁承重,内外墙只起间隔和遮蔽作用,因此墙壁的位置和窗户的开设,可以按需要改动。梁柱式结构富弹性,因此有利于抗震。(见图 4 - 1、图 4 - 2)

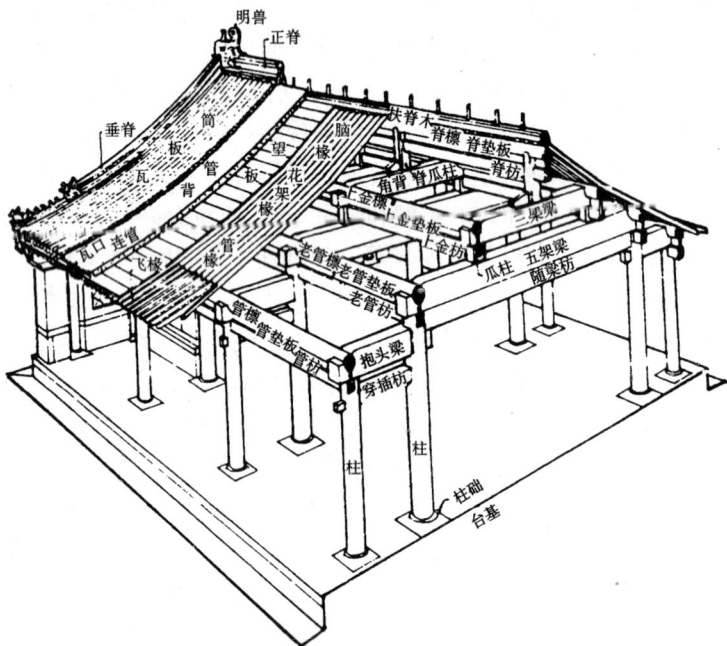

图 4 - 1　抬梁式木构架(清代七檩硬山大木小式)

第二,平面布局整齐而灵活。中国古代建筑有两种基本的布局方式。一种是整齐对称式,主要见于都城、宫殿、坛庙、陵寝、衙署、府宅、寺院、道观、祠堂、会馆等。其特点是:主体建筑安排在中轴线上,两旁布置陪衬建筑,左右对称,组成层次丰富的院落。另一种是灵活多变式,主要见于园林、民居、山村、水镇。其布局原则是:随山川形势灵活安排,不拘一格。

第三,单体建筑标准化。单体建筑各部分(基座、屋身、屋顶)

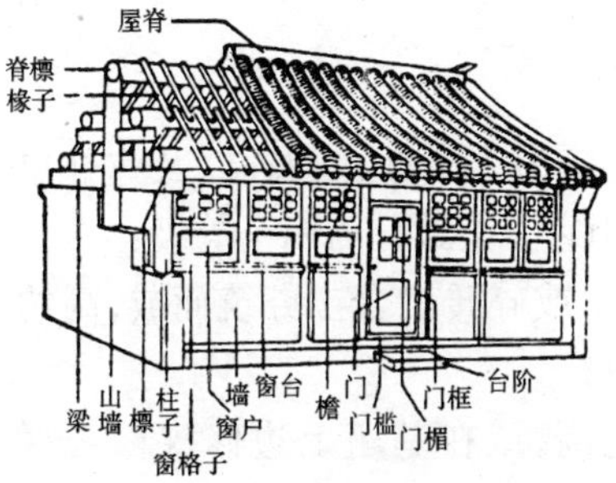

屋脊

脊檩
椽子

山 柱
梁 墙 檩子
窗格子

墙 窗台 门
檐 窗户 门槛 门楣

门框 台阶

图4-2　房屋的构件

及其装饰的规格、色彩的运用，必须符合礼制规定；其用料标准、构件尺寸，都是标准化、定型化的。自南北朝后期起，房屋的面阔、进深和所需构件的断面尺寸，已有一整套数制。

第四，装饰丰富多彩。中国古代建筑的装饰分两类。一类是雕塑，一类是彩绘。雕塑包括雕刻在柱子、梁枋、门窗、隔扇之上和塑制在屋顶、梁头、柱子之上的人物、神佛、飞禽、走兽、花草、鱼虫，还包括室内外的、可以独立存在的神佛、狮子等雕塑。彩绘主要施于内外檐的梁枋、斗拱及室内的天花、藻井、柱头之上，构图与构件形状密切结合，内容丰富，构图精巧，色彩绚丽。

此外，中国的封建统治者为了巩固政治统治，对房屋的建造规定了等级制度。中国古代建筑的营造必须严格遵循政府制定的等级。其建筑分为殿式（包括宫殿、孔府、寺庙、道观中的主要殿堂）、大式（官吏富商的宅第）和小式（普通民居）三种。殿式用高级基座（见于高级寺庙）或最高级基座（见于北京故宫三大殿和曲阜孔庙大成殿），用重檐庑殿屋顶、歇山顶、黄色琉璃瓦、多层斗拱、朱漆大门，用龙凤彩绘，并沥粉贴金；屋舍的开间和进深多（帝王开间九、进深五，象征"九五之尊"，北京故宫太和殿、太庙大殿面阔达十一间）。大式的体量小于殿式（王府正殿七间，五品以上官员厅堂七间，六品以下厅堂三间），用较高级基座；大门，王府为朱漆铜环，官宅为黑漆锡环；不许用琉璃瓦，斗拱数目和彩绘样式也不许"逾制"。小式用普通基座，用硬山顶，正房开间不得超过三间；可以施用"苏式彩画"。

三、中国古代建筑的基本构件

台基，又称基座。中国古代建筑为了防潮，防腐，以及弥补单体建筑不够高大雄伟的弱点而使用它。大致分为四个等级：

（1）普通基座，多用素土或灰土或碎砖三合土夯筑而成，高约一尺，常用于小式建筑（普通民居）；

（2）较高级基座，比普通基座高，或在基座上边修汉白玉栏杆，用于大式建筑（官员富商宅第）或宫殿中的次要建筑；

（3）更高级基座，通常称为须弥座（又称金刚座，原为佛像下的基座，以显示佛的崇高伟大），表示建筑使用者的高贵，装有汉白玉栏杆，通常用于宫殿和高级寺庙中的主要殿堂建筑；

（4）最高级基座，将几层带石栏杆的须弥座叠在一起，使建筑物显得更加雄伟高大，只用于皇宫中的最高级建筑和重要庙宇的主要建筑（如北京故宫三大殿、曲阜孔庙大成殿）上。

柱、枋、梁、檩、椽。柱，常用松木或楠木制成圆柱形，置于石础（或铜础）上。枋，两根柱子间起连接作用的方形横木。梁，顺着前后方向架在柱子上的长木，用来支撑檩木，常用松木、楠木或杉木制成。檩，架在屋架或山墙上面用来支撑椽子的长木。椽，放在檩上架着屋面板和瓦的木条。（见图4－4）

斗拱。我国建筑特有的一种支承构件。在立柱和横梁交接处，从柱顶上加的一层层探出呈弓形的承重构件叫拱，拱与拱之间垫的斗形方木叫斗，合称斗拱（见图4－3）。其功能一是扩大立柱的支撑面，便于承接梁头和枋头；二是支撑和挑高屋檐，利于采光，出檐越深则所用斗拱的层数就越多；三是增加檐下的结构，起装饰作用。拱端由于不承重，多作变形处理，或向斜下

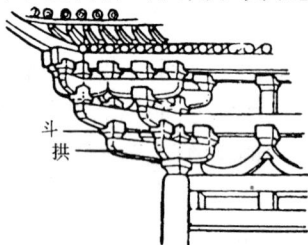

图4－3　斗拱

单坡

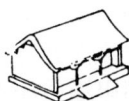
卷棚

悬山

硬山

平顶

囤顶

拱顶

穹隆顶

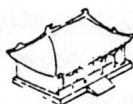
庑殿

歇山

毡包式

四角攒尖顶

圆攒尖顶

盝顶

十字脊

勾连搭

工字顶

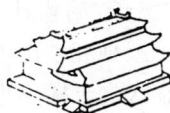
盝顶

图 4－4　屋顶式样图

方延伸(称昂),或向斜上方抹去(称蚂蚱头),装饰效果各异。斗拱只限于宫殿、寺庙使用。统治者以斗拱的层数来表示建筑物的等级。

屋顶。最常用的屋顶有七种:

(1)硬山顶。屋面两面坡,两侧山墙与屋面平齐,或高出屋面构成风火墙,两侧以砖墙承重。

(2)悬山顶。又称挑山顶,屋面两面坡,坡两侧伸出山墙之外,屋面上有一条正脊和四条垂脊,两侧以柱子承重。

(3)庑殿顶。又名四阿顶,屋面四坡五脊,前后两坡相交形成横向正脊,左右两坡与前后坡相交,形成自正脊两端斜向延伸到四个屋角的四条垂脊,屋檐向上微翘,四面坡略有凹形弧度。

(4)歇山顶。屋面是悬山顶与庑殿顶的组合,上 2/3 为悬山顶,下 1/3 是庑殿顶,因而形成四坡九脊(一条正脊,上部四条垂脊,四角与垂脊间有四条戗脊)的造型。

(5)卷棚顶。卷棚顶整体外貌与硬山顶、悬山顶一样,唯一的区别是没有明显的正脊,屋面前坡于脊部呈弧形滚向后坡。

(6)攒尖顶。是圆形和正多边形建筑的屋顶造型,除圆形攒尖顶无脊外,屋脊自屋面各角向中心屋顶会聚,脊间坡面略呈弧形。

(7)盝顶。梁架结构多用四柱,加上枋子抹角或扒梁,形成长方形屋面,顶部是在平顶的屋顶四周加上一圈外檐,形如古代的一种叫"盝子"的妆具。

庑殿顶和歇山顶为皇家专用,又以重檐庑殿顶等级最高,重檐歇山顶次之。攒尖顶多用于园林,大型的方形或圆形攒尖顶只在宫殿或较高级的礼制建筑中使用,如北京故宫中和殿和交泰殿,天坛的祈年殿和皇穹宇。

与屋顶有关的还有天花与藻井。天花是中国古代建筑室内屋顶装饰。在底梁下方用木条交叉为方格,上铺板以遮蔽梁以上部分,在方格木框与木板上分别涂色和绘鸟兽花卉。藻井为天花平顶上凹进的部分,如倒置的水井状,其平面投影有方形、六角形、八角形和圆形,井壁有彩绘或雕刻,是中国古代建筑室内屋顶的特殊装饰,多用于宫殿与寺庙建筑中,建在佛座或帝王宝座上方。

此外,彩画虽然不能称为构件,但是它却是一些重要古建不可缺少的部分,这里必须谈及。

彩画本为木结构防潮、防腐、防蛀而涂饰,后来才突出其装饰性,宋代以后彩画成为宫殿不可缺少的装饰。有两种类型:1. 殿式彩画,是元代以后的皇家专用彩画,主要用金、蓝、红色,又分为以龙凤图案为主的"和玺彩画"与以旋花为主的"旋子彩画"两类,它们的画面格式、使用建筑都有严格规定;2. 苏式彩画,是民间建筑使用的绘画形式,起源于江浙私家住宅与园林,后亦被皇家园林采用,题材有山水、花鸟、鱼虫、人物等。

第二节 宫殿与礼制建筑

一、宫殿建筑

宫殿是帝王施政和居住的处所,在古建筑中等级最高,最能体现我国科学、技术、文化艺术的最高水平,其规模与布局规制严格。

宫殿建筑的布局大体有以下几项要求。

(1)中轴对称。中轴线上的建筑高大,豪华,两侧的建筑对称,相对矮小、简单,以显示皇帝的尊严,突出"君权神授"的思想和以皇权为核心的等级观念。

(2)左祖右社。宫殿左前方设祖庙(太庙),右前方设社稷坛(祭土地神、粮食神的地方)。

（3）设三朝五门。"三朝"即举行重大仪式和政治活动的外朝、处理日常政务的内朝和起居的燕朝；"五门"是在外朝宫殿庭院前，沿中轴线以五道门及辅助建筑构成四座庭院，作为前导空间，由内向外依次称为朝门、宫门、宫城前导门、皇城门和皇城前导门。

（4）前朝后寝。用于各种朝会的建筑，位于整座建筑群的前部；帝、后及其子女们起居的建筑位于后部。

中国现存最完整的皇家宫殿有北京故宫和沈阳故宫。北京故宫（紫禁城）是明清两代的皇宫，位于北京市中心，占地72万平方米，有殿宇廊屋9000多间，现为世界上最大的宫殿建筑群，为全国重点文物保护单位，1987年作为文化遗产被载入《世界遗产名录》。其布局分前朝和内廷两部分。前朝以太和、中和、保和三大殿为中心，东西两侧分列文华、武英两殿，是皇帝日常朝会和举行庆典的地方。内廷以乾清宫、交泰殿、坤宁宫为中心，两侧分列东、西六宫，其后还有御花园，是皇帝处理日常政务和后妃、皇子们居住、游乐、礼神敬佛的地方；中轴线两侧的慈宁宫、寿安宫、皇极殿、养心殿，是皇太后、太上皇养老之处。沈阳故宫（原称盛京宫阙，后改称奉天行宫），为清统治者入关前的皇宫，占地6万多平方米，有房屋300多间，融汇满、汉两个民族的建筑风格。其布局分中、东、西三路。中路称为"大内宫殿"，前为"朝"，后为"寝"。"前朝"以崇政殿为主体，皇太极在此处理军政要务，接待使臣、宾客。"后寝"以清宁宫为主体；宫前有凤凰楼，为皇帝计划军政大事和宴会之地；其两旁还有关雎、永福、麟趾、衍庆等后宫。东路后部正中是一座八角形的大殿，叫"大政殿"，它的前方有十座方亭（俗称"十王亭"）分列两翼，这里是皇帝举行大典的地方。西路以储藏《四库全书》的文溯阁为中心，前后有戏台、嘉荫堂、仰熙斋等。现为全国重点文物保护单位，并作为文化遗产列入《世界遗产名录》。

二、礼制建筑

在奴隶社会与封建社会,"礼"是规定社会行为的法则、规范、仪式的总称。礼制思想集中体现在两个方面:一是要人们听命自然,宣扬天上诸神支配年成丰歉和人间祸福,而帝王的一切行为都"受命于天",不可违抗;二是要人们崇尚祖先,因为祖先赋予子孙生命,教会子孙生存的技能,死后也时刻护佑后代子孙,帝王的祖先不仅赋予生命,还赋予江山社稷。礼制的核心是严格的等级。用以宣讲、传播礼学礼制,举办各种礼仪活动的建筑统称礼制建筑。有官修和民建两种。

(一)国子监与辟雍

国子监是中央掌管教育的机构,太学是中国古代的最高学府,清代将国子监与太学合二为一。辟雍,本为周天子所设大学,校址圆形,围以水池,前门外有便桥。辟,通璧,即圆璧;雍,池沼,四方有水自拥成池者。辟雍即取"四面环水,圜如璧"之意。东汉以后,历代皆有辟雍,除北宋末年为太学之预备学校外,均为行大射、祭礼的地方。清代国子监设在北京安定门内成贤街,建筑坐南朝北,是中国最后一个国子监。辟雍在国子监中心,是大型的黄瓦方形攒尖顶殿宇,坐落在有白石护栏的圆形水池中央,正面立额"辟雍";四面开门,分别有桥与岸相通。这种形制称为"辟雍泮水"。乾隆帝临此"行讲学礼",百官和诸生听讲,为皇帝讲学之所。现为全国重点文物保护单位。清光绪三十一年(1905年)设学部,国子监从此退出历史舞台。

(二)坛庙

是祭祀天地和祖宗神灵的建筑。在皇宫的左侧建祭祀祖宗的太庙,在皇宫的右面建祭祀土神和谷神的社稷坛。太庙和社稷坛,明代以前建在皇城之外,明清两代建在皇城内宫城前方的中轴线两侧。明代的礼制建筑发展到了顶峰,北京有九坛十八庙。清朝延续明制。现存最著名的坛庙有北京的天坛、太庙、社稷坛和曲阜的孔庙。

天坛,是皇帝祭天的建筑群,在中国礼制建筑中它规模最大、等级最高。中轴线北端的祈年殿是全园中规模最大的建筑,下方是圆形三级汉白玉巨型基座(祈谷坛),基座上面是高38米、直径约33米的三重檐圆形攒尖顶大殿,殿顶覆以蓝色琉璃瓦。为全国重点文物保护单位,于1998年作为文化遗产被列入《世界遗产名录》。祈年殿与长城构成北京旅游形象的标志图案。

太庙,是帝王祭奠祖先的建筑群。目前保存最完整的是明清两代的太庙,位于天安门东侧。主体建筑为三进大殿及配殿。前殿坐落在三级汉白玉基座上,面阔十一间,进深四间,重檐庑殿顶。太庙以古柏著名,树龄数百年。1924年辟为"和平公园",1950年改名"北京市劳动人民文化宫"。现为全国重点文物保护单位。

社稷坛,是帝王祭祀土神(社)与谷神(稷)的地方,位于天安门西侧。主体建筑为坐落在中轴线上的社稷坛和拜殿。社稷坛位于全园中心,为汉白玉砌成的三层方坛。自上而下每层边长分别为16米、16.8米和17.8米。上层台面铺五色土,为中黄、东青、西白、南红、北黑。拜殿原为皇帝祭祀时休息和祈雨时行祭的地方,面阔六间,单檐歇山顶。为纪念孙中山先生,社稷坛于1928年改名为"中山公园"。社稷坛也以古柏著称,树龄数百年者上千棵。现为全国重点文物保护单位。

孔庙,又称文庙、夫子庙、孔圣庙,是祭奠孔子的建筑。孔庙规制为"左庙右学",在京城太学的左侧必须建文庙。至明清两代,除京城建庙外,各地的府、州、县学的左侧都建孔庙。孔子故乡山东曲阜城内的孔庙规模最大、时代最早。该庙占地21万多平方米,南北长千余米,有房屋466间。前后共有九进院落,从大成门起分为三路。中路有杏坛、大成殿、寝殿、圣迹殿等;东路为孔子故宅,有诗礼堂、礼器库、鲁壁、家庙等;西路为祭祀孔子父母的启圣王殿、启圣王寝殿等。现为全国重点文物保护单位;1994年,曲阜的孔庙、孔府、孔林作为文化遗产被列入《世界遗产名录》。

（三）祠

祠是封建制度下社会公众或某个阶层为共同祭祀某个人物而修建的建筑群。目前留存的,多是被历代人民所景仰的著名历史人物的祠,如武侯祠、包公祠。

武侯祠,位于四川成都南郊,西晋时为纪念三国蜀丞相武侯诸葛亮而建。明初并入蜀先主刘备的昭烈庙,故大门横额书"汉昭烈庙"。祠内著名文物有一通被称为"三绝碑"的唐碑。现为全国重点文物保护单位。

包公祠,位于安徽合肥包河公园香花墩,是明代人纪念北宋丞相包拯的专祠。香花墩曾是包拯读书处,环境幽雅。

（四）宗祠

是一族一姓共同祭祀祖先的地方,也是家族议事、履行族法家法的场所,以及子弟读书的学堂。它是民间最普遍的礼制建筑,过去遍及全国,现存规模较大、建筑较精美的是安徽绩溪县龙川胡氏宗祠和广州市中山八路陈家祠堂。

第三节 陵墓建筑

陵墓景观包括四部分:其一,陵墓建筑,即地面建筑群和地下墓穴;其二,陵墓地面建筑和墓穴的绘画、雕刻;其三,棺椁及其殉葬品;其四,陵墓依托的山体及周围的风貌。

一、中国古代帝王陵墓

（一）选址特点

重视所谓"山水风脉"。北宋统治者在选择陵地时，就根据"五音姓利"说（此说将赵姓归音"角"，利于丙壬方向，称为吉方，而吉方又要求"山高水来"的山水条件），把陵区分布在巩县（今河南省巩义市）高山的北麓，以东南之金牛、黑砚、少室、青龙等山为屏风，西北则有洛河流过。明朝朱棣认为，昌平这块地方聚气藏风，山环水抱，南面又有"青龙"、"白虎"，即蟒山、虎山，是块风水宝地。清朝统治者进关后也先后选择了"万年龙虎抱，每夜鬼神朝"的"上吉之壤"河北遵化县马兰峪和易县永宁山麓作陵区。地理位置也是不容忽视的重要条件。首先，陵区一般不远离京城，以便于安葬和祭扫。其次，陵区应是山河险固、易守难攻的地方，以保证陵寝安全。此外，建在山区的陵墓，还要有足够的山间小明堂（小平原），以供子孙后代发展。还非常讲究地讳。多选择水深土厚，没有流沙、硬岩的地方，以保证地下宫殿施工和建筑的质量。清道光帝的陵墓，原建在东陵，但由于地质条件不好，地宫进水，不得不拆掉而在西陵重建。

（二）封土形制的演化

封土形制是关于帝王墓穴上方堆土成丘的形状和规模的制度。"厚葬以明孝"起源于周礼。帝王陵墓封土形制自周朝以来，经历了"覆斗方上"式、"因山为陵"式和"宝城宝顶"式的演化过程。"覆斗方上"式，就是在地宫上方用黄土堆成三阶逐级收缩的方形夯土台，形状很像倒扣的斗，故名。自周朝一直延续到隋朝，又被宋朝选用。其中，以秦始皇陵墓的墓冢形体最大。"因山为陵"式，就是将墓穴修在山体中，以整座山体为墓冢。陕西礼泉县的唐太宗昭陵、乾县的唐高宗武则天乾陵、满城西汉中山靖王墓都是这种封土方式。"宝城宝顶"式，是在地宫上方，用砖砌成圆形

（或椭圆形）围墙，内填黄土，夯实，顶部做成穹隆状。圆形围墙称宝城，穹隆顶称宝顶。明清两朝的皇陵都是这种形制，清朝的宝城宝顶多为椭圆形。

（三）陵园建筑布局的演化

历代帝王陵墓的陵园建筑群由三部分组成：其一，祭祀建筑群，建在墓冢前方，为一封闭的方形庭院，院门称祾恩门，院内建筑有主殿祾恩殿和两侧配殿；其二，神道，又称墓道、御道，从陵园大门直达祾恩门；其三，护陵监，是护陵人居住的地方。整座陵园以围墙环护，不得随便进入。隋朝以前，陵园建筑以祭祀建筑与护陵监为主，神道比较短小，石人、石兽数量较少。其中以汉朝的护陵监规模最庞大，全国的官员、富豪均搬到陵区，为皇帝守护陵园，陵区就形成繁华的城市。唐朝开始，陵区的神道加长，并确定神道两侧的石像生数量为18对。其中，高宗李治与武则天的乾陵神道最长，石像生最多，在约4公里长的神道上，除了传统的18对石人、石兽外，还有61尊臣服于唐朝的少数民族首领和外国使节的石像。到明清时期，帝王陵神道发展到高峰，明十三陵的神道长7公里，清东陵的神道长5公里。

（四）地宫结构的演化

帝王墓穴及棺椁在汉初以前，多为石质。西汉主要用木材建椁室，称"黄肠题凑"。将柏木黄心（黄肠）截成等长的方木，端头（题）向中心聚集（凑）在木质棺椁的四周，方木皆以榫卯结合，缝隙以木炭、膏泥封固。地宫，唐朝是直接在开凿的山洞中就地营造，其余都是用砖石发券垒建。宋朝以前，多是砖砌地宫，四壁绘制墓主生前的活动场景。从明朝开始，地宫用巨型条石建造大型墓室。历代帝王的墓穴布局要表现得与生前所住宫殿一样，由多个相连的空间（称厢或室）代表前后排列的庭院。

（五）殉葬制度的演化

随死者一起埋葬的人或物品为殉葬品。帝王的殉葬品，包括本人的生活用品、心爱物件,以及他在位期间社会的生产工具、科学发明、乐器、兵器,各种重要的书籍、史册、艺术品、珠宝乃至物种。殉葬品中的人物,商周时期为活人,战国后期改为人形俑。

(六)现存著名帝陵简介

秦始皇陵

位于陕西西安临潼的骊山脚下。陵区周长 6264 米,冢高 76 米,地上祭祀建筑已无存。据记载,其地宫为石椁,椁内上有用珠宝玉石做的日月星辰,下有用水银灌制的江河、金银做的凫雁、琉璃做的龟鱼与玉雕的鲸鲵等,并设弓弩、毒箭、机关以防盗墓。秦兵马俑一、二、三号坑共发现与真人真马等大的陶武士俑 7000 多尊、战车 130 多乘、陶马 300 多匹,再现 2000 多年前的战阵军容,使秦始皇陵被称为"世界第八大奇迹"、"二十世纪考古史上的伟大发现之一"。1980 年发掘出土的一组两乘大型的彩绘铜车马——高车和安车,是迄今中国发现的体形最大、装饰最华丽,结构和系驾最逼真、最完整的古代铜车马,被誉为"青铜之冠"。该陵及兵马俑于 1987 年作为文化遗产被载入《世界遗产名录》。

汉茂陵

是汉武帝刘彻的陵墓,位于陕西兴平市东 15 公里处。因地处槐里县茂乡,故名。是西汉帝王陵中规模最大、修造时间最长、陪葬品最丰富的一座,陵墙周长约 1690 米;冢形似覆斗,今实测高 46.5 米。茂陵周围还有霍去病墓、卫青墓等 20 余个陪葬墓。在茂陵的霍去病墓前陈列有"马踏匈奴"、"伏虎"、"跃马"等 16 块珍贵的西汉石雕,具有极高的历史和艺术价值。

唐乾陵

是唐朝第三代皇帝高宗李治和女皇武则天的合葬陵。位于陕西乾县。以海拔 1048 米的梁山北部主峰为陵,南部两峰为阙。陵区仿唐长安城格局,外垣周长 40 余公里。神道两侧大型石雕 120 多件,王公贵族、功臣爱将的陪葬墓有 17 座。其宏伟的气势,庞大的墓群规模和以山为陵的设计,是唐帝诸陵之冠。在大型石雕中,有两种因与众不同而著名:其一是无字碑,通体高达 7.53 米,为一完整巨石。这块碑是按照武则天临死遗言而立的。遗言说,已之功过由后人来评,故不刻文字;其二是神道上的异族异国人物石像生,是边疆各族和中亚细亚各国与唐朝友好往来的见证。

西夏王陵

位于宁夏银川市西约 25 公里处的贺兰山东麓。为西夏王朝历代帝王陵墓的所在地,陵园四周围以陵墙,四角建标志界至的角楼,主要建筑物由南往北排列着门阙、碑亭、外城、内城、献殿、灵台。其灵台形如佛塔(有圆的和八角的两种),与汉地王陵多为棱台形不同;灵台顶部有五层或七层挑檐,以绿色琉璃瓦覆檐,台身为暗红色,显得鲜艳华丽。西夏王陵在明代以前已被盗被毁,地面建筑仅剩遗址。

成吉思汗陵

位于内蒙古鄂尔多斯市伊金霍洛旗。原在今达拉特旗,清初南迁至此。世代传为成吉思汗陵。抗日战争中灵柩先后迁至甘肃、青海,新中国成立迎回原地,并建新陵园。建筑面积 1500 平方米,分为正殿、寝宫、东西殿、东西廊,其下是高大的台基。正殿平面为八角形,重檐蒙古包式穹庐顶,高 20 多米,殿正中塑成吉思汗坐像。东西两殿平面为不等边八角形,单檐蒙古包式穹庐顶。每年在此举行公祭,远近蒙古族及各族人民都来参加盛典。

明十三陵

位于北京西北昌平县天寿山下的小盆地上,陵区面积 40 平方公里,埋葬明朝定都北京后的十三位皇帝和众多的后妃。十三座帝王陵如扇面状分布在盆地内的山前丘陵上。陵区道路由一条主神道和十二条辅神道构成,石像生布置在主神道两侧。明永乐皇帝朱棣的长陵坐落在主神道的顶端,各代皇帝陵墓依照辈分,对称分布在主陵两侧。建筑物自石桥起,依次分列陵门、碑亭、祾恩门和祾恩殿（三进院的祭祀建筑群）、明楼（安放帝王谥号碑）、宝城宝顶（为圆形或椭圆形）。地下墓室用巨石发券，构成若干墓室相连的"地下宫殿"。每一座陵墓旁都设有护陵监。十三陵以地面建筑宏伟的长陵和唯一打开地宫的定陵闻名于世。为全国重点文物保护单位，2003 年作为文化遗产被列入《世界遗产名录》。

清盛京三陵

包括永陵、福陵和昭陵。是清朝定都北京之前建在盛京（清留都，即今沈阳市）的三座祖陵。永陵，位于新宾县启运山南麓，是努尔哈赤以上四代父祖的陵寝。福陵位于沈阳东部丘陵地带，是清王朝开国皇帝努尔哈赤及其皇后的陵墓。昭陵位于沈阳市区北部，是清朝第二代皇帝皇太极及其皇后的陵墓。各陵自成体系，礼制设施齐全；其建筑选址和规划设计将中国古代地理环境学中的宗教、信仰、习俗同自然环境紧密结合，充分体现出"天人合一"的哲学思想。2004 年作为文化遗产被列入《世界遗产名录》。

清东陵、西陵

清东陵，在河北遵化市境内，是清王朝帝后妃陵寝，也是中国现存规模最大、体系最为完整的皇家陵寝，始建于 1661 年。陵寝建筑分布在 48 平方公里范围内，15 座帝后妃陵依昌瑞山自东向西排开。先后葬入清朝顺治、康熙、乾隆、咸丰、同治 5 位皇帝，包括孝庄文皇后和慈禧在内的 15 位皇后，136 位妃嫔，4 位格格，1 位阿哥，共 161 人。陵墓群的中心是昌瑞山主峰下顺治帝的孝陵。从陵区最南面的石牌坊到孝陵宝顶，长约 5 公里的神道上，井然有序地排列着大红门、更衣殿、大牌楼、石像生、龙凤门、一孔桥、七孔桥、五孔桥、下马碑、小碑楼、东西朝房、东西班房、祾恩门、焚帛炉、东西配殿、祾恩殿、二柱门、石五供、明楼等。明楼是全陵最高建筑物，各陵都有，内竖石碑一座，上面用满、蒙、汉三种文字刻"某某皇帝（或皇后）之陵"字样。明楼后面的宝顶，是封闭的大坟头。每一座陵都有大量的石雕、石像生整齐地排列在神道两旁。

清西陵,在河北易县城西8公里处,为清代三处帝陵墓群之一。陵区东至梁各庄,西至紫荆关,南迄大雁桥,北达奇峰岭,周长约100公里,面积达800余平方公里。内有帝陵4座,后陵3座,妃寝3座,王公、公主园寝4座,葬入雍正、嘉庆、道光、光绪4位皇帝,9位皇后,57位妃嫔,及王公、皇子、公主等,共计76人。共有殿宇千余间,石建筑和石雕刻百余座,建筑面积约5万多平方米。帝陵、后陵和喇嘛庙为红色围墙、黄琉璃瓦顶;行宫和衙署为砖墙、布瓦顶。居于永宁山下中心位置的泰陵,是西陵的主体,其余诸陵分列于东、西两侧,诸陵形制除了泰陵有圣德神功碑楼、石像生之外,其余大体相同,唯道光帝的陵墓别具一格(规模较小,不但没有圣德神功碑楼、石像生,而且没有明楼;祾恩殿完全用金丝楠木建造,不施彩绘)。

清东陵、西陵皆为全国重点文物保护单位,于2000年以"明清皇家陵寝"项目作为文化遗产被列入《世界遗产名录》。

二、纪念性陵墓

墓主人或是中华民族文化的创造者和继承者,或是治国有方的明臣贤相,或是有过广泛影响或较大知名度的文人,他们在历史上地位重要,受到人民敬仰,因而其墓地也成为重要的游览胜地。

(一)"三皇五帝"纪念陵

史前传说中人物的纪念性陵墓,多是后人根据传说,为怀念其功绩而建的,同一人物常有几处墓地。著名的有陕西黄陵县的黄帝陵、河南淮阳城北的伏羲太昊陵、山西临汾的尧陵、湖南宁远的舜陵、浙江绍兴的夏禹陵。这些墓中,殉葬物稀少,甚至一无所有,但纪念意义和对中华民族的凝聚力颇大。黄帝陵是中原各族共同祖先轩辕黄帝的陵墓,为全世界华人公祭黄帝的场所。初建于春秋,总面积566万平方米,陵高3.6米,周围48米。

　　(二)名人墓

　　为中国历史名人的墓地,如孔子墓、诸葛亮墓、岳飞墓、中山陵。中山陵是孙中山先生的陵墓,位于南京市钟山。1929年孙中山的遗体由北京香山碧云寺移此安葬。祭堂中为孙中山石雕坐像,墓室的棺上镌有孙中山长眠卧像。

三、崖墓及悬棺葬

　　这是两种特殊的墓葬形式。崖墓,是在石崖上穿凿洞穴作为墓室,分布于四川乐山、彭山、宜宾一带,盛行于东汉至南北朝时期。悬棺葬,是在山上断崖处凿孔打横木桩,将棺木放到桩上;或把棺尾放入岩穴,棺头架在木桩上。悬置越高,越表示对死者尊敬。它是中国古代南方少数民族地区葬俗之一。分布在四川、云南、贵州、广西、台湾、福建、湖南、湖北和江西,山西宁武也有发现。

第四节　中国古代城防建筑

　　现存中国古代城防建筑主要有古城墙和长城两类。

一、中国古代城市的规划制度

　　中国是最早对城市进行统一规划的国家,早在周代就按礼制建城,规定城市的等级规模和布局模式。其影响一直延续到近代,并影响周边国家。《周礼·考工记》记载:城市规模,天子的城池九里见方,公爵的城池七里见方,侯爵、伯爵的城池五里见方,子爵、男爵的城池三里见方;在诸侯国中,卿大夫的城池不得超过国都的1/3,小的只有1/9。又载:城市布局,"天子之城,方九里,旁三门,九经九纬,经涂九轨,面朝后市,左祖右社"。根据资料我们知道,天子都城的总体布局以宫室为中心,回字形的城墙边长九里,四面各开城门三个,彼此对应的城门以街道(南北为街,东西为巷)相连,纵横交错将全城分隔成若干整齐的街区,宫城的南面是文武官员办公的衙署,北面是集贸市场,东面是祖庙,西面是社稷坛。周围整齐的街区用围墙围起来,一个小区称一个里坊,为市民居住区。里坊的围墙制直至宋代才取消,改为住宅、店铺和作坊临街制。

二、城防建筑

古代城市从帝京到郡、州、府、县的治所,以及一些镇、乡,都有城墙和护城河。城有两重墙,里为"城",外为"郭"。城墙上有城门、城楼、角楼、墙台、敌楼、垛口等防御工事,构成一整套坚固的城防体系。我国有三千多座城池遗址,多是明代所筑砖墙,保存较完整的有丽江古城、南京城墙、平遥古城、西安城墙等。

丽江古城,位于云南省丽江市。始建于宋末元初,是纳西族聚居地。古城布局,不受《考工记》关于王城制度的约束,没有城墙,只有因山而设的关隘;城内没有规整的道路网,而是与三河穿城的水系密切结合,形成主街傍河,小巷临水,门前即桥,屋后有溪,跨河筑楼,引水入院,水乡与山城相融合的风貌。

南京城墙,建于元代至正二十六年(1366年)至明洪武十九年(1386年)。原建的宫城、皇城、外郭已毁,仅剩都城城垣。城垣内侧周长33公里,为世界第一。城垣用巨大的条石砌基,用巨砖砌成,以糯米拌石灰灌浆做黏合剂,十分坚固。原有城门十三座,其中聚宝(中华)、石城、神策、清凉四门保存至今。聚宝门规模最大,是我国现存最大、最为完整的瓮城,在我国城垣建筑史上占有极其重要的地位。

平遥古城,在山西省平遥县。现存城池为明洪武三年(1370年)建成。古城墙原状保持完整,城内街道、商店、衙署等比较完整地保持传统的格局和风貌,沿街的楼阁、四合院以及城楼、文庙等极富山西地方特色。

西安城墙,是我国现存最大型、保存完整的城墙,建于 1370 ~ 1378 年。墙体用黄土分层夯筑。城墙周长 11.9 公里,高 12 米,厚 16.5 米。城内面积近 12 平方公里,四面正中辟门,每座门外设箭楼,内建城楼,两楼之间建瓮城。城墙里面建有马道六处,外面建有敌台。护城河宽 20 余米,深 10 余米。

三、长城

(一)长城概述

长城是中国最宏伟的一项古代建筑工程,世界最著名的军事防御体系,被称为世界中古七大奇迹之一,于 1987 年作为文化遗产被列入《世界遗产名录》。始筑于公元前 7 世纪东周时期,最早是楚国和齐国,后来列国相继修筑;结束于 17 世纪中叶明朝灭亡时。其间,有三次筑城高潮,即秦朝、汉朝和明朝,也有两个朝代没有修筑长城,即以经济实力辐射周边的唐朝和以军事实力征服世界的元朝。

(二)秦、汉、明长城简况

秦长城。秦始皇统一中国后,为了防御北方匈奴的南侵,历时9 年,将原秦长城、赵国北部长城、燕国北部长城连接,加固,形成一条西起甘肃临洮,东到辽东,绵延万余里的长城。与此同时,下令拆除中原各诸侯国的城墙,以便利交通。

汉长城。汉长城在秦长城的基础上,修旧筑新,向西经河西走廊延伸到新疆的蒲昌海(今罗布泊),向东跨过鸭绿江到达朝鲜平壤南部,绵延两万余里,规模最大。同时,在这道有形长城的北方,自新疆北部向东穿过内蒙古,直达黑龙江北岸,还修一道以一个个驻军的小城和烽火台构成的无形的外长城。汉长城的修筑不仅抵御了北方匈奴的入侵,还保证了"丝绸之路"的畅通。

明长城。朱元璋即位后，为了防御鞑靼、瓦剌族的侵扰，即派大将徐达修筑居庸关一带的长城。从洪武至万历，明代修筑长城达18次。明长城西起甘肃嘉峪关，东至鸭绿江畔的虎山南麓，全长12700余里，称为"边墙"。目前保存较好并用于旅游业的，是山海关到嘉峪关段，长达11300余里。在历代长城中，明长城技术水平最高，工程最坚固，防御体系最完整。

(三)明长城的基本结构

明长城的防御体系由军事建筑和与之配套的军事机构组成。其军事建筑系统包括墙、台、关、城和烽火台。

墙。墙体的表层多以砖石包砌，规则而坚固。顶面除原有的雉堞(垛墙)外，还增加障墙与战墙。

台。即敌台，又称敌楼。多为高出墙体顶面的方柱形或圆柱形建筑，以30～100米的间距分布在墙体中。有实心与空心两种。实心敌台为一平台，四面设雉堞，供瞭望和射击。空心敌台是大将戚继光主持筑城时创造的。

关与城。位于交通要道的城墙，墙壁开门，此为"关"。明长城的关，墙顶建有城楼。至今保留完好的山海关与嘉峪关的城楼，以其精美的建筑造型与雄伟壮观的气势著称于世。明代的关多与关城相串。小关只住兵，大关还包括周围的百姓。在关门内外，沿中轴线分布的一系列罗城、瓮城，与关门两侧的翼城构成紧密结合、多层防卫的关城防御体系。

烽火台。是建在长城内外地形高处的墩台，是传递军事信息的设施。烽传系统起源很早，史籍记载西周时已使用。汉朝形成严格的烽燧制度，夜间燃火称为烽，白天点烟称为燧。早期，点燃烽火的堆数只是通报敌人进攻的状况，戚继光主持修筑长城期间，将烽燧制度改为通报敌人入侵的数量，并在点烟的同时鸣炮。

明代在大同、宣化二镇之南，在直隶(今河北)、山西二省界上，筑有内长城，称为"次边"。内长城有两种类型，一种是有边墙的,另一种是没有边墙的,仅以关口或敌楼分别衔接山脊而连成一线。河北易县紫荆关至阜平县龙泉关段,即后一种类型。

（四）明长城的著名城段

八达岭关。位于北京延庆县军都山脉的岭脊上,是北京通往塞外高原最重要的关隘。始建于明弘治十八年(1505 年)。地处关沟内地势的最高点,南有居庸关,北有岔道城。关城坐西朝东,为一东窄西宽的梯形瓮城。

山海关。位于秦皇岛东北 16 公里处。始建于明洪武十四年(1381 年),徐达主持修筑。

嘉峪关。位于甘肃嘉峪关市西南。地处河西走廊的西口,是扼住河西走廊的重要关隘。关内是绿洲,关外是戈壁,素有"大漠雄关"之称。始建于明洪武五年(1372 年)。关城建内外两道城墙,在东西关门外还建有瓮城,城墙高 11 米。在东西关门及西瓮城门上,建有高达 17 米的三层三檐式关楼。

慕田峪长城。位于北京怀柔县,北以军都山为屏障,构成拱卫京城北方的重要防线。

司马台长城。位于北京密云县,起伏在燕山之巅,与河北金山岭长城相邻。

金山岭长城。位于河北滦平县与北京密云县交界处的大小金山上。

第五节　中国的民居

一、最有特色的传统民居类型

（一）北京四合院

中国传统的住宅形式多为院落布局,四合院是过去人们聚族而居的最理想的建筑形式,北京四合院又是四合院住宅中最具代表性的。北京四合院一般坐北朝南,以中轴布局,四面盖有房屋,中为庭院,院内为砖墁十字形甬路,宅门(街门)开在全院的东南角(八卦的巽位),整座宅院外围都不开窗,所有窗户均朝向院内。其基本元素有:宅门、倒座儿、正房、厢房、围墙。由这些元素按一定的规则可以组合成纵向或横向的多重院落,因此有小四合院、中四合院、大四合院之别。

(二)东北暖居

东北在城镇居住的汉族与满族的住宅多为院落形式,房屋的外层还有一圈围墙防护。为了抵抗冬季的严寒和风雪,房屋多为正房和厢房,每个房间都烧火炕,房外两侧的烟囱十分显眼;正房前有大庭院,以便多纳阳光;屋顶多为平顶,覆盖仰瓦,以便除雪;窗纸糊在窗棂外,以免积雪而泅坏;窗多为支摘窗,门多为单扇门,以便聚温。满族以西为尊、以右为大,因此长幼居住的房屋位置与汉族相反。

朝鲜族民居总格局为独体屋,不设厢房,绝大多数没有院落和围墙,方便各家走动。多数为长方形的一条屋,四间或五间,各室用拉门相隔。

(三)黄土高原窑洞

黄土高原分布于甘肃中部、东部及宁夏东南部、陕西北部、山西全省、河南西部。这一带的民居多为窑洞。由于各地的自然环境、地貌特征和风土民俗不同,窑洞的形式因之多种多样。

窑洞民居的布局和结构大体可分为靠崖式、下沉式和独立式三种。靠崖式窑洞有靠山和沿沟两种。下沉式窑洞即地下窑洞,主要分布于没有山坡、沟壁可以利用的黄土塬,其做法是先挖一个方形深坑,再向四壁挖窑洞,形成一个四合院的格局。独立式窑洞是一种掩土的拱形房屋,也有砖拱石拱窑洞,这种窑洞无须靠山依崖,又不失窑洞的特点。

(四)草原蒙古包

蒙古包是蒙古族、哈萨克族游牧人员居住的毡木结构的毡帐。

它的平面呈圆形。墙体为环形,顶部为伞形,它们是用木条编成的篱笆状构件,可以随时拆卸和拼装,外部再用羊毛毡包裹。蒙古包正中置火炉,烟囱伸出包顶,火炉周围是坐卧处;有的蒙古包则置于预制的圆形火炕上,冬季更加温暖。还有一种蒙古包是固定的毡帐式房屋。墙体由砖块或泥坯砌成,屋顶以沙柳和苇子做骨架,再苫草或抹草拌泥。内设暖炕,边上有炉灶和烟囱。

(五)福建土楼

土楼是福建客家人聚族而居的土木结构建筑物,产生于宋元时期,经过明代早、中期的发展,明末、清代、民国时期逐渐成熟,并一直延续至今。从外观看,主要有环形和方形两种形式。环形土楼的平面直径大小不等,大的可达七八十米,小的仅十几米。外圈房屋高三四层,内侧有环形走廊;中间是环形的院子,院子正中是祖堂,有的土楼在祖堂外围还建有环形房屋。方形土楼有单体土楼、"五凤楼"和"口"字形土楼三种形式。环形土楼和"口"字形土楼内有水井、谷仓、浴室、厕所、牛栏、猪舍等附属建筑物,还有可以用做活动场所和晾晒农作物的门坪。因此它便于生活和生产。土楼还有防风、防火、抗震和抵御盗匪的安全防卫设施。较大型的土楼内外还设花园、鱼池。福建土楼在2008年7月作为文化遗产被列入《世界遗产名录》。

(六)云南一颗印住宅

这种住宅是云南昆明地区汉族、彝族、白族的民居。由正房、东西厢房及门廊组成封闭的凹斗形四合院。因平面近于方形,高度和面宽又相近,近似古代官印,故名"一颗印"。居室均为穿斗木构架,外墙土筑或土坯。"一颗印"均为楼房。楼下厢房关牲畜、放杂物,正房是堂屋,作为起居待客之处,堂屋左右做卧室;楼上的中明堂做佛堂。最常见的宅制是"三间四耳",即正房三间、左右厢房各两间。较大的住宅采用两三个"一颗印"组合起来。较好的住宅,入大门处有倒座儿。(见图4-5)

图 4-5 一颗印

(七)西南少数民族干栏式民居

干栏式民居主要分布于云贵两省,为傣族、景颇族、佤族、哈尼族和水族的传统住宅。现在常见的干栏式建筑实际是穿斗式结构。其平面形状多样。上面用竹或木做柱梁,底层架空,上层搭成小楼,楼下做畜棚(今已改革)和仓库,楼上住人。楼面有竹、木两种,带外廊(或前廊)、晒台(或晒架)。屋顶有草、瓦两种,多为歇山式,出檐深长。室内较暗,室中设火塘,终年不灭。干栏式民居依底层柱梁高低的不同,可分为高楼式和低楼式两种。

壮族干栏式民居   三江侗族民居

图 4-6 干栏式民居

(八)藏族碉房

碉房常见于青藏高原和内蒙古部分地区,因外观像碉堡而得名。其平面一般呈方形,有的略似曲尺形。用石块砌或用土筑构成墙体,高三四层,以木板为楼面。屋内有小天井贯穿楼层,用来采光和通风。楼层的用途一般为:底层养牲口,堆放饲料和杂物;楼上为厨房、储藏室和卧室;顶层有经堂、晒台、晒廊及厕所。应特别说明的是,藏族群众信仰佛教,经堂上面是不能住人和放东西的,因此经堂必须设在顶层并选择最好的位置。

二、著名府第民居建筑简介

(一)恭王府

在北京西城区前海西街。为北京现存最完整的王府之一。国家重点文物保护单位。原为清乾隆年间大学士和珅的府第。分府邸和花园两部分。府邸占地约3万平方米,为南北五进四合院;分中东西三路;在三路院落之后部,由东西长160米的两座双层后楼环抱着。花园在后部,占地2.6万平方米。

(二)晋中大院

在山西晋中一带。是明清以后山西富商和高官的住宅。皆为数进或数进多跨四合院落的砖木结构建筑群。最著名的有乔家大院和王家大院。

乔家大院,在祁县乔家堡,是清代全国著名商业金融巨贾乔致庸的宅第。始建于清乾隆年间,以后有增建和扩建,迄今保存完好,集中体现了我国清代北方民居的独特风格。整个大院为全封闭的城堡式建筑群,平面呈"囍"字形。分为南北两片建筑群。北片有三个中院,为"里五外三穿心楼院",其中一院、二院为三进院。南片也有三个中院,为二进双跨四合院。

王家大院,在灵石县静升镇,是明清时期亦商亦官的王氏家族的宅第。为全封闭的城堡式建筑群,依山而建。占地面积2.5万平方米,现在开放了红门堡、高家崖堡和王氏宗祠三组建筑群。红门堡整体布局呈"王"字形,整个王家大院遍布精美的砖雕、木雕、石雕。

此外，祁县的渠家大院，为全国罕见的五进式穿堂院；太谷的曹家大院，格局为"寿"字形的深宅大院。太谷的孔祥熙宅院和榆次的常家庄园，也是大型的四合院落。

（三）平遥民居

在山西平遥县城内。平遥县城的城墙、街道和民居基本保存明、清时期的形式。全城保存完整的住宅有400多座，其中最佳的有100多座。民居多为四合院，青砖瓦舍，高墙深室，排列整齐，组成4条大街、8条小街、72条"蚰蜒巷"，布局十分规整严谨。庭院内的木雕、砖雕、石雕和彩绘大部分保存完好，其中窗棂、插廊雀替、重花门楼的装饰，传统而新颖，华丽而典雅。

（四）巩义市窑洞庄园

在河南巩义市城西伊洛河西岸邙山脚下的康店村。始建于明末清初，道光年间大规模扩建。占地面积6.43万平方米。包括73孔靠山窑洞、258间房屋，分为住宅、作坊、栈房、饲养、金谷寨和祠堂6个区，共33个庭院，形成一个规模宏大的窑洞、房屋相结合的建筑群，兼有华北地区和黄土高原建筑的特色。

（五）岳阳张谷英村宅

在湖南岳阳县张谷英村。张谷英为元末明初人。村中房屋从明初至清代陆续建造，总体布局、建筑风格、装修做法始终一致。现存房屋1700多间，大小天井206个，建筑面积5万多平方米。青砖高檐，巷道相连，为南方农村大族聚居的民居建筑典型。

（六）凤凰吊脚楼

在湖南凤凰县。为当地土家族民居。木构架木墙板青瓦屋顶，用木榫连接而成。它依据山中地势而建，一律背倚青山，面临溪水，临水部分的建筑用木柱悬空撑起，故称吊脚。每栋吊脚楼均分三层，其中第一层全部相通，主要用于存放农具等杂物；第二层隔为三间，是主人日常生活的区域，一间为伙房，一间为客厅，一间存放各种食物;第三层亦隔为三间,是卧室,一家成员分别使用。临溪一面每层还有雕刻着各种形态花草动物的敞廊,是青年男女隔溪对唱情歌的地方。

（七）大理三坊一照壁民居

在云南大理。为白族传统民居的基本形式。所谓坊,即一幢三开间双层房屋。以三坊组成一个三合院,另一边筑院墙,就是"三坊一照壁"。两坊相交形成的小院为漏角天井。院门开在院落的东南角。照壁讲究,官宦人家用"一字平"照壁,壁面等高不分段,覆庑殿顶;普通人家用"三叠水"照壁,壁面分三段,中间高两侧低且窄。装修精美,以大门、照壁和内院为重点;传统颜色是白墙、黑瓦、红柱、蓝边。采用石料砌墙,"卵石砌墙不倒"被称为大理一宝。

（八）西双版纳傣族竹楼

在云南西双版纳。为傣族传统民居,干栏式建筑。楼近方形,分上下两层。底层高约2米,有墙。楼面有竹、木两种,平面灵活多样。多数楼上有外廊或平台,由前廊入室。居室内分里外两半,里面一半是卧室,不分隔,几代分床隔蚊帐而宿;外面一半是客室,设火塘,为全家活动的中心。屋顶高耸,有草、瓦两种,多为歇山式。竹楼防潮湿、避虫兽,利于通风散热。

（九）彝族土掌房

在云南昆明、楚雄一带。为彝族传统民居的一种形式,生土建筑。屋顶是在密排的木梁上铺草后抹泥,近乎平顶,做晒场。一般为土墙,也有砖墙外粉刷泥灰的。内部空间分前后两部分,前部由大门进去,两侧为厢房,东为厨房,西为杂屋,中间为过厅。后部为正房,一般是三开间,中间是堂屋,两边是卧室;上有楼层,多为粮屋。彝族较考究的民居是瓦房,其形式与土掌房差不多。

（十）西递民居

在安徽黟县城东8公里处的西递村。西递村由胡氏族人始建于北宋。现存完好的明清古民居124座、祠堂3座,主街、道路、巷弄、水系都保存完整。民居格局多为三合院或四合院,平面呈"日"字或"目"字形,多为二三层楼房;四周用高墙围合;顶部的马头墙呈阶梯状高出屋面,别有特色。外观是白墙、青砖、黛瓦和小窗、窄门。西递村以规模庞大、布局工整、结构巧妙、装饰精美被誉为"中国明清民居博物馆"。2000年西递、宏村古村落作为文化遗产被列入《世界遗产名录》。

（十一）宏村民居

在安徽黟县城东北10公里处的宏村。宏村由汪氏族人始建于1131年。当时的风水先生认为此地形如卧牛,汪氏族人便严格按照古代风水理论世代营建,遂使宏村成为"山为牛头树为角,桥为牛腿屋为身,凿湖做牛肚,引泉为中肠"的格局。宏村人引碧溪入村,"家家门巷有清泉",形成"中肠"。溪水汇入村南的池塘——南湖,成为"牛肚"。"牛身"是鳞次栉比的建筑群。多数民居的风貌与西递民居相同,而承志堂却以规模宏大、布局合理、结构完美、设施齐全、制作精良,居全县现存近4000座古民居之首,素有"民间故宫"的美誉。承志堂建于1855年,是清末大盐商汪定贵的私邸。建筑面积3000平方米,有7处楼房、9处天井、60余间厅堂;具有传统徽派风格的木雕、石雕、砖雕(合称"三雕"),尤其精美。

（十二）永定土楼

在福建永定县。始建于唐代,至元代已经相当普遍,明代以后进入成熟期。现存土楼2万多座,遍布全县每个乡镇。著名的有承启楼、裕隆楼、东升楼、遗经楼、振成楼、怡成楼、馥馨楼等。

（十三）开平碉楼

在广东开平市。碉楼是清初以后当地出国谋生的华侨陆续建造起来的一种集居住、防卫和中西建筑艺术于一体的乡土建筑群,外观略像古堡,因此被称为碉楼。全市现存1833座碉楼,分布于不同的城镇和乡村,多者一村十几座,少者一村二三座。其中,位于赤坎区鹰村的迎龙楼是现存较早的一座碉楼,位于蚬冈镇锦江里的瑞石楼占地 92 平方米、高 9 层 25 米,被誉为"开平第一碉楼"。碉楼的总体造型,既有中国传统的硬山顶式、悬山顶式,又有欧洲风格的哥特式、罗马式。其建筑构件和表现手法,将中国传统的建筑艺术与外国的建筑艺术熔为一炉;"开平碉楼与村落"于2007 年作为文化遗产被列入《世界遗产名录》。

第六节　中国古代桥梁

一、中国古代桥梁的类型与形式

以结构和外形分,中国古代桥梁主要有梁桥、浮桥、索桥和拱桥四种基本类型。

(一)梁桥

又称平桥。它是一种以桥墩为承托而架梁铺桥面建成的桥。它应用最普遍,在历史上较其他桥型出现得早。梁桥中部无墩者叫单跨梁桥,中部有一墩者叫双跨梁桥,中部有两墩以上者叫多跨梁桥。其建筑材料有木质、石质和木石混合等。西安灞桥、永春通仙桥在木梁桥中最负盛名;泉州洛阳桥和晋江安平桥是石梁桥中的佼佼者;三江永济桥是侗族风雨桥(廊桥)的代表作。

(二)浮桥

又称舟桥、浮航、浮桁,用于军事目的的又称战桥。它是一种用多只木船(或木筏、竹筏)连锁于两岸水面,在船上铺桥板而建成的桥。浮桥主要建于河面过宽、河水过深或涨落起伏大,非一般梁桥所能济事的地方。隋大业元年(605 年)建于洛阳洛水上的天津桥,是第一座用铁链连接船只的浮桥。现存的著名浮桥有浙江临海县的灵江浮桥和江西赣州的东门浮桥。

（三）索桥

也称吊桥、绳桥、悬索桥。它是一种以绳索为骨架,横跨峡谷的桥。索桥多建于水深流急不易做桥墩的陡岸险谷,常见于西南、西北地区。索桥分独索桥、多索桥两种。独索桥又叫溜索桥。索桥的记载始见于秦代李冰在益州（今成都）城西南建的竹索桥——夷里桥。杨衒之《洛阳伽蓝记》载,北魏时新疆地区就有了铁索桥;这是世界上最早的铁索桥,西方至 16 世纪才出现。现存最著名的多索桥是四川都江堰市的安澜桥和泸定县的铁索桥。

（四）拱桥

它是一种中部隆起,桥洞呈弧形的桥。拱桥有石拱、砖拱和木拱三种。石拱桥最常见。建造者以河的宽度决定拱的数量,因此石拱桥有单拱、双拱、多拱之分。保留至今的最古老、最著名的石拱桥是河北赵县的安济桥。砖拱桥极少,只在庙宇、园林里偶见。古代木拱桥的最佳形象见于北宋画家张择端的《清明上河图》。著名的木拱桥有甘肃渭源县的灞陵桥。

二、中国古代著名桥梁选介

（一）灞桥

位于陕西西安东郊的灞水上。始建于汉,历代有重修或重建。重建于清道光年间的灞桥,为多跨式桩基础石轴柱排架墩木梁桥。该桥是古代长安的交通要道,于此折柳送别演绎出许多动人的故事和诗赋。

（二）洛阳桥

位于福建泉州东郊洛阳江的入海尾闾上,是去厦门的重要通道。北宋皇祐五年（1053 年）郡守蔡襄主持始建此桥,首创"筏形基础"以造桥墩、种植牡蛎以固桥基的科学技术。为梁式石桥。现为国家重点文物保护单位。此处"潮来直涌千寻雪,日落斜横百丈虹"的自然景象也很壮观。

（三）安平桥

位于福建晋江安海镇的海湾上。始建于南宋绍兴八年（1138年）。原长2500米，362跨。它是中古时期世界上最长的梁式石桥，有"天下无桥长此桥"之誉。它是座"漫水梁桥"，涨潮时海水漫桥而过，如今部分桥面淹没于泥沙而成为安海镇的街道，桥现长2251米，宽约5米，有桥墩331个。

（四）永济桥

又名程阳风雨桥。位于广西三江侗族自治县县城北的林溪河上。建于1916年。为四孔石墩叠梁式长廊桥。长76米，宽3.4米，高10.6米。五座青石桥墩上都建有一座塔式楼亭，中间一座为四层六角形，其余为四层四角形。走道两旁设长凳，供行人休息，故称"风雨桥"。楼阁和廊檐彩绘精美的侗族图案。整座桥皆用大木料凿榫接合，大小木条斜穿直套，不用一颗钉一个铁件。风雨桥是侗族人民的传统建筑，而以该桥的构造技巧和造型艺术最负盛名。现为国家重点文物保护单位。

（五）灵江浮桥

位于浙江临海市南门外灵江之上。建于南宋淳熙八年（1181年）。为船筏结合式浮桥。全桥能随海潮的涨落而高低。1964年临海公路大桥建成后，浮桥移至县城西门外，在靠城门一侧增设过船孔，成为立体交叉式浮桥。所谓过船孔，是在浮船上竖起木排架，上铺桥板，自水面至桥面腾出高2.2米的净空以通航船。

（六）泸定桥

即大渡河铁索桥。位于四川泸定县城西的大渡河上。该桥建于清康熙四十四年（1705年），为铁索悬桥。桥净跨长100米，净宽2.8米，桥面距枯水位14.5米。桥头上悬挂康熙题"泸定桥"三字匾额。现为国家重点文物保护单位。

中国工农红军长征时，泸定桥因22位勇士强渡大渡河而被载入史册,又以毛泽东《长征》诗"金沙水拍云崖暖,大渡桥横铁索寒"的名句而名扬海内外。

（七）安济桥

俗称赵州桥。位于河北赵县城南洨河上。工匠李春于隋开皇、大业年间(590～608年)设计并建造。是世界上年代最久、跨度最大的单孔弧形敞肩石拱桥。全长64.4米,宽9米。以结构奇巧、设计科学、具有独特的民族艺术风格享誉世界。概括起来,安济桥有五大特色。第一,跨度大而弧形平。第二,首创敞肩拱形制。第三,采用纵向并列砌筑法。第四,短桥台,浅基础。第五,艺术价值很高。安济桥是我国而且也是世界上现存最早、保存最好的巨大石拱桥,在中外桥梁建筑史上占有十分重要的地位,对我国后代桥梁建筑有深远的影响。现为国家重点文物保护单位。

（八）卢沟桥

又作"芦沟桥"。位于北京西南的永定河(古称芦沟)上。建于金,是当时燕蓟地区通往华北平原和南方各地的交通要冲。该桥为联拱式石拱桥,是我国北方现存古桥中最长的石拱桥。全长266.5米,宽7.5米,共11孔,中心孔最大,两侧递减。卢沟桥雕刻精美,造型生动,元代时意大利人马可·波罗在其著作中赞誉它为"世界上最好、独一无二的桥"。1937年的"卢沟桥事变"揭开了伟大抗日民族解放战争的序幕,卢沟桥名闻天下。现为国家重点文物保护单位。

（九）宝带桥

又称小长桥。位于江苏苏州城南澹台湖上,跨东口,与古运河平行。始建于唐元和元年(806年),宋、元以来修葺不断;现存建筑大部分是清代重修后的遗物。是驰名中外的多孔连续石拱桥。全桥总长317米,53孔,桥顶宽4.1米。桥墩厚仅60厘米,使全桥泄水面积达85%,居古桥之首;桥孔跨径一般为3.9米左右,北首有三孔跨径大至 6 米和 6.9 米。至今世界上石拱桥的墩厚与拱跨比例之小,还没有超过宝带桥的。

第七节　中国著名的古代楼阁和佛塔

一、中国著名的古代楼阁

两层以上的房屋称为楼;建筑物的上层部分也称为楼,如城楼;有上层结构的建筑物也可以称为楼,如钟楼。阁,是楼的一种,特点是四周设隔扇或栏杆回廊,利通风,供远眺。总起来说,楼阁,是用来满足赏景、藏书、报时、供佛、演戏、防御等需要而建造的高层建筑。我国最著名的赏景楼阁有并称为"江南三大名楼"的黄鹤楼、岳阳楼和滕王阁,以及山东蓬莱市的蓬莱阁、云南昆明市的大观楼、贵州贵阳市的甲秀楼、山西永济县的鹳雀楼。现存的著名藏书阁有北京的文渊阁、承德的文津阁、沈阳的文溯阁、宁波的天一阁等。著名的报时楼阁有北京的钟楼、鼓楼,西安钟楼等。用于供佛的,如北京颐和园的佛香阁、天津独乐寺观音阁。用于演戏的,如北京颐和园的小戏楼、大戏楼。用于防御的有城楼、箭楼、角楼,如北京的正阳门楼(前门楼)、德胜门箭楼。

（一）黄鹤楼

坐落在湖北武汉市蛇山上,地处长江与汉水的交汇处。始建于三国,后屡毁屡建。以崔颢的《黄鹤楼》诗和李白的《黄鹤楼送孟浩然之广陵》诗而家喻户晓。1884 年又因火灾焚圮。现在的黄鹤楼为 1984 年新建,由原来的三层木结构楼阁变为五层的钢筋混凝土仿木结构楼阁,总高 51.4 米。整个屋面覆以黄色琉璃瓦。全楼有 70 根巨柱,60 个翘角,层层凌空,四望如一。

（二）岳阳楼

坐落在湖南岳阳市西门城墙上，面对洞庭湖。初建于唐代，以范仲淹的《岳阳楼记》而名扬古今。现存建筑重建于清同治六年（1867年），三层，重檐，黄琉璃瓦盔顶，通高20米。

（三）滕王阁

坐落在江西南昌市赣江之滨。始建于唐初，以王勃的《滕王阁序》而名闻天下。历代屡毁屡建，1926年被北洋军阀邓如琢烧毁。现在的建筑为1989年仿宋式建造的钢筋混凝土仿木结构。阁基为12米高台，两翼为对称游廊。主阁上下共九层，四重檐，彩绘斗拱梁柱，歇山式阁顶覆绿琉璃瓦，净高57.5米。

（四）蓬莱阁

坐落在山东蓬莱市城北的丹崖山上。与上述三楼被合称为"中国四大名楼"。始建于北宋嘉祐六年（1061年），明代扩建，清代重修。为重檐八角歇山顶双层木结构，上层有一圈明廊，通高15米。下临渤海，碧波万顷。此处为观看海市蜃楼的佳地。

（五）独乐寺观音阁

坐落在天津蓟县城西门内。始建于唐，重建于辽统和二年（984年），为三层（两明一暗）楼阁，双檐歇山顶，通高23米。是国内现存最古老的木结构高层楼阁。梁柱接榫部位因位置和功能不同，共用斗拱24种，以建筑手法高超著称，历经多次地震而无损。阁内有高16米的辽塑观音像。

（六）天一阁

坐落在浙江宁波市城西。始建于明嘉靖四十年（1561年）。为木构六开间二层楼房。阁前凿水池以防火。是我国现存最早的私家藏书楼。明兵部尚书范钦建阁时藏书七万余卷，后屡遭盗窃，新中国成立时只剩一万三千余卷，现藏珍版善本达八万卷。

二、中国著名的古代佛塔

公元 1 世纪左右,塔随佛教传入中国。塔的梵文 Stupa,原意是坟冢。传入中国后,译作窣堵坡、浮屠、佛图、方坟、圆冢等。印度圆形佛塔与中国木结构的亭、台、楼、阁结合,产生新形象、新风格的塔。功能也逐渐扩大,从单纯的存放佛舍利,发展到藏经、供佛像,甚至成为风景区内的登高观景地。现存塔多是唐、宋、辽、金、元所建。古塔,从平面看,有方形塔、圆形塔和多边形塔;以材料分,有木塔、砖塔、铁塔(如湖北当阳玉泉寺铁塔、山东济宁铁塔、山东聊城铁塔)、石塔、琉璃塔(如北京颐和园多宝琉璃塔、香山多宝琉璃塔);从造型看,主要有楼阁式塔、密檐式塔、喇嘛教式塔、金刚宝座式塔。

楼阁式塔。底部为石质基座,上面是梁、柱、斗拱、门窗俱全的木结构或砖木混合结构的塔身,塔顶为缩小的窣堵坡(佛塔),塔身自下而上层层收缩变窄,减低,层与层之间有出檐,有的檐下建有回廊,塔心有空有实。著名的有佛宫寺释迦塔和大雁塔。

密檐式塔。多为砖石结构,一般底层的塔身很高,以上各层骤变低矮,各层檐紧密相接,檐与檐之间不设门窗。塔身越往上收缩越急,形成极富弹性的外轮廓曲线。著名的密檐宝塔有河南登封县嵩岳寺塔、西安的小雁塔、云南大理三塔中的千寻塔、北京的天宁寺塔等。

喇嘛教式塔。又叫藏传佛教瓶形塔、覆钵式塔,其外形与印度的窣堵坡极像。下部是一个高大的基座,上面是半圆形的塔身和一圈圈向上收缩的细高的塔颈,塔顶为微缩铜质窣堵坡。塔的全身刷成白色,俗称"白塔"。中国最著名的白塔是北京北海公园白塔;建筑最早的是北京妙应寺白塔,它由尼泊尔工匠设计。

金刚宝座式塔。是从印度传进的又一种塔形。基座是长方形石质高台,台上建五座小塔,中央的较大,四角上的较小。现存塔有北京真觉寺的金刚宝座塔、碧云寺的金刚宝座式塔、西黄寺的清净化域塔、玉泉山的锥子塔和内蒙古呼和浩特的五塔寺塔。

此外,还有花塔、过街塔、亭阁式塔和几种形式结合起来的组合塔。(见图4-7、4-8、4-9)

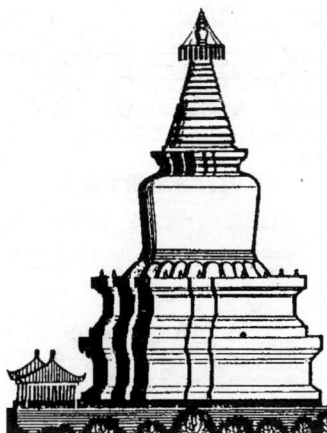

应县木塔　　　　　　　　　　北海白塔

图4-7　古塔(一)

(一)佛宫寺释迦塔

俗称应县木塔。坐落在山西应县的佛宫寺内。建于辽清宁二年(1056年),是我国现存的唯一纯木结构楼阁式塔,也是世界上现存最古老最高的木构建筑。塔建在4米高的两层石砌台阶上。底层直径30米,平面呈八角形。塔身为内外双层套筒结构,九层(五明四暗),通高67米。

真觉寺金刚宝座塔　　　　　　嵩岳寺塔

图4－8　古塔(二)

蓟县白塔　　　　　　　　定县瞭敌塔

图4－9　古塔(三)

（二）大雁塔

本名慈恩寺塔。坐落在陕西西安市慈恩寺内。为砖木混合结构阁楼式塔。唐永徽三年（652 年），慈恩寺住持玄奘为保护取回的佛经而建造。塔身收分较大，形如方锥体。现存七层，合底座（4 米）总高 64 米；塔内有盘道通顶层。塔壁嵌有珍贵的唐代石刻。

（三）嵩岳寺塔

坐落在河南登封县嵩岳寺内。建于北魏正光元年（520 年）。为密檐式砖塔。平面为十二边形，十五层，高 41 米。它是我国现存最早的砖塔以及唯一的十二角形塔，被誉为"华夏第一古塔"。

（四）北海白塔

坐落在北京北海琼华岛之巅。为覆钵式塔。清顺治八年（1651年）兴建，雍正九年（1731 年）重建。白塔建在高大的砖石台基上。塔高 36 米。塔座为白石须弥座，覆钵式塔身最大直径 14 米，正面有壶门式焰光门。塔身上部为细长的相轮（又叫十三天），再上是两层铜质华盖，边缘悬 14 个铜铃，最上为镏金火焰宝珠塔刹。

（五）真觉寺金刚宝座塔

又称正觉寺塔或五塔寺塔。坐落在北京西直门外白石桥东侧。建于明成化九年（1473 年）。为我国现存最早的金刚宝座式塔。宝座高 7.7 米，上有五座密檐式塔和一座琉璃罩亭。五塔中，中塔高 8米，其余四角之塔皆高 7 米。全塔有精美的雕刻。

第八节　中国古代著名的水利工程

我国古代十分重视开发水利资源和避免水害，为达到兴利除害的目的，在防洪、航运、农田灌溉、城市给排水、海岸防护等方面修建了许多水利工程，其中有些著名的工程一直沿用至今。

一、都江堰

排灌水利工程。在四川省都江堰市(旧称灌县)城西北岷江中。战国秦昭王时蜀郡守李冰父子在前人治水的基础上率众兴建而成,历代屡有扩建。主要设施是在岷江江心,以竹笼装卵石,堆砌成鱼嘴状的分水工程,下接金刚堤,使岷江在此分为外江及内江两股。外江原系岷江正流,在下游辟有许多灌溉渠道,兼具排洪作用;内江在外江东侧,于城西南凿玉垒山为宝瓶口,由此向下辟为走马河、蒲阳河及柏条河等,穿入成都平原,成为灌溉兼航运的渠道。在都江堰附近还建了排水入外江的平水漕、飞沙堰等工程,使进入内江过多的洪水漫过而进入外江,以确保内江灌溉区的安全。都江堰附近的河底常易被沙砾卵石充填淤高,每年必须在外江、内江轮流用杩槎(一种临时性的截流建筑物。以圆木构成三脚架,中设平台,台上置石块,以保持稳定。应用时以多个排列成行,在迎水面加系横木及竖木,外置竹席,并加培黏土,即可起挡水作用,不需要时极易拆除)断流,以便进行淘挖。相传李冰制定了"深淘滩,低作堰"的岁修原则,以及"遇弯截角,逢正抽心"的八字治水方针。都江堰以下内、外两江灌溉总面积曾达 300 余万亩,新中国成立前因工程失修而缩减为 200 余万亩,现达 1006 万亩。2000 年青城山—都江堰被作为文化遗产列入《世界遗产名录》。

二、灵渠

航运水利工程。又名湘桂运河、兴安运河。在广西兴安县境内。公元前 223 年,秦始皇为统一岭南,命史禄兴修,至公元前 214年建成。长 34 千米,沟通湘、漓二水,联系长江与珠江两大水系。历代屡有疏浚改建。主要设施是在湘江中以长方形料石叠砌成铧嘴状分水工程,后接左右延伸的人字形大小天平,把湘江水分成南、北二渠,南渠注入漓江,北渠汇入湘江。在渠道水浅流急处筑陡门,顺次启闭,提高水位,使船只能越过高地。灵渠的陡门为船闸的先导,是世界上最早的运河通航措施。秦、汉以后,中原地区与岭南的交通,多取此道。近代因公路、铁路的修通,其航道作用逐渐消失,但是灌溉作用还在,新中国成立后灌溉面积由 2000 多亩扩大到 3 万多亩。

三、京杭运河

航运水利工程。又称"大运河",简称"运河"。在自然河道的基础上疏通、开凿、连接而成。是我国古代南北交通的大动脉,也是世界上开凿时间最早、规模最大、里程最长的人工河。

大运河最早的两段是邗沟和鸿沟,分别为春秋时吴王夫差和战国时魏惠王开凿。

公元 7 世纪初,隋朝统一了中国。为了控制江淮以吸收其财富,同时为了出兵东北以征伐高丽,迫切需要凿通运河。于是隋文帝开凿了山阳渎,隋炀帝又先后开凿了通济渠、江南运河和永济渠。

这样,隋朝运河形成以东都洛阳为中心,西通关中盆地,北抵河北平原,南达太湖流域的运河系统,从而密切了南北经济文化的交流,促进了社会经济的发展,有利于统一国家的巩固。

元朝建都大都(今北京)。为了连接北方的政治、军事中心与南方的经济中心,运河的方向遂由中心辐射型改为南北纵贯型。其渠道除沿用原有的干道外,又在山东境内开凿了泗水与卫水之间的运河,在京畿开凿了通州与大都之间的运河。从通州到大都的运河叫通惠河,至元二十九年(1292 年)由水利工程学家郭守敬主持开凿。这两段运河与隋朝的南北运河连接,于是形成了北起北京、南至杭州的京杭运河。

京杭运河流经北京、天津二市和河北、山东、江苏、浙江四省,沟通海河、黄河、淮河、长江、钱塘江五大水系,全长 1794 公里。它由八段组成,即通惠河(北京至通州)、北运河(通州至天津)、南运河(天津至山东临清)、会通河(临清至黄河)、济州运河(黄河至徐州)、中运河(徐州至淮阴清江)、里运河(淮阴清江至长江)和江南运河(长江至杭州)。

京杭运河由于会通河水源设计欠妥,造成堵塞,元代曾一度冒险海运漕粮。明清两代除着力解决这一问题之外,还努力攻克黄河泛滥中断漕运的难题,使南北运河畅通无阻,江南四百余万石漕粮得以源源不断地运往北京。

四、新疆坎儿井

农业灌溉系统。"坎儿"是"井穴"的意思。古称"井渠"。《史记·河渠书》里就有汉武帝在关中发卒万余人凿井穿渠"自徵引洛水至商颜山下"的记载。现存坎儿井主要分布在新疆哈密、木垒和吐鲁番一带干旱地区,约1100余条,以吐鲁番盆地最多。建造方法是,在高山雪水潜流处寻找水源,在一定间隔打一深十几米乃至几十米的竖井,将地下水汇聚,增大水势,再依地势高下,在井底修通暗渠,引水下流,一直连接到远处的绿洲,才将水引出地面,用来灌溉。其长度一般约3公里,最长的可达30公里。水行地下,可以减少蒸发。清代林则徐曾在吐鲁番一带大力推广,对干旱炎热的吐鲁番发展农业起了很大作用。

五、钱江海塘

海岸防护工程。自汉代起我国东南沿海人民为抵挡潮汐侵蚀海岸就开始建造海塘,从局部到连成一线,从土塘演变为石塘。现存最完整的古代石塘在浙江杭州湾两岸,世称钱江海塘。此处海塘唐以前修筑情况已难考,唐开元元年(713年)曾在盐官一带重筑,称捍海塘。五代时,吴越国王钱镠曾大规模修建,以土石塘替代了土塘。以后历代都重视修筑。现存的海塘大部分为清代重修。北岸从杭州到乍浦,绵延数百里,全部修成石塘。石塘采用上等硬质条石砌成,塘身横面呈梯形,条石间又用铁锔和铁锭固定,塘身背水一面再用土壅固加厚,工程非常浩大。现在海宁一带的海塘尚完好,大部能发挥抗潮功能。从盐官镇海塔上远望,海塘兀立于平沙之上,不见其端。

第九节 中国古典园林建筑

一、中国古典园林简史

我国最早的园林叫"苑"、"囿",是帝王畜禽兽、植花木以供游猎、观赏的园林。最早的苑囿是将自然山川围隔起来的。商周时期,已有人造园林。考古发现,今河南偃师商城遗址北部有一座经人工挖掘,用石块垒砌成的方形水池,专家考证为商代早期池苑遗址。《史记》记载,商纣王有鹿台,周文王有灵囿,这或许就是人工园林。春秋战国时,姑苏台、章台、春宵宫、梧桐园、鹿园,是一些诸侯国的著名园林。园林中已经有了成组的风景,既有土山又有池沼和台。而且还在园林中构亭营桥,种植花木。园林的组成要素都已具备,自然山水园林已经萌芽。

秦汉时期,国家统一,国力强盛,出现了以宫室建筑为主的大型宫苑。秦始皇兴修宜春苑、上林苑、甘泉苑,"作长池,引渭水","筑土为蓬莱山"。汉武帝扩建已荒废的上林苑、甘泉苑。又在长安城南曲江池重建宜春苑,周六里余。又在建章宫内开辟太液池,在池中布置蓬莱、方丈、瀛洲三神山。宣帝时将宜春苑改为乐游苑,亦称乐游原。西汉梁孝王刘武"好营宫室苑囿之乐",在其封国(今河南商丘东)筑兔园(也叫梁园),方三百余里,宫室相连。东汉光武帝在洛阳城东建芳林园。此园在三国魏时得到扩充,改名华林园,有瑶华宫、景阳山、天渊池诸胜。魏还在邺城建铜雀台、冰井台、金凤台,至今遗迹犹存。吴国在建业也建造一座华林园,此园一直被南朝宋齐梁陈沿用,并得到扩建。

两晋南北朝时期,限于国力,皇家园林规模较前逊色。同时,由于思想文化发生变革,士人纵情山水,权贵则骄奢淫逸,因而私家园林逐渐增加,园林艺术从单纯地模仿自然发展到艺术地加工自然,开始走上提炼、概括自然山水美的新阶段。这一时期佛教兴盛,因而佛教园林极为普遍。城市中的一些佛寺,本为达官贵人捐献,同时附有园林;郊野寺院,则多营建于奇山秀水的胜境,野趣天成。

隋唐时期,国家重新统一,皇帝崇尚大规模园林的愿望得以实现。隋文帝将长安城南的曲江池包入外城东南角,开渠引水入池,以曲名不正,更名芙蓉园。隋炀帝在洛阳筑西苑,方圆六百里,分十六院,聚巧石为山,凿地为五湖四海,集全国珍禽异兽、花树草木于一园。唐朝结合都城长安的建设,在宫城、大明宫、兴庆宫三处建造非常奢华的园林。此时,南城的芙蓉园复名为曲江园。这一时期,官宦文人和商贾巨富也群起建造园林。在文人私园中,还出现一种山居别墅式的园林,著名的如诗人王维的辋川别业、白居易在庐山的庐山草堂。这类山居别业,以自然景色为主要观赏对象,简略盖些居住栖息之所,更富自然意趣。

两宋时期,园林较前代更为精细、多样。北宋都城汴梁,皇家园林有琼林苑、玉津园、撷景园、撷芳园、金明池等八九处。宋徽宗还在都城东北隅,依照设计图建造艮岳(又叫万岁山、万寿峰、寿岳),搜集苏杭一带的奇花异石运往京城(号称"花石纲"),创造出集大成的园林艺术精品。西京洛阳是退休、罢黜官僚的归隐地,也是私园荟萃之所,记录在李格非《洛阳名园记》中的就有二十四所。这一时期,建在城郊的公众园林有了发展。欧阳修在滁县郊区建的醉翁亭很有名气,最有代表性的当属杭州西湖。

明清两代,园林艺术已臻成熟。此时最突出的是文人私家园林数量多且分布广。北京、南京、苏州和太湖周边、长江三角洲的城市,此类园林最盛。北京西北郊的海淀、城东南的泡子河周围,园墅麇集,见于明人笔记的名园就有十几处。明代陪都南京,见于王世贞《游金陵诸园记》的有三十六处。明中叶以后的苏州,私园的建造持续不衰,如拙政园、五峰园、怡园、西园、东园(今留园)、艺圃、沧浪亭、网师园、耦园、鹤园等,都是在明清时期新建或复建的。规模宏大的清代皇家园林,代表了清代造园艺术的最高成就,也是我国古典园林艺术最后一个光辉的顶点。北京的静宜园、静明园、清漪园(今颐和园)、圆明园,承德的避暑山庄,依托固有的山水林泉,又兼收并蓄江南园林的胜景名楼,使园中既有野趣横生的山水风光,又有华美多姿的亭台楼阁。圆明园中的西洋楼、喷水池、铜塑、石雕、道路铺饰、绿篱修剪等,具有西洋风格,同时结合我国的砖雕、琉璃饰件,体现了欧式建筑的民族化,为中国园林增添了新样式。明清两代出现了一批造园专著,如明代计成的《园冶》、文震亨的《长物志》,清代李渔的《一家言》,还出现了米万钟、计成、张琏、张然等造园叠石名家和工匠。

二、中国古典园林的营造特点

中国古典园林,其载体不外两种,一种是固有山水,一种是人造山水。因此,它们的营造特点,不尽相同。

依托固有山水的园林,其营造特点是:顺适自然,美化自然。首先,建筑物的布置要依山形、就岸势。崖顶山巅耸立台塔,径旁道间偶建亭廊,山坳处隐现楼殿,石壁上雕刻文字,水湾处闪现桥榭,水宽处堆筑洲岛,无不因地制宜,随顺自然。此外,草杂石乱的,清理之;水污泥烂的,疏浚之;冬凋夏茂的,使之四季常青;颜色单一的,使之五彩缤纷。

人工再造山水的园林,其营造特点是:师法自然,以小见大。这类园林需要先挖池堆山。所挖的池,应曲折多变,深浅不一,岸沿不加砌筑,水体流动无碍;所堆的山,宜峰峦起伏,缓陡各异,肥瘦不同,山脚不加围砌,山体来龙去脉清楚。总之,一切仿效自然,不留雕琢痕迹。这类园林,特别是江南式的小型园林,需要借助技巧的应用,达到小中见大的效果:一山一谷毗连,宛若峻岭巨壑;两列假山并立,即为高山幽谷;丈余叠石,可称绝壁千仞;几竿修竹数株花木,可见幽篁林薮风貌;几堆土包几处洼陷,会有千山万壑气象;数亩弯曲的水面,便呈烟波浩渺景象。

三、中国古典园林的分类

(一)按占有者身份划分

1. 皇家园林(宫苑)。是专供帝王休憩、享乐的园林,大多与宫殿结合。其特点是规模宏大,真山真水较多,园中建筑形式多样,功能齐全,体形高大,色彩以红、绿为主,富丽堂皇。现存著名皇家园林有北京颐和园、北海公园、故宫御花园与乾隆花园,河北承德避暑山庄。

2. 私家园林(府第园林、宅园)。是建在城市府邸里或郊野的园林。私家园林最大的特点是,善于把有限的空间巧妙地组合成景致各异的景观,利用咫尺地盘再现大自然的美景。有些大型的宅园,把住宅建于园中,称为"园居"。现存著名的私家园林有北京恭王府,南京瞻园,苏州拙政园、留园、沧浪亭、网师园,上海豫园,扬州个园、何园,无锡寄畅园,浙江海盐绮园,广东顺德清晖园。

3. 宗教园林(寺观园林)。宗教园林是附属于宗教建筑、礼制祭祀建筑和陵墓建筑的园林的泛称。这种园林多建在空旷处,以获得静穆优美的环境。园林内主要种植松柏树,以其冬夏常青的色彩来创造、烘托主体建筑所需要的庄严、肃穆和神秘的气氛,使人产生强烈的感应。其中的寺观园林,在形成过程中,出现两种风格不同的形式。一种以自然风景为主,即现在的风景名胜区类型,其园林主体是风景优美的自然景致,宗教建筑分散布局在山中,主体殿堂建在主峰的山巅,建筑完全融于自然山水中。另一种以建筑为主,它们多由官邸转变而来,格局和风格与私家园林近似,但是比较严整,不像私家园林那样幽深、曲折。宗教园林与众不同的最鲜明特色是古树多如云。著名的宗教园林如北京的社稷坛(中山公园)、天坛、地坛、日坛、月坛、孔庙、碧云寺、潭柘寺,扬州大明寺西园,杭州灵隐寺,成都文殊院、杜工部祠。

4. 公共园林。主要是在自然风景区,经长期开发而逐步形成的具公园性质的园林。唐代出现中国历史上第一座公共游览性质的大型园林长安曲江池。白居易任杭州刺史时,修建西湖灵隐一带的公共园林。南宋时期西湖成为各阶层人士游憩的胜地,出现著名的"钱塘十景"。留存至今的著名公共园林如杭州西湖、济南趵突泉、昆明大观楼、北京什刹海。

(二)按园林风格划分

1. 北方园林。由于受北方自然地理条件的限制,河溪湖泊、园石和常绿树木均较少,但景区范围很大;又因大多位于古都之中,所以建筑富丽堂皇。风格趋于粗犷豪放。大多集中于北京、西安、洛阳、开封,以北京园林为代表。

2. 江南园林。指的是分布在长江下游及其以南,历史上经济、文化发达地区的私家园林。因为江南人口较密,而江南园林又多在城市,所以园林地域范围小;又因河湖、园石、常绿树较多,所以园林景致较细腻精美。其特点为明媚秀丽,淡雅朴素,曲折幽深,但是因面积小,使人略感局促。大多集中于南京、上海、无锡、苏州、杭州、扬州等地,以苏州园林为代表。

3. 岭南园林。是明清时期闽、粤地区发展起来的私家园林。始建时间较晚,曾师法北方园林与江南园林,同时又受到近代西方构园方法影响,集三方造园手法之长,结合本地自然环境的特点,因而风格独具。岭南园林也以小巧的庭院为主,但要比江南园林宽敞,在建筑装饰中喜欢采用西方式的花砖、彩色玻璃等。由于气候炎热,在园林建筑上,水庭、船厅等形式运用比较多。由于地理纬度较低,园林内的植物以榕树、木棉树和藤本植物为主,具有明显的热带和亚热带景观特色。主要分布在珠江三角洲一带,较为著名者有番禺余荫山房、顺德清晖园、佛山梁园和东莞可园。

4. 少数民族园林。指我国一些少数民族的庭院、寺庙内的园林。如西藏的罗布林卡,以及新疆、宁夏一些伊斯兰教的清真寺内的园林。罗布林卡规模较大,花木繁盛,宫殿建筑精美别致,具有浓厚的民族色彩和宗教氛围,为中国古代最著名的藏式园林。

两种分类中的典型代表可能会统一于某一种园林上,如北方园林以皇家园林为典型代表;私家园林又包括江南园林和岭南园林;以西藏罗布林卡为代表的少数民族园林,由于西藏曾政教合一的特殊政治背景,其景观中宗教文化色彩浓重,故而又归入宗教园林。

四、中国古典园林构成的基本要素

(一)山

山是园林中的第一组成要素。城市园林的造山,有土山、石山。土山堆造较省钱,体量较石山大。其功能有:可行游,可观赏,可种植,可建宅。石山是人工用石头堆叠的假山,是对自然界中真山的艺术提炼。石以太湖石最佳,其次是昆山石、宜兴石、岘山石;石的外观以"瘦、皱、漏、透"为上。其功能是:组织景观,分割景观,掩蔽园墙,园门障景。例如扬州个园的假山,以笋石匹配翠竹,以湖石掩映玉兰、梧桐,以黄石衬托松柏、枫树,以宣石陪伴蜡梅、天竺,构成春、夏、秋、冬四季景色,很好地发挥了组织景观的作用。

(二)水

水是园林中最为灵动的组成要素。园林营建时,若无自然水域,即当凿池引水。常见的水景有湖泊、池沼、溪涧、泉源、瀑布、渊潭等。其功能是:观赏,养鱼,垂钓,植荷,泳藻,划船,降暑,映景,布景。对湖泊、池沼的处理,常用三种方法。一是掩,以建筑和植物将曲折的池岸加以掩映。临水建筑(除主要厅堂前的平台),不论亭、廊、阁、榭，皆将前部凌空架于水上，水似自下流出，用以打破岸边的视线局限，或临水植以菰蒲、葭苇、杂木，造成池水无边的视觉印象。二是隔，或筑洲岛，或点以步石，或建隔水浮廊，或筑堤横断水面，或架曲折的石板小桥，以增加景深和空间层次，使水面有幽深之感。三是破，水面很小时，可用乱石为岸，植配细竹野藤、朱鱼翠藻，虽是一洼水池，也令人产生深邃山野之趣。

（三）植物

植物本是大自然生态环境的主体，是最富生机的景观，当然应该成为园林的主要内容。园林中植物的主要功能是：观赏，组织景观，分割景观，表现季相，清新空气，遮阳避雨，隐蔽园墙，表达情趣（如植芭蕉、梧桐以听雨，种松、竹、梅、荷以表高洁）。园林着意表现自然美，选择花木，一要姿美，树冠的形态、树干的曲直、枝条的疏密、树叶的形状，都追求优美；二要色美，树叶、树干、花朵，要求色调美丽，异彩纷呈；三要味香，要求淡雅清幽。总体要求四季常绿，月月花香。古树名木，可增加园林的历史凝重感。如果建筑物与古树名木的去留发生矛盾时，宁可挪动建筑以保住树木。草皮，也是体现园林自然美的重要因素；或平坦，或起伏，或曲折，所营造的气氛，与花木同工。

（四）动物

园中圈养或放养动物，可供观赏娱乐。虎啸，狮吼，莺歌，鹤舞，鹅浮，雀翔，鹿呦，猴淘，鸡啼，孔雀开屏，洋溢无限山情野趣。

（五）建筑物

园林建筑物除具有宜于观、行、居、游的实用功能外，还有点缀景致，丰富景观内容，隔离空间以达到步移景异等艺术功能。建筑物要与自然景观和谐共融，因此其功能要单一，形式要多样，体量要适中，疏密要得体，彼此要通透。中国古代园林的建筑物有：

1. 厅堂。它是园林的主体建筑，全园布局以它为先；它坐北朝南，主要山水景观呈于前；它体量较大，比其他建筑物复杂华丽。

2. 馆斋。馆,一般是休息会客场所;建筑尺度不大,入园后可便捷到达;往往自成一局,形成清幽、安静的环境氛围。有时"馆"也成为北方皇家园林中帝王看戏听曲、宴饮休息之所,如颐和园的听鹂馆,原是帝后听戏和欣赏音乐的地方,其庭院中还保留一座小戏台。宜芸馆原是帝后游玩中休息的地方,光绪时才改成皇后的住所。斋,一般是指书房性质的建筑物,供读书、修身养性之用;环境隐蔽静谧,尽可能避开园林中主要游览线路;建筑式样较简朴,常附以小院,植芭蕉、梧桐,创造清静淡泊的情趣。

3. 亭。有顶无墙的建筑物,供人休息观景。它体量小,容易形成独特的景观。造型多样,按平面形状分,有三角亭、方亭、矩形亭、六角亭、八角亭、圆亭、扇面亭、梅花亭、套方亭;按屋顶形式分,有单檐亭、重檐亭、攒尖亭、盝顶亭、歇山亭等;按所处位置分,有桥亭、路亭、井亭、廊亭等。

4. 台。土筑石砌的高坛。有的台上没有建筑,只供人们休息、观望、娱乐;有的台上有建筑,台又兼建筑基座之功能。台建在不同的地貌,给人带来的观赏感受是不同的。站在山顶的天台上观景,有"一览众山小"的豪迈之感;站在悬崖上的挑台观景,便有惊险的感觉;站在水边的飘台上观景,则有清爽、开阔的感觉。

5. 楼阁。体量较大,造型丰富,是重要的点景建筑。一般两层或两层以上。楼是"重屋",上下两层都可住人。阁是架空的楼,底层空着,上层做主要用途;贮藏书画或供佛的多层殿堂也称为阁,例如承德避暑山庄的文津阁和北京颐和园的佛香阁。

6. 榭。台上的房屋,临水而建,用以休憩和观赏水景。基本形式是:平台架于水边,或一半伸入水中,四周绕以低平的栏杆,中部建一平面为长方形的单体建筑物,其侧面或通透,或为落地门窗。

7. 舫。是仿照船的造型在园林水面建造起来的建筑物,供人们饮宴、观赏水景。前半部多三面临水,船首一侧常设有平桥与岸相连,仿跳板之意。通常下部船体用石造,上部船舱多为木构。

8. 廊。屋檐下的过道或独立的有顶的过道。园林中的廊通常布置在两个建筑物或两个观赏点之间,起串联景点和遮阳避雨的作用。从横剖面的形状来看,廊可分为四种类型:双面空廊,两边通透,均可观景,如颐和园的长廊;单面空廊,一侧列柱间砌有实墙或半空半实墙;复廊,在双面空廊的中间加一道墙,形成双廊;双层廊,即上下两层的廊子,如北海琼岛北端的"延楼"。使用最多的是双面空廊。从其整体造型及所处位置来看,又可分成直廊、曲廊、回廊、爬山廊和桥廊(亦可称廊桥)等。

9. 桥。一般有拱桥、平桥、亭桥和廊桥几种。它本身是景,还被用来隔景。过了一桥又一桥,也能增加游兴。桥的规模与形状因环境特征与构景需要而定。北方皇家园林多壮观的大桥,如颐和园昆明湖上的十七孔桥;南方私家园林中则以小巧、曲折、弧度较大的拱桥为主,因而南方的园林多称小桥流水式园林。

10. 园墙。皇家园林和私家园林都有围墙;园中的建筑群又都采用院落式布局,围墙更是不可缺少。龙墙独具民族特色,它蜿蜒起伏,犹如长龙围院,例如上海豫园有五条龙墙将豫园分割成若干院落。南北园林通常在园墙上设漏窗、洞门、空窗等,形成虚实对比和明暗对比的效果,使墙面也具观赏性。

(六)匾额、楹联与刻石

在中国园林中,每一景区、景观往往以某一座建筑物为主体,它们是景观的点睛之笔。这些建筑本身又都有匾额、楹联或诗文点题,烘托意境,指点独特情趣,进而启迪游人的想象力,把物象景观升华为精神体验,使园林意境得到更深的开拓。匾额指悬置于门楣之上的题字牌,横置者称"匾",竖挂者称"额"。楹联指门两侧柱上的竖牌。刻石指山石上的题诗刻字。三者的内容,多为前人的诗句(如苏州拙政园浮翠阁引自苏东坡诗句"三峰已过天浮翠"),或略作变通(如拙政园留听阁出自李商隐诗句"留得残荷听雨声"),也有即景创作的。三者的书法多是名家手笔。

五、中国古典园林构景的基本手法

对景。从甲景点可观赏乙景点，从乙景点又可观赏甲景点的构景手法。古典园林中应用很多，不论身处园中何处，对面都须有景可看。

借景。将园外甚至远方的景观组合到园内某一方向的景观中的构景手法。它能增加景深，丰富层次，造成在有限空间看到无限景致的效果。有远借、邻借、仰借、俯借、应时而借数种借法。

添景。在距离较远的高低两景之间添设高度适中的景物，使对景中间不虚空，有层次。花木常被用来做远山、远塔的添景。

框景。用有形的框架去采收景致，形成局部画面的构景手法。多利用建筑物的门框、窗框，或山洞的洞口，或乔木树枝抱合所形成的框架构景。杜甫名句"窗含西岭千秋雪，门泊东吴万里船"，道出框景的效果。

抑景。不使园中景色在入口处便一览无余而设置屏障的构景手法，先藏后露，欲扬先抑，使园林具有魅力。通常用假山做屏障（山抑）。

漏景。漏景是通过院墙或廊壁上的各种窗或花椟窗，将院内外或廊壁前后的景致组合在一起的构景手法，用来扩大视野，丰富一定空间内景观的内容。

夹景。将一个远方景点空旷单调的两侧，用不醒目的建筑物或树木花卉屏障起来，形成一个相对封闭的狭长空间，把游人的视线引向那个远方景点，使它突出和富有诗情画意，这种构景手法叫夹景。

移景。指仿建，皇家园林多用此法，如颐和园内的谐趣园是仿无锡寄畅园建造的，承德避暑山庄烟雨楼是仿浙江嘉兴烟雨楼建造的。移景不同于复制，它受园林内自然条件的限制，只能用写意手法，使它在似与不似之间。

六、著名古典园林简介

（一）颐和园

位于北京市海淀区。原为金代帝王的行宫,明时皇室改建为好山园,清乾隆十五年(1750 年)改建为清漪园,1860 年毁于英法联军,光绪十四年(1888 年)慈禧挪用海军军费重建,改称今名,1914 年对公众开放。全园由万寿山、昆明湖组成,总面积约 2.9平方公里。其建筑风格吸收了中国各地建筑的精华。东部的宫殿区和内廷区,是典型的北方四合院风格,一个一个的封闭院落由游廊连通;南部的湖泊区是典型的江南风格,一道西堤六桥和与之相连的短堤把湖泊一分为三,十足的杭州西湖格调;万寿山的北面,是典型的西藏喇嘛庙宇风格,有白塔,有碉堡式建筑;北部的苏州街,店铺林立,水道纵通,又是典型的水乡风格。颐和园集中了中国古典建筑的精华,容纳了不同地区的园林风格,堪称园林建筑博物馆。现为第一批国家重点文物保护单位,因而被称为"中国四大名园"之一。1998 年作为文化遗产被列入《世界遗产名录》。

（二）北海

位于北京西城区、故宫的西北。始建于辽代。占地 68 公顷。全园布局以琼华岛为中心,主要有白塔、五龙亭、太液池、濠濮涧、静心斋、九龙壁等景观。

（三）苏州园林

位于江苏省苏州市老城区。其历史可上溯至公元前 6 世纪春秋时吴王造园囿,私家园林最早见于记载的是东晋(4 世纪)的辟疆园,明清全盛时有二百多处,至今仍有数十处保存完好,分别代表了我国宋、元、明、清江南园林风格。苏州古园林以其古、秀、精、雅、多而享有"江南园林甲天下,苏州园林甲江南"之誉。其重要特色是,它不仅是历史文化的产物,同时也是中国传统思想文化的载体,表现在:园林厅堂的命名、匾额、楹联、刻石、雕刻、装饰,以及花木寓意、叠石寄情等,不仅是点缀园林的精美艺术品,同时储存了大量的历史、文化、思想和科学信息,物质内容和精神内容都极其深广。苏州园林中的拙政园、留园、网师园、环秀山庄、沧浪亭、狮子林、艺圃、耦园、退思园等以"苏州古典园林"项目作为文化遗产被列入《世界遗产名录》。

拙政园。位于苏州城娄门内。系第一批国家重点文物保护单位,成为"中国四大名园"之一。始建于明,占地5.2公顷,为苏州最大的一处古典园林。大致可分为中、西、东三部分,水面约占1/5。建筑多临水,以荷花命名居多,具有江南水乡的天然景色。中部池广树茂,亭榭疏朗,为全园精华之所在;其中的远香堂是一座四面厅,四周景色呈现窗前。西部水面迂回曲折,以三十六鸳鸯馆和十八曼陀罗花馆为主,与留听阁、倒影楼等隔水相望。东部有兰雪堂、芙蓉榭、天泉亭、放眼亭、秫香馆等景点,其布局具有山岛、竹坞、松冈、曲水之趣。住宅部现为苏州园林博物馆。

留园。位于苏州城阊门外。系第一批国家重点文物保护单位,成为"中国四大名园"之一。始建于明代,清代改建始称留园,园名有"长留天地间"之意,占地约2.3公顷。全园分东、西、中、北四部。中部以山水为主,池于中央,四周环以闻木樨香轩、涵碧山房、曲溪楼、五峰仙馆等亭台楼阁。东部以建筑见长,主要有林泉耆硕之馆、冠云楼等。西部假山,北部桃园,以自然山林、田园风光为胜。园内的"冠云峰"是北宋花石纲遗物,高约9米,为江南最大的太湖石。贯通全园连绵不断的回廊曲榭将四周的园景、厅堂建筑联合一体,廊长700米,随形而变,依势而曲。

网师园。位于苏州葑门十全街。始建于清朝,以精致小巧著称,被视为中型古典园林代表作。"网师"即渔父,意为"渔隐"。该园占地0.6公顷。为西园东宅布局,中部以水池为中心,池南叠黄石山"云岗"。小山丛桂轩、濯缨水阁、月到风来亭、看松读画轩、竹外一枝轩、射鸭廊等错落于山地四周。西有别院名"殿春簃",美国纽约大都会艺术博物馆建造的明轩就以此为蓝本。

沧浪亭。位于苏州市城南。是苏州现存最古老的园林。北宋著名诗人苏舜钦临水筑亭,题名"沧浪",并写《沧浪亭记》,从此沧浪亭名声大振。该园为宋代园林建筑艺术的代表,以清幽古朴见长,园内以山为主,古木参天,具山林野趣。沧浪亭未进园门先见绿水回环,是一大特色。园内多竹,又有五百名贤祠、康熙皇帝御碑、文征明石刻像、林则徐诗碑等文物古迹。沧浪亭的曲廊漏窗是苏州园林中借景的典范,花样各异、图案精美的廊壁花窗共 108 式。

狮子林。位于苏州市园林路。始建于元代。被誉为"假山之国"。清代康熙、乾隆皇帝曾多次来游,还在北京畅春园、承德避暑山庄内仿建。狮子林占地 1.1 公顷,园内奇峰巨石,均模拟狮形,湖石群外表雄浑,内部洞壑幽深,曲折盘桓,有如迷阵。乾隆帝游园后提笔写了"真有趣"三个大字加以赞赏,现留下"真趣"两字做了匾额,悬于真趣亭中。长廊贯通四周,廊壁上镌有宋代苏、黄、米、蔡等名家书法艺术石刻。全园布局东南多山,西北多水。

耦园。位于苏州东城小新桥巷。清顺治年间始建。园主沈秉成建园之前有"何当偕隐凉山麓,握月担风好耦耕"的诗句,表达与妻子双双归隐并耕之意,故名耦园。面积约 0.26 公顷,依傍环城河,三面环水。园内以山为主,山用黄石堆叠,陡峭挺拔,不论冈峦、绝壁、峡谷、蹬道,都自然逼真,是苏州各园中较为成功之例,有"黄石精品数耦园"的美名。耦园之趣还在"耦"字上,除了园主夫妇耦耕之意,还有"吾爱亭"、"双照楼"等表爱的建筑,诗句亦多与"耦"有关,中外游人特别是新婚、金婚夫妻都特地来此寄托百年之好。

（四）避暑山庄

避暑山庄是清朝皇帝的口外行宫,为我国也是世界上现存最大的古典皇家园林,占地面积 564 万平方米,宫墙周长约 10 公里。始建于康熙四十二年(1703 年),建成于乾隆五十五年(1790 年),是清代皇帝夏日避暑和处理政务的场所。避暑山庄拥有殿、堂、楼、馆、亭、榭、阁、轩、斋、寺等建筑一百余处。其最大特色是山中有园，园中有山。西北部为山区，占整个园林面积的五分之四。山庄的建筑布局大体可分为宫殿区和苑景区两大部分。苑景区又可分成湖区、平原区和山区三部分。宫殿区是皇帝处理政务和帝后居住的地方，主要建筑包括"正宫"、"松鹤斋"、"万壑松风"和"东宫"（已毁）四组建筑。正宫是宫殿区的主体建筑，包括九进院落，分为"前朝"、"后寝"两部分。主殿叫"澹泊敬诚"，是用珍贵的楠木建成，因此也叫楠木殿，各种隆重的大典都在这里举行。其后的殿堂分别叫"四知书屋"、"烟波致爽"、"云山胜地"等，是皇帝处理朝政、读书和居住的地方。湖区洲岛错落，湖面被长堤和洲岛分割成五个湖，各湖之间又有桥相通。湖区的风景建筑大多是仿照江南的名胜建造的，如烟雨楼、金山岛。湖中的两个岛分别有两组建筑，一组叫"如意洲"，一组叫"月色江声"。平原区主要是一片片草地和树林。山区在西部和北部，系第一批国家重点文物保护单位，成为"中国四大名园"之一。1994 年，承德避暑山庄及周围庙宇作为文化遗产被列入《世界遗产名录》。

思考题：

　　1. 中国古代建筑发展演变的原因是什么？哪些因素促成了建筑形式的演变？

　　2. 中国古代建筑中哪些方面体现了等级观念？

　　3. 中国古代城防建筑、水利工程等的积极意义有哪些？

　　4. 如何加强建筑文化审美能力？

　　5. 中国建筑体系在世界建筑体系中的地位和作用。

第五章　宗教概述

本章导读

通过本章学习：

——了解四大宗教的产生与发展过程。

——识记四大宗教的创始人,信奉的经典和神灵,宗教圣地和活动场所,主要节事活动。

——掌握我国宗教政策,各宗教的基本教义、教派。

第一节　宗教知识简述

一、宗教的产生

宗教是一种社会历史现象。原始社会时期,人类在复杂的自然现象面前无能为力,因而认为存在一种超越自然且能够支配自然和人类本身的神秘力量。当人类把这种力量人格化,作为神灵加以崇拜,并辅之以仪式,结成一定的组织时,原始宗教便产生了。

原始宗教是多神教。进入阶级社会后,多神教逐渐演化为一神教,在一神教的基础上又形成世界性的宗教。佛教、基督教和伊斯兰教就是流传最广、影响最大的世界三大宗教。三大宗教先后传入中国,它们和我国本土的道教一起,成为中国的四个主要宗教。

二、中国宗教信仰的特点

中国是一个多种宗教并存的国家。历朝统治者对宗教大多采取兼容并蓄,既利用又保持一定距离的政策。没有任何一个宗教取得国教的地位。

外来宗教传入中国后,接受传统文化的改造,不同程度地被汉化,形成具有我国民族特色的宗教派别。

和世界许多国家一样,中国的宗教具有显著的民族性。有许多少数民族基本上全民族信仰同一种宗教,如西北地区少数民族大多信仰伊斯兰教,云南傣族等信仰小乘佛教,藏族和蒙古族信仰藏传佛教,而道教、大乘佛教、基督教新教和天主教主要流行于汉族地区。

汉民族在历史上主要受儒家思想影响,在宗教信仰上具有明显的务实特点,即对于各种神灵可信可不信,有事则信,无事不信,为了祈求保佑,也可以同时信奉多个宗教、许多种神。历史上形成的这些特点至今仍影响着汉民族的信仰习惯。

三、中国的宗教政策

中国公民享有宗教信仰自由的权利,这种权利由《中华人民共和国宪法》赋予并受国家保护。宗教信仰自由政策的含义是:

(1)公民有信仰宗教和不信仰宗教的自由,有信仰有神论和无神论的自由。无神论者和有神论者应互相尊重。

(2)宗教活动必须在宪法、法律和政策的范围内进行。国家保护一切在宪法、法律和政策范围内的正常宗教活动。

(3)各宗教一律平等,没有占统治地位的宗教。

(4)宗教和国家政权相分离,和教育、行政、司法相分离。

(5)宗教团体和宗教事务不受外国势力干涉。

宗教信仰自由政策的实质就是使信仰问题成为公民个人自由选择的问题,成为公民个人的私事。

第二节 佛 教

一、佛教简史

（一）佛教在世界范围的传播

佛教起源于古代印度。创始人乔达摩·悉达多,大约诞生于公元前565年,逝世于公元前486年,与我国春秋末期的孔子时代相同。他本是古印度北部迦毗罗卫国(在今尼泊尔境内)的王子。他有感于人世的各种痛苦,思索解脱之道,29岁时出家修行,35岁悟道成佛。他"觉悟"后,首先来到波罗奈城的鹿野苑宣讲佛法(史称"初转法轮"),使自己原先的五名侍者皈依佛法。有了佛陀、佛法和僧众,这样,构成佛教基本因素的"三宝"已经具备,正式形成佛教。他被信徒尊称为释迦牟尼,意思是"释迦族的圣人"(他属于释迦族)。

佛教在传承过程中发生分裂,分为大众部和上座部两部;至公元1世纪,大众部中产生大乘佛教(他们以"普度众生"为口号,"乘"是运载的意思),把以前的佛教称为小乘佛教(他们主张"自我解脱"),后来大乘佛教一部分派别同婆罗门教互相调和,又产生大乘密教。在公元1世纪佛教开始向境外传播。从世界范围来说,佛教的传播分为三条线路:从古印度向北传入中国,再由中国传入朝鲜、日本、越南等国的为北传佛教。以大乘佛教为主,也包括密乘佛教。其经典主要属于汉语,也称为汉语系佛教。从古印度向南,传入斯里兰卡、缅甸、泰国、老挝、柬埔寨等南亚、东南亚国家,以及中国云南傣族等少数民族地区的为南传佛教。以小乘佛教(上座部佛教)为主。其经典主要属于巴利语,也称巴利语系佛教。藏传佛教主要是印度密乘佛教与藏族聚居区苯教融合而形成的具有西藏地方色彩的佛教。流传于中国的藏、蒙古、裕固、纳西等民族地区,以及不丹、锡金、尼泊尔、蒙古和俄罗斯的布里亚特等国家和地区。近年来,在欧美地区也流传很广。它的经典属于藏语,也称藏语系佛教。佛教最初在印度本土发展,一度取得国教地位。伊斯兰教势力进入南亚后佛教日益衰败。13世纪佛教在印度本土基本消失。

(二)佛教在中国的传播与发展

中国佛教,包容了北传佛教、南传佛教和藏传佛教三大体系,全面传承了印度三个时期的佛教。世界上完整的佛教在中国,世界上完整的佛教经典也都在中国。可以说,佛教诞生在印度,发展在中国。

1. 汉族地区佛教

西汉哀帝元寿元年(前2年),大月氏王使臣伊臣向中国博士弟子景卢口授《浮屠经》,佛教开始传入中国。史称这一佛教初传历史标志为"伊臣授经"。

对于佛教最早传入中国的时间有许多争议,比较确切的要算东汉永平十年(67年)天竺僧人摄摩腾和竺法兰用白马驮经至洛阳,并建白马寺,大多认为这是佛教传入中原和中原建佛寺的开始。

佛教在中国的发展,大致经历了译传、创造和融合三个阶段。

两汉之际、魏晋、南北朝时期,为译传阶段。中国先后翻译出大量的佛教经典,研究佛教的风气盛极一时。

隋唐时代,是中国佛教的创造阶段和鼎盛时期。中国僧人分别以一定的印度佛教经典为依据,开宗立派,创构了自己的理论体系,形成三论宗、天台宗、华严宗、法相宗、律宗、净土宗、禅宗、密宗等八个主要宗派,号称中国佛教的鼎盛时期。

宋、元、明、清四朝,中国佛教处于融合阶段。佛教在这900年间,空前广泛、深入地与中国的文化全面结合。元明清三代,汉地精英佛教停滞衰退,而大众佛教取得长足发展,出现"家家观世音,户户阿弥陀"局面。这一阶段从教派上来说,主要流行禅宗和净土宗,其他各派逐渐衰落。

禅宗强调个人坐禅,顿悟成佛,奉菩提达摩为初祖,六祖慧能为禅宗的实际创始人。禅宗是我国支派最多的佛教宗派,也是中国佛教史上流传最久远、对中国文化思想史影响最大、最广泛的宗派。净土宗以《无量寿经》、《观无量寿经》、《阿弥陀经》为主要经典,供奉西方极乐世界的教主阿弥陀佛,以口念"南无阿弥陀佛"为修行方式。故净土宗在中国民间影响最大。现在我国多数寺庙都是净、禅双修,净土宗和禅宗的界限已经十分模糊。

2. 云南上座部佛教

云南上座部佛教,主要分布在西双版纳、德宏、普洱、临沧和保山等地,为傣、布朗、德昂、阿昌等族和部分佤族群众所信仰。信教人口约七十余万人。西双版纳的小乘佛教,大致兴起于隋唐时期,受泰国佛教的影响较大;德宏地区的小乘佛教,大约于16世纪中叶后由缅甸传入,受缅甸佛教的影响较大。上座部佛教对傣、布朗、德昂、阿昌等民族的政治文化生活和习俗都有深刻的影响。傣族每个男子都要在少年时期当一次和尚,3～7年后还俗。有些人成为终身僧侣。没当过和尚的男子是被人瞧不起的。

3. 藏传佛教

佛教没有传入西藏以前,藏族群众信奉原始的苯教。藏传佛教在发展过程中出现两次大高潮,即前弘期和后弘期。7世纪中叶到9世纪中叶的200年间,为前弘期。佛教从印度、汉地两个方向传入西藏地区,为藏传佛教的形成时期。841年,藏王朗达玛废佛,佛教传播中断136年。10世纪末到15世纪初的500年间,为后弘期。这一阶段,佛教再次从印度传入,是藏传佛教的大繁荣时期,产生许多互不隶属的教派。

藏传佛教,源于印度,但吸收了原始苯教一些神祇和仪式。在教义上,是大、小乘兼容而以大乘为主;大乘中显密共修,先显后密,并以无上瑜伽密为最高修行次第,形成藏密。藏传佛教的四大特色是:咒术性、对喇嘛异常的尊崇、活佛转世思想和宗教与政治的结合。

活佛转世制度,为藏传佛教所特有。所谓"活佛"系汉族称谓,藏语为"朱古",意思是神佛化身的肉身。按藏传佛教说法,一个活佛圆寂后,其灵魂转移,化身为另一肉体的人,即转世灵童。在清代顺治、康熙年间,清政府先后正式册封宗喀巴的再传弟子为达赖喇嘛和班禅额尔德尼,从此正式形成两大活佛转世制度。历代转世,必须经中央政府批准。

藏传佛教现有四大教派:宁玛派(因该派僧人穿戴红色袈裟、僧裙、僧帽,俗称红教)、萨迦派(因该派寺院围墙涂有象征文殊、观音和金刚手菩萨的红白黑三色花纹,俗称花教)、噶举派(因该派僧人穿白色僧裙和上衣,俗称白教)和格鲁派(因该派僧人戴黄色桃形僧帽,俗称黄教)。格鲁派是15世纪初宗喀巴(1357～1419年)创立的教派,其后世弟子形成达赖和班禅两大活佛转世系统。由于明清两朝的册封和扶持,格鲁派成为藏族聚居区执掌政权的教派,势力也最大。

上述藏传佛教四派加上当地原始宗教苯教(因该派僧人穿黑色僧衣,俗称黑教),合称西藏五大教派。

(三)佛教教义

释迦牟尼在传教过程中提出"四圣谛"之说,即苦谛、集谛、灭谛、道谛。"谛"是真理的意思。"四圣谛"是佛教的四个最基本的道理和真理。所谓"苦",亦即"人生皆苦"、"一切皆苦"。除了生、老、病、死诸苦外,还有怨憎会(与所怨的人或事相会)、爱别离(与所爱的人或事别离)、求不得(得不到所求)、五蕴(指色、受、想、行、识假合而成的身心),凑成"八苦"。在原始佛教看来,人生本来就是一个苦海。"苦海无边,回头是岸",此"岸"也就是佛教所说的"涅槃"或者"入灭",即"四谛"中的第三谛——灭谛。当然,要"入灭"或者说要获得解脱,首先必须弄清楚造成痛苦的原因,这就是集谛。集谛本意是"招聚"或"集合",集谛意思是指造成痛苦的原因。原始佛教认为,一切事物都取决于因果关系,人生的痛苦也不例外,归根结底造成痛苦的主要原因是对欲乐、生存、权利的追求。所以佛教提出了"十二因缘"说,即无明、行、识、名色、六入、触、受、爱、取、有、生、老死,上述十二环节,辗转感果,所以称为"因",互为条件,所以称为"缘"。过去因造成现在果,现在因产生未来果,构成三世两重因果关系。众生在解脱前,都要依这种因果在"三世"(过去、现在、未来)和"六道"(天神、人、阿修罗、地狱、饿鬼、畜生)中生死轮回。要想摆脱痛苦,必须掌握脱离痛苦的正确方法,这就是道谛。"道"即"道路"、"途径",也就是方法。佛教所说的修行方法有很多,主要有"八正道"和"三学"。"八正道"即正见(正确的见解)、正思维(正确的意志)、正语(正确的言语)、正业(正确的行为)、正命(正确的生活)、正精进(正确的努力)、正念(正确的思想)、正定(正确的精神统一)。"三学"即戒学、定学、慧学,是由八正道归结而成。人只有通过正确的修行才能达到理想境界,即"涅槃",这就是"灭谛"。"涅槃"的根本特点就是达到熄灭一切烦恼、超越时空、超越生死轮回的境界。

二、佛教的经典与徽志

"藏"是佛教经典的总称,梵文原意为"盛东西的匣子"。其经典可分经(佛祖释迦牟尼阐发的教义)、律(释迦牟尼制定的戒律和僧侣生活应遵循的规章)、论(释迦牟尼的弟子们阐发经和律的著作)三部分,即"三藏"。三藏均通晓的高僧被尊称为"三藏法师",三藏合编在一起称"大藏经"。我国现存较完整的大藏经有巴利文、汉文和藏文三大体系。汉文大藏经内容最丰富,所收典籍达4200多种,分装220册。藏传佛教大藏经,称为《甘珠尔》和

《丹珠尔》。《甘珠尔》,意为佛语部;《丹珠尔》,意为论部。

"卍"(或卐)字符,在古代曾被看作火或太阳的象征,梵文意为"吉祥之所集",佛教用作"万德吉祥"的徽志。唐朝武则天时定此字读音为"万"。

法轮,也是佛教的徽志。它比喻佛法,意思是佛说法圆通无碍,运转不息,能摧破众生的烦恼。

三、佛教崇奉的神灵

(一)佛部

佛为梵语音译佛陀的简称,意思是"觉悟者"。佛达到自觉、觉他、觉行圆满这"三觉",是佛教修行的最高果位。小乘专称释迦牟尼为佛,大乘则把一切觉悟得道者都称为佛,认为人人可以成佛,大千世界处处有佛。佛像一般供奉在寺庙的正殿即大雄宝殿。寺庙中最常见的是释迦牟尼一尊佛;有的寺庙供奉三尊佛,或多尊佛。三尊佛分三身佛和三世佛。

三身佛为释迦牟尼在不同情况下的不同身份:居中的是法身佛毗卢遮那佛,代表佛法的绝对真理;左侧为报身佛卢舍那佛,体现修成佛果而得到最高智慧;右侧为应身佛释迦牟尼佛,这是随缘应机教化僧徒和普度众生的佛身。

三世佛有横三世佛和竖三世佛两种。横三世佛又称三方佛,体现的是净土信仰。佛教称,世界有秽土(凡人所居)和净土(佛所居住的世界)之分,每个世界都有一佛二菩萨负责教化。世界有十方(东西南北、东南西南东北西北、上下),十方都有净土,最著名的净土为西方极乐世界、东方净琉璃世界和上方的弥勒净土。中国佛徒,大多愿往生西方极乐世界。三方佛的中间是婆婆世界(人类所在世界)的释迦牟尼佛,左侧是东方净琉璃世界的药师佛,右侧是极乐世界的阿弥陀佛。药师佛是意译,全称是"药师琉璃光如来",是东方净琉璃世界的教主。佛经中讲他曾经发过十二大愿，要满足众生一切愿望，拔除众生一切烦恼。阿弥陀佛是音译，意译是"无量寿佛"。他是西方极乐世界的教主，能接引念佛之人往生西方净土，所以又称"接引佛"。

竖三世佛又称三时佛，从时间上体现佛的传承关系，表示佛法永存，世代不息。正中为现在佛释迦牟尼。左侧为过去佛燃灯佛。佛经说他生时身边一切光明如灯，故得名，并说约3900亿年前，释迦牟尼前世未成佛时，燃灯佛曾为他"授记"（预言他未来将要成佛）。从辈分上说，他算是释迦牟尼的老师，算过去佛。右侧为未来佛弥勒佛。据佛经说，弥勒一直在兜率天内院中（弥勒净土）修行，释迦牟尼预言弥勒将在56.7亿年以后降生印度，在华林园龙华树下得道成佛接班，并分批超度一切众生，故称未来佛。供奉在大雄宝殿的未来佛弥勒佛，与天王殿的大肚弥勒佛形象大不相同。后者为五代时后梁的一个化缘和尚，名契此。他两耳垂肩，祖胸露肚，笑口常开；但出语无定，寝卧随处，常以杖荷一布袋，终日奔走，劝化人信佛，人称布袋和尚。五代后梁贞明二年（916年），在浙江奉化岳林寺圆寂时口念一偈语："弥勒真弥勒，分身千百亿；时时示世人，世人自不识。"这时，人们才醒悟其为弥勒化身。常有"大肚能容，容天下难容之事，笑口常开，笑世间可笑之人"等楹联，描绘其皆大欢喜的形象。此外，还有"一佛二菩萨"（释迦佛与文殊、普贤二胁侍，或阿弥陀佛与观音、大势至二胁侍，或药师佛与日光、月光二胁侍）和"一佛二菩萨二弟子"（以释迦佛与文殊、普贤及佛的大弟子迦叶、阿难为常见）。

（二）菩萨部

菩萨全称"菩提萨埵"（埵，音朵），意为"觉有情"、"道众生"；也译为"大士"。阶位仅次于佛，是候补佛。主要职责是协助佛传播佛法，教化和普度众生。在中国，人们通常觉得佛至高无上，而菩萨救苦救难，指引众生，更具有人情味。中国的菩萨塑像多为古代世俗衣装，给人以亲切感。较著名的菩萨有文殊、普贤、观音、大势至、维摩诘、地藏等。观音的大悲、文殊的大智、普贤的大德和地藏的大愿在民间广为传颂,他们被称为四大菩萨。

观音,亦称观世音、观自在、光世音。他能随时观听世人的声音。有困厄危难的人只要诵念他的名号,他就会"观其音声"而前去解救。他还能满足信徒生儿育女的愿望,求男得男,求女得女。观音在印度本为男性,为了方便女性供养和更好地体现大慈大悲,传入中国后逐渐由男变女,成为象征慈母之爱,具有女性之美的女菩萨。我们今天在寺庙所看到的多数观音塑像是披着大氅、目光慈祥的女士,叫白衣大士,她有"东方维纳斯"之称。有的寺庙是千手千眼观音,除两手两眼外,上身左右再各出二十只手,手中各一只眼,成四十手四十眼,分别配上二十五"有"(佛教所说的生存环境),即千手千眼。道场(显灵说法的场所)在浙江普陀山。

文殊,全称"文殊师利",意译"妙德"、"妙吉祥"等,是释迦牟尼的左胁侍。据说他在诸大菩萨中智慧辩才第一,被称为大智菩萨。其塑像多手持利剑,坐莲花宝座,骑在狮子身上。道场在山西五台山。

普贤,是释迦牟尼的右胁侍,遍具众德,以大德闻名。道场在四川峨眉山。

地藏,他受释迦牟尼之托,在弥勒佛降世之前普度众生。他发大愿要尽度众生后再升为佛,因此深受中国下层百姓崇拜。他的形象与观音、文殊、普贤不同,一般为坐像,僧人装束,右手拿锡杖,表示爱护众生,左手拿如意宝珠,表示要使众生之愿望得到满足。道场在安徽九华山。

(三)罗汉部

罗汉全称阿罗汉,梵文有杀贼(杀一切烦恼之贼)、应供(应受天人供养)、不生(不再进行生死轮回)等意思。他们是佛的得道弟子,修行果位排在佛和菩萨之后。小乘佛教把罗汉作为修行的最高果位。中国佛教艺术文学中提到的,有十六罗汉、十八罗汉、五百罗汉等。

佛教传入中国时已有"十六罗汉"之说,但是未见名字。唐代玄奘的译经中才出现他们的名字,有宾度罗等。他们受释迦佛的嘱托,留住人世,护持佛法,直至未来佛弥勒佛降世。大约五代时罗汉像盛行,多画出两位,没有经典依据,名字也各说其是。明清时,藏传佛教寺院中,又将布袋和尚列入十八罗汉之中。罗汉像多供在大殿两侧。中国佛教大约从五代兴起尊五百罗汉之风,寺院中专建罗汉堂来供奉。如:显德元年(954年)道潜禅师得吴越钱忠懿王的允许,迁雷峰塔下的十六大士像于净慈寺,创建五百罗汉堂。五百罗汉塑像众多,非一般佛殿所能容纳,多另辟罗汉堂以处之。所以有罗汉堂的寺庙多为大寺名刹。近代寺院中有代表性的罗汉堂,有北京碧云寺、上海龙华寺、汉阳归元寺、昆明筇竹寺等。济公也在五百罗汉中。其原型是南宋浙江的道济和尚。传说他去罗汉堂报到晚了一步,只得屈身过道或蹲在房梁上。济公极受民间喜爱,从他的形象可以看出中国罗汉和印度罗汉的区别。

(四)护法神部

护法神数目很多,著名的有金刚力士、四大天王、韦驮、二十诸天等。我国的神话人物和历史人物也有被视为护法神的。立在山门殿左右两侧,手持金刚杵的塑像,就是金刚力士。传说他们是侍卫佛、守护佛法的夜叉神。早期的中国佛教寺院只有一尊金刚像;中国人喜欢对称,将它塑为两尊,并按《封神演义》称之为"哼哈二将"。四大天王,是住在须弥山腰守护并掌管东、西、南、北四大部洲山河大地的神,也称护世四天王。佛教传入中国后,其形象不断汉化。今天人们常见的四大天王的形象是:东方持国天王,以慈悲为怀,能护持国土,身白色,持琵琶,用音乐使众生皈依佛教;南方增长天王,能传令众生,增长善根,身青色,持宝剑;西方广目天王,能以净眼观察世界,护持人民,身红色,手缠一龙(或作赤索);北方多闻天王,经常守护如来道场,得以广闻如来说法,身绿色,右手持伞,左手持银鼠。他们手中的器物分别象征风(剑)、调(琵琶)、雨(伞)、顺(龙)。其神像位置在天王殿内大肚弥勒佛的四周。韦驮,传说是南方增长天王的八大神侍之一,居四大天王的三十二神侍之首,曾从罗刹鬼手中夺回佛祖舍利,被视为能护法,近世寺院多奉他为守护神。造型多为身穿甲胄,持金刚杵,位置在天王殿内,背靠大肚弥勒佛,面对大雄宝殿释迦牟尼像。二十诸天就是二十位天神。他们本是印度神话中惩恶护善的天神,有大梵天王、帝释天王、阎摩罗王等,"四大天王"、韦驮也在其中。三国汉将关羽也是护法神,在佛寺里,或于伽蓝殿中单龛供奉,或于大雄宝殿旁另建关帝庙供奉。

四、中国的佛教寺院

东汉明帝时,佛教传入中国。护送的两位高僧以白马驮经抵达洛阳,被安置在鸿胪寺(掌宾客朝会礼仪之官署)居住。第二年寺改建为庙,称白马寺,它是中国最早的佛教寺院。早期寺院有依山开凿的石窟寺(今天所存最著名的有敦煌、云冈、龙门等石窟),也有环塔而建的塔庙。后来吸收中国建筑风格,逐渐形成院落式的基本格局,坐北朝南,突出中央,两侧对称。专门供奉佛陀的大殿成为寺院建筑的主体。若要建塔,则在寺院外另置塔院。藏传佛教地区的喇嘛寺,布局以经堂佛殿等高大建筑为中心,四周环绕低矮的喇嘛住宅。安放喇嘛遗骨的喇嘛塔也在喇嘛寺内。

汉地寺院的主要建筑坐落在南北中轴线上,由南向北依次是山门、天王殿、大雄宝殿、法堂、藏经楼等。次要建筑在左右两路,大致布局为:山门两侧是钟鼓楼,后面的东西配殿有伽蓝殿、祖师堂、观音殿、药师殿等。大的寺院还设五百罗汉堂。山门,因寺院多建在山里,故有此称。又因寺院外一般有三个门,中间大,两侧小,所以又称"三门",象征三解脱。山门殿两侧各有一尊金刚力士像(哼哈二将)把守。天王殿,主供大肚弥勒佛,周围有四大天王像,后为韦驮像。供奉佛祖的大殿叫大雄宝殿。"大雄"原为古印度耆那教对教主的尊称,佛教亦用为释迦牟尼的尊号。此殿是寺院正殿,所供佛像各寺庙不同。小乘佛教寺院只供释迦牟尼一尊佛像,大乘佛教寺院所供有一尊、三尊、五尊、七尊的区别,如杭州灵隐寺只供释迦牟尼像,北京万寿山香岩宗印之阁中供"横三世佛",北京雍和宫正殿供"竖三世佛"。区分不同的佛主要依据佛像的手姿和手持物。例如,药师佛左手持钵,右手持药丸;阿弥陀佛结跏趺坐于莲台上,双手仰掌叠置足上,掌托莲台,表示接引众生。大殿两侧有十六或十八罗汉像,有些开间大的还可能加供十二尊圆觉菩萨像。佛坛背后常见坐南朝北的观音、文殊、普贤三大士像,或是海岛观音像。仅次于大殿的建筑是法堂,僧众受戒、传法、集会都在这里举行。藏经楼,是寺庙收藏佛经的地方。大悲殿供奉观音菩萨,地藏殿供奉地藏菩萨。大雄宝殿东侧为伽蓝殿,供奉保护寺院(伽蓝)的伽蓝神像。禅宗寺院多在大雄宝殿的西侧设立祖师殿,供奉禅宗祖师菩提达摩和慧能、海禅二法师。较大寺院设立罗汉堂,供五百罗汉像。

五、中国佛教的礼仪

佛教信徒有自己独特的称谓。7岁以上20岁以下受过十戒(除不杀生、不偷盗、不邪淫、不妄语、不饮酒食肉这"五戒"外,再加上不著花鬘璎珞香油涂身、不自作亦不视听歌舞、不坐高广大床、不非时食、不蓄金银财宝)的男子叫"沙弥",俗称"小和尚";7岁以上20岁以下受过十戒的女子叫"沙弥尼",俗称"小尼姑";年满18岁的受过十戒的女性,在受具足戒以前,要用两年左右的时间受"六法戒"(戒不尊敬佛、法、僧、戒、定、诸善知识六项),此时称为"式叉摩那",俗称"学戒尼";出家后受过具足戒(比丘具足戒有250条)的男僧人叫"比丘";出家后受过具足戒(比丘尼具足戒有 348 条)的女僧人叫"比丘尼";"法师",是对佛教界中通晓佛理、学养深厚人士的尊称,也用于对一般僧人的尊称;对寺院主管僧人,称呼"住持"或"方丈"、"长老"。遵守五戒、在家修持的佛教徒,叫"居士",其中女居士被称为"优婆夷",意译"近善女"、"信女",男居士被称为"优婆塞",意译"近善男"("善男信女"由此而来)。比丘、比丘尼为"出家二众",优婆夷、优婆塞为"在家男女二众",合称为"四众弟子"。比丘、比丘尼、沙弥、沙弥尼合称为"出家四众";如加上式叉摩那,则称为"出家五众"。出家五众加在家二众则称为"七众"。

佛教信徒有自己独特的礼节。常见礼节是"合十",行礼时左右合掌,十指并拢,置于胸前,表示衷心的敬意;围着佛像按顺时针方向绕行一周、三周或千百周,表示对佛的敬仰,叫"绕佛";行礼时先立正双手合十,然后屈膝向下,五体(两膝、两肘和头)着地,用头去顶触佛足或受礼者之足,叫"顶礼",为极高的礼节,在藏传佛教中较为多见。参观寺院应遵循其礼规:进入寺院礼佛或礼拜经幢、经塔等,应按顺时针方向行进,否则被视为倒行逆施,会使僧人或虔诚信徒反感。

佛教的主要节日有佛诞节和盂兰盆节。佛诞节(浴佛法会),纪念释迦牟尼诞生。汉族地区在农历四月初八举行。在大殿或露天放一水盆,供数寸高的释迦牟尼诞生像,教徒们用香水沐浴佛像,以示欢庆和虔诚之心。云南傣族地区,浴佛庆典与傣历新年习俗逐渐合并,演化为四月中旬的泼水节。盂兰盆节,也称盂兰盆会或中元节,佛教徒借以超度祖先。中国、日本在农历七月十五举行。届时向僧众散斋饭,寺院举办水陆道场、放焰口(施食于饿鬼)等活动。

佛教的主要仪式有水陆法会和焰口(指称饿鬼。佛经中说,有一饿鬼名"焰口")施食。水陆法会,全称法界圣凡水陆普度大斋盛会,是中国佛教中非常隆重的活动,时间少则 7 天,多则 49

天。法事期间以各种食品供奉诸佛、菩萨、各路神仙乃至地狱里的饿鬼和众生,并举行诵经礼佛、追念亡灵等仪式。焰口施食,本为密宗僧人为免遭饿鬼之运向鬼神施舍食物的仪式,一般在黄昏举行,现多在重大法会结束之日或丧事期间举行,是超度饿鬼和追念死者的佛事之一。

第三节 道 教

一、道教简史

道教起源于中国本土。从历史渊源来说,道教是从古代的鬼魂崇拜发展而来的,同时还掺杂了秦汉时期的神仙信仰和黄老道术。所以道教的思想渊源主要有三个方面:一是中国古代的鬼魂崇拜,二是战国以来的神仙方术,三是秦汉时期的黄老道。

道教成为一个有组织的独立的宗教,是在东汉时期。东汉顺帝年间(126～144年),沛国丰(今江苏丰县)人张道陵在四川的鹤鸣山学道,依据《太平经》造作道书24篇,自称出于太上老君的口授,并依据巴蜀地区少数民族的民间信仰,创立了道派。因为入道信徒均须交纳五斗米,所以称为"五斗米道"。后来张道陵的儿子张衡和孙子张鲁继承和发展了五斗米道,他们教人悔过奉道,以符水咒语治病。此派教徒奉张道陵为天师,所以又称"天师道"。

东汉时期道教还有另外一个教派叫"太平道",是由巨鹿(今河北平乡)人张角创立于东汉灵帝的熹平年间(172～178年)。最初,张角自称"大贤良师",侍奉黄老道,收养徒弟,跪拜认错,以符水咒语为人治病,百姓们都非常信仰。太平道最初的起因,也和于吉、宫崇的太平青领道有关。汉顺帝时,琅玡宫崇向朝廷奉献其师于吉在曲阳泉水上所得神书《太平青领书》，共一百七十卷，内容以阴阳五行为主而多巫觋杂语，朝廷以其妖妄不经而收藏起来。后来张角得到此书，利用其中的宗教政治思想，创建起太平道。张角"以善道教化天下"，互相传播，十几年间道徒达到数十万人，青、徐、幽、冀、荆、扬、兖、豫八州之人都起来响应，于是建置了三十六方，大方万余人，小方六七千，各立将帅。又打出口号说："苍天已死，黄天当立，岁在甲子，天下大吉。"到中平元年(184年)，张角便利用太平道这一宗教组织发动起义，此即历史上有名的黄巾起义。当时三十六方一起发动，以黄巾为标志，张角称天公将军，张角弟张宝称地公将军，张宝弟张梁称人公将军，烧毁官府，攻占州郡，京城震动。黄巾起义遭镇压而失败，张角病死，其弟阵亡，太平道从此转为在民间流传。

道教在魏晋时期有一个较大的发展。东晋时的葛洪从神仙方术角度发展了道教，创立了道教的丹鼎一系。其代表性著作是《抱朴子》。《抱朴子》分内外两篇。内篇主要讲神仙方药、鬼神变化、养生延年、禳邪去祸，属于道教。外篇讲人间得失、世事臧否，属于儒家。葛洪提出了以神仙养生为内、儒术应世为外的主张，将道教的神仙方术和儒家的纲常名教结合起来，为上层化的官方道教奠定了理论基础。后来经过南朝齐、梁时道教学者陶弘景的发展，形成经箓系，史称"南天师道"。

南北朝时期，道教的最大发展是北魏寇谦之改革"五斗米道"，创立"北天师道"。寇谦之原来是北魏嵩岳道士，自称太上老君授予天师之位，命其改革、整顿道教。通过他的改革，道教由原来的民间宗教变成了官方宗教。道教在统治阶级的支持下开始大行其道。

从隋唐至明代中叶，道教进入兴盛时期，其教义、仪式逐渐完备，经典体系形成，存在全国性的组织管理体制和道官系统。在此期间，唐朝皇室自认为是道教教主李耳的后裔，尊老子为"太上玄元皇帝"。宋代皇室也自称其祖赵玄朗为道教尊神,加封老子为"太上老君混元上德皇帝"。南宋、金时期,国家南北分裂,道教也形成众多派别,主要是南方的正一道(原为天师道)和北方的全真道。正一道是道教各符箓派的总称,活动中心在江西龙虎山,世代道首均由张道陵后代世袭,被称为张天师;不重修持,而崇拜神仙,画符念咒,降神驱鬼;道士可以娶妻生子,不必出家。俗称"火居道士"、"俗家道士"。全真道创始人是金代的王重阳,活动中心为北京白云观;吸收儒、佛思想,不尚符箓,主张通过修行得道;教规严格,道士不能娶妻生子,须过出家人生活。清代以后,道教逐渐衰微,其管理制度基本因袭明代。

　　道教教义的基本内容有两点。一是认为"道"是灵而有性的神异之物,是宇宙天地万物的本源,"道"生宇宙,宇宙生元气,元气演化成天地、阴阳、四时、五行,乃至万物。二是追求长生不老、肉身成仙。许多宗教认为人生充满苦难,不值得留恋,只能寄希望于来世或彼岸世界。道教则认为生活在世上是快乐的事,相信人通过修炼可以得道飞升,进入仙境,在现世当活神仙。由此提出一整套修炼的道功道术,如吃丹药,练拳法(今天的太极拳、形意拳、八卦掌等就是由此发展来的)。

二、道教的经典与徽志

　　道教典籍数量庞大,源出不一,内容丰富,从南北朝起就被汇成总集。以后受佛教影响,人们逐渐用"道藏"来称道教经典汇编。由唐朝到明朝,修成而通行全国的道藏有:唐《三洞琼纲》、宋《大宋天宫宝藏》和《万寿道藏》、金《大金玄都宝藏》、元《玄都宝藏》、明《正统道藏》和《万历续道藏》。千余年来《道藏》屡编屡散,屡散屡编,流传至今的主要是明朝正统年间的《正统道藏》和万历年间的《万历续道藏》。

　　道教的徽志是八卦太极图。

三、道教崇奉的神灵

道教崇奉的神灵,不仅有民间信奉的天神、人鬼、地祇,还有仿照佛教造出的新神,数量众多,大致可分为"神"和"仙"两系。

（一）神部

在"三清境"中,住着最高天尊"三清";"三清境"之下有三十二天,地上有三十六洞天、七十二福地,都住着各种神仙,如"四御"、"三元"、日月五星、四方之神,等等。流行于民间的众神也被道教供奉。

三清,既指玉清、上清、太清三清境,又指住在"三清境"的三个最高尊神。玉清指元始天尊（又称天宝君）,上清指灵宝天尊（又称太上道君）,太清指道德天尊（又称太上老君）。四御,"御"指帝王,四御是四位天帝的合称,地位仅次于三清。他们是:昊天金阙至尊玉皇大帝,即民间常说的玉皇大帝,是总执天道的神;中天紫微北极太皇大帝,协助玉帝掌管天经地纬、日月星辰和四时气候;勾陈上宫南极天皇大帝,协助玉帝掌管南北极和天地人三才,并且统领众星,主持人间兵革之事;承天效法后土皇地祇,是掌管阴阳、化育万物的女神。三官,也称三元,指上元天官、中元地官、下元水官。传说天官赐福,地官赦罪,水官解厄。此外,道教还尊奉日月五星之神、四方之神（指东方青龙、西方白虎、南方朱雀、北方玄武）。民间神祇,如雷公、风伯、龙王、关帝、文昌、门神、灶神、城隍、土地、妈祖、财神、药王等,也受崇奉。

（二）仙部

仙指神通广大、长生不死者,包括真人和仙人。他们有的来自上古神话人物,如赤松子、彭祖、广成子,有的是道教人物的仙化,如三茅真君、北五祖、南五祖、北七真,还有其他历史人物或民间传说人物,如四大真人和八仙。"八仙"即铁拐李、汉钟离、张果老、吕洞宾、曹国舅、韩湘子、蓝采和、何仙姑。

四、道教的宫观

道士修道、祀神、举行仪式及贮藏道经的场所,一般称宫、观、道观,规模较小的称道院,也有的称庙,如城隍庙、关帝庙、土地庙、雷公庙、妈祖庙。

道教各派的宫观在建筑样式上与传统的宫室殿宇相似,一般包括前庭、中庭、寮房三部分。前庭包括山门、华表、幡杆、钟楼、鼓楼。华表以外属于俗界,华表以内属于仙界。山门前建有影壁,据说可以藏风聚气和辟邪。山门两旁有石狮,以示神威。中庭是宫观的主要部分,建有神殿。殿堂设置大致分两类。一类以天尊殿(供奉三清、玉皇、四御、三官、斗姆)为主殿,陪祀其他仙真(王灵官、圣母之君或慈航天尊、救苦天尊,以及祖师真圣)。另一类以祖师殿为中心,陪祀三清、玉皇诸大神,道派色彩较浓。寮房属生活区,除客堂、斋堂、厨房、宿舍外,有的还建有亭台楼阁,使道士在修炼中更加接近自然。

道观盛行以壁画作为殿堂的装饰,其装饰图案除八仙故事等人物图案外,一般有八卦太极、四灵、暗八仙,动物中的鹤、鹿、龟,植物中的灵芝、仙草等。暗八仙是指八仙手持之物葫芦(代表铁拐李)、扇子(代表汉钟离)、拍板(代表张果老)、宝剑(代表吕洞宾)、渔鼓(代表曹国舅)、笛子(代表韩湘子)、花篮(代表蓝采和)和荷花(代表何仙姑),以示神仙和吉祥的到来。动植物图案中的鹤、鹿、龟、灵芝、仙草等都象征长寿和长生不老。

五、道教的礼仪

道教的称谓较简单,男的称道士,女的称道姑,掌管一观实际事务的首领称住持,地位最高的道观首领称方丈(实为荣誉职务)。没有受戒的教徒,称为道童,女的称为女道童。

道士的一般装束是:衣服从内到外一律圆领,外穿蓝色大褂或道袍,袖口宽二尺左右,头戴偃月冠、一字巾,脚穿高筒白布袜、青布双梁鞋。

　　道士除日常念经、修心外,还须斋醮、建醮。斋醮(供斋醮神),俗称"作法事",祈告神灵消灾赐福,是道教常见仪式。大致程序是:先设坛摆供,而后焚香、化符、念咒、诵经、赞颂。仪式进行中有烛灯、音乐配合。主祭者要带领徒众走所谓"禹步"(禹治水,病足,跛行,人称"禹步"。巫师、道士作法时亦效禹步:右足先前迈,左足跟进并拢,如此反复进行)。斋醮因对象目的的不同而有不同的种类,仪式和程序也有所不同。建醮,即作道场,设坛为亡魂祈祷。每年清明、农历七月十五和十月初一举行,为羽化(死去)的道士超度亡灵。信徒、百姓为了祛病延寿,祝寿庆贺或超度亡灵,也出资请道士作道场。

　　道教以各种神和仙以及各派祖师的生日为节日,要举行隆重的斋醮,有的还举办庙会集市。因崇奉对象数量极多,故节日也数不胜数,如:三清节,即冬至日元始天尊圣诞,夏至日灵宝天尊圣诞,二月十五日道德天尊圣诞;三元节,即正月十五上元天官节,七月十五中元天官节,十月十五下元天官节;正月九日为玉皇大帝圣诞;三月三日为王母娘娘圣诞,即传说中的蟠桃节;四月四日为吕洞宾祖师圣诞。

第四节　基　督　教

一、基督教简史

　　基督教包括天主教、东正教、新教和其他一些较小的派别。早期基督教是犹太教的一个下层派别,产生于1世纪前后的巴勒斯坦地区,由巴勒斯坦拿撒勒人耶稣创立。后来,该派与犹太教逐渐分离,形成新的宗教,即基督教。

基督教的教义认为:有一个主宰世界的神(上帝),他创造了人类和整个世界,他"全智、全善、无所不在、无所不能";人类的始祖对上帝犯了罪,因此人生而有罪(有所谓原罪,即人类的始祖亚当和夏娃偷吃伊甸园的禁果,被上帝驱出伊甸园),应受惩罚;上帝为了拯救世人,就派自己的独生儿子耶稣基督降世;耶稣基督被钉死在十字架上,用自己的鲜血来洗净信徒的原罪;基督以后还要降世,他将审判活人和死人;人世间充满苦难,人类只有信仰上帝和基督,不断赎罪,才能获救,死后灵魂升入天堂,否则将入地狱。

该教形成后在罗马帝国许多地区流传,最初多次受到镇压,后来又受到安抚。公元4世纪,基督教在晚期罗马帝国被定为国教,教会和封建统治集团合在一起。5世纪时,罗马帝国分裂为东、西罗马,基督教也分裂为东、西两派。东派以君士坦丁堡(今伊斯坦布尔)为中心,自认为是正统派,称"正教",在我国习称"东正教"。西派以罗马城为中心,自称"公教",我国称之为"天主教"。罗马主教成为整个西派的首领,以后逐渐形成教皇制。进入中世纪后,基督教成为整个欧洲占统治地位的宗教,对欧美各国的历史、文化产生深远的影响。16世纪,欧洲出现宗教改革运动,罗马公教内部陆续分化出脱离天主教会的派别,目前大约有六百多个,统称"新教"。"新教"反对教皇的绝对权威,不接受教皇支配,不承认天主教的某些教义,我国习惯称之为"基督教"或"耶稣教"。基督教新教、东正教和天主教成为基督教三大主流教派。

基督教于7世纪传入中国,经历几次反复。历史上有基督教四传中国之说。基督教一传中国是在唐朝贞观年间。流行于中亚的基督教聂斯脱利派(景教)从波斯来到中国传教,很快取得了"法流十道"、"寺满百城"的成功。但在845年唐武宗崇道毁佛的风云中,被作为"胡教"与其他外来宗教一起遭到厄运。基督教二传中国是在元朝。景教在这个时期开始复兴,罗马天主教教廷也派修士来华传教。随着元朝的灭亡,中国基督教也随着消失了。第三个时期是明末清初。为了使基督教在中国能够迅速传播,以天主教耶稣会士利玛窦为代表的来华传教士,既穿儒服、学汉语,又介绍近代西方科学技术知识,在华开展了广泛而深入的传教活动,力图使基督教教义适应中国传统文化。第四个时期是鸦片战争以后。欧美各国传教士(尤以新教各派居多)纷纷来华,在一系列不平等条约的保护下,足迹遍布中国的城镇乡村,教堂数量和信徒人数迅速增加。基督教的影响前所未有地深入中国社会。新中国成立后,中国基督教(新教)和天主教开展了反对帝国主义利用宗教进行反革命活动的反帝爱国活动,确定中国基督教(新教)和天主教实行自治、自传、自养的"三自"革新方针,摆脱了外国反动势力的控制,成为由中国教徒自己办的宗教事业。

二、基督教的经典与徽志

基督教以《旧约全书》和《新约全书》(合称《圣经》)为经典。约,是约定、契约之意。基督教认为,《旧约》是上帝与犹太教订立的契约,为基督教所继承;《新约》是上帝通过耶稣基督与人类另立的契约。《旧约》用希伯来文写成,《新约》用希腊文写成。

十字架是基督教的徽志。十字架本为古罗马刑具,基督教相信耶稣是为世人赎罪而被钉在十字架上受难而死,从此视十字架为上帝给予世人的福音和象征,作为信仰的标记。十字架样式很多,一般说天主教多用纵长方形十字架,而东正教多用正方形十字架。

三、基督教崇奉的神灵

基督教信仰上帝、耶稣基督、圣玛利亚、圣徒、天使等。上帝,是"耶和华"的汉文意译;基督教继承了犹太教对上帝的信仰,把上帝视为世界万物的创造者和主宰者,也视为圣父。耶稣基督,是上帝之子,因人类有罪无法自救而被派到世上拯救人类。圣玛利亚,因受圣灵感孕而生耶稣,被称为圣母。基督的门徒共有十二个,除出卖耶稣的犹大以外,均受到信徒的普遍敬仰,被称为"圣徒"。天使,被看作上帝创造出来并派往人世间传达贯彻上帝旨意的使者。

四、基督教教堂

教堂是教徒举行宗教仪式的场所。风格有拜占庭式(中央圆顶形式的结构及其内部金碧辉煌的装修,东正教教堂多用此形式)、罗马式(以厚实的砖石墙、半圆形拱券、逐层挑出的门框装饰和交叉拱顶结构为主要特征,如意大利比萨教堂、法国普瓦蒂埃圣母教堂)、哥特式(广泛地运用线条轻快的尖拱券、造型挺秀的小尖塔、轻盈通透的飞扶壁、修长的立柱或簇柱,以及彩色玻璃镶嵌的花窗,造成一种向上升华、天国神秘的幻觉,如法国巴黎圣母院、德国科隆大教堂、英国林肯教堂、意大利米兰教堂)和文艺复兴式(造型上排斥象征神权至上的哥特式建筑风格,提倡复兴古罗马时期的建筑形式,特别是古典柱式比例、半圆形拱券、以穹隆为中心的建筑形体)等。教堂内的装饰和布局因教派不同或所在国家和地区的不同而各有特点。一般来说天主教教堂内部装饰华丽。例如巴黎圣母院,有祭坛、圣像、圣画、色彩斑斓的玻璃花窗,构成充满神圣感和神秘气氛的宗教世界。新教重讲道,反对教堂的神秘气氛,教堂趋于简朴,不设祭坛,也不尚圣像、圣画、雕塑、彩色玻璃等装饰,内部多为长方形礼堂,讲台面向会众。东正教教堂以拜占庭式建筑为主,内有祭坛、圣像、圣画(镶嵌画是一大特色)等,装饰富丽堂皇。通常还设有一道屏风,把圣所与其他部分隔开。天主教教堂也称天主堂,新教教堂也称礼拜堂。

基督教三大主流教派在中国均建有教堂。北京南堂,在前门西大街,始建于 1606 年,是北京现存最古老的天主教堂;现存的古碑和铁十字架是明代旧堂遗物。北京崇文门教堂,1982 年后改称现名,是新教在北京设立的第一所教堂。哈尔滨尼古拉教堂,位于哈尔滨市南岗区,为东正教教堂。广州圣心大教堂,位于广州市一德路,为天主教教堂,是国内最高的哥特式建筑。

五、基督教的礼仪

基督教因教派多,其称谓也较复杂。对主持仪式、负责一个教堂教务的职业宗教人员的称呼,新教多数教派称之为“牧师”(原意是牧羊人);天主教和东正教则称之为“神甫”或“神父”,正式职称为“司铎”。主教,指主管一个教区教务的神职人员。大主教,天主教总管一省范围各个教区(教省或大教区)的主教。枢机大主教(中国人也称“红衣大主教”),是天主教中最高一级的主教,由教皇亲自任命。教皇,天主教教会的最高首领,教廷设在罗马城西北角的梵蒂冈。

基督教的仪式有礼拜和弥撒。礼拜,是基督教教徒日常的主要宗教活动,多在星期日由牧师或神甫在教堂主持,内容有祈祷、读经、唱诗、讲道等。弥撒,是基督教纪念耶稣牺牲的一项隆重的宗教仪式,象征重演耶稣为救赎人类在十字架上对上帝的祭献,包括重温耶稣遗训、分饼(象征圣体)等一整套复杂的礼仪;只有神甫和主教有权主持。现在多数新教教派已不再举行弥撒,只保留不同形式的圣餐仪式。

基督教的节日有圣诞节和复活节。圣诞节,是纪念耶稣诞生的节日。在每年 12 月 25 日,各教会、各教堂都要举行隆重的纪念活动。普通人则互赠礼物,举行欢宴,并以圣诞老人、圣诞树来增添节日的喜庆。复活节,是纪念耶稣“复活”的节日;《新约》记载耶稣被钉死在十字架后第三日复活,天主教和新教在每年 3 月 21 日和 4 月 25 日之间举行,人们互赠复活彩蛋,象征生命和繁荣。

第五节　伊斯兰教

一、伊斯兰教简史

"伊斯兰"是阿拉伯语的音译,意思是"顺服"。伊斯兰教的信徒通称为"穆斯林",意为"顺服者"。

7世纪初,阿拉伯半岛麦加人穆罕默德针对动荡的社会,提出一系列改良主张,并宣布安拉是宇宙万物的唯一主宰,自己是安拉在这个世界的最后一位使者,号召人们顺服安拉。他的主张和宣示受到人民广泛拥护,伊斯兰教从此创立。后来,他带领信徒从麦加迁往麦地那,建立阿拉伯半岛第一个政教合一的政权。他去世后,继任者统一了阿拉伯半岛,进而建立起地跨欧、亚、非三洲的阿拉伯帝国。伊斯兰教遂发展为半岛的统治宗教;8世纪初,又发展为跨欧、亚、非三洲的世界性宗教。伊斯兰教在发展过程中形成不同的教派,现今最主要的是逊尼派和什叶派。

伊斯兰教有信安拉、信天使、信使者、信经典、信后世、信前定六大基本信仰(六信)和念功、拜功、斋功、课功、朝功五项宗教课(五功)。信徒不仅以之为宗教仪轨,而且以之为日常生活的道德规范和社会习俗。

伊斯兰教传入中国,大约在7世纪中叶(唐朝初年)。主要是随大食(阿拉伯)人来中国经商而传入。在唐朝至元朝的数百年间,不同身份的穆斯林陆续来到中国,分布于各地,与中国人长期杂居融合,变侨居为永久居住,中国的回民族在这一时期开始形成。伊斯兰教也在中国社会扎下根,在以后的发展中逐渐形成有别于其他国家和地区的带有中国特点的伊斯兰教;至今,仍在回、维吾尔、哈萨克、乌孜别克、塔吉克、塔塔尔、柯尔克孜、撒拉、东乡、保安等10个少数民族中流行。

二、伊斯兰教的经典和徽志

《古兰经》和《圣训》是伊斯兰教的主要经典。《古兰经》(又译为"可兰经"),是穆罕默德在创教过程中向信徒传达的关于安拉的启示,穆罕默德逝世后由继任者整理成书;主要记载穆罕默德的生平、传教、教义、教规,还涉及古代阿拉伯历史和穆斯林的社会生活。它是宗教法的依据,也是世俗法规的依据,至今在穆斯林宗教生活和世俗生活中仍占重要地位。《圣训》(也称"穆罕默德言行录"),记录穆罕默德在创教过程中口述的关于安拉启示以外的言论,内容包括对宗教和社会事务的看法以及对《古兰经》的解释。这些言论最初只由弟子口头相传,在穆罕默德逝世后一百多年才被陆续辑录成册,以辨别传述的真伪。目前伊斯兰教各派所奉《圣训》虽然不尽一致,但是都承认它的权威仅次于《古兰经》,是教法和民法的依据。

新月是伊斯兰教的徽志,它被树立在许多伊斯兰教建筑的屋顶上。

三、伊斯兰教崇奉的神灵

伊斯兰教崇奉安拉、使者和天使。安拉是独一无二的真主,安拉之外别无神灵。穆罕默德是真主的最后一位使者,也是最伟大的使者。天使,是安拉创造的,受安拉差遣,传达安拉的旨意。《古兰经》记载有四大天使。伊斯兰教不供奉任何偶像。

四、伊斯兰教的礼仪

伊斯兰教常用的称谓有阿訇、伊玛目。阿訇是波斯语的音译,原意为"教师"。在我国,通称伊斯兰教宗教职业者为阿訇,新疆有些穆斯林称阿訇为毛拉(阿拉伯语音译),意为"伊斯兰学者"。

伊玛目,指清真寺里主持礼拜的人,有时也指教长。

伊斯兰教最主要的礼仪体现在念、拜、斋、课、朝"五善功"。念功是指信徒在重要的宗教活动场合必须表白信仰,念诵"万物非主,唯有真主,穆罕默德是主的使者"(我国穆斯林称之为"清真言")。拜功是指穆斯林定时向麦加方向礼拜,分日礼(每天五次)、聚礼(每周五午后一次)、会礼(每年两次);礼拜前要沐浴,礼拜时要念诵清真言。斋功是指信徒于每年斋月(回历9月)时,每天从黎明到日落要戒饮食,待日落后才能进清淡食物。课功是指每个有财产的教徒应缴纳一定的赈济税。朝功是指教徒在一生中,应尽可能到"天房"(麦加的克尔伯古庙)朝觐一次。

伊斯兰教有开斋节、宰牲节、圣纪节三大节日。开斋节(我国新疆地区称肉孜节),时间在斋月结束后的次日,即回历10月1日;届时穆斯林要前往清真寺参加会礼,举行庆祝活动。宰牲节(也称古尔邦节),时间在回历12月10日朝觐麦加活动的最后一天,是中国穆斯林最大的节日;据传,易卜拉欣受安拉的"启示",命他杀儿献祭,以考验他对安拉的忠诚。当易卜拉欣遵命执行时,安拉又命以羊代替,遂产生宰牲节。穆斯林每逢此节日都要举行会礼、宰牲献主等活动。圣纪节,是纪念穆罕默德诞生的节日,时间在回历3月12日;这一天也是穆罕默德的忌日,所以中国穆斯林又称这一天为"圣忌";纪念活动多在清真寺举行,由阿訇念经,赞圣,讲述穆罕默德生平业绩;仪式结束后有的穆斯林还举行聚餐活动。

五、清真寺的布局

清真寺(礼拜寺)是伊斯兰教举行宗教仪式、传授教义的场所,一般由大殿、望月楼、宣礼塔、讲经堂和沐浴室组成。礼拜大殿是主体建筑,一律背朝麦加,在中国即坐西朝东。大殿内设置较简朴,不摆设塑像,墙壁上不绘景物,只有阿拉伯艺术字体和几何图案。大殿正面后墙（背靠麦加一侧的墙，在中国即大殿西墙）正中有一壁龛，用以指示朝拜方向。壁龛右前方设宣讲坛，称敏拜尔或敏拜楼。参加礼拜的人必须先盥洗，脱鞋，才能进入大殿。

　　清真寺的建筑风格主要有阿拉伯式（或中亚式）和中国传统四合院式两种。阿拉伯式，大殿上有圆形拱顶，有的还单独建有尖塔式邦克楼，供观月和呼唤教徒做礼拜用。这种风格的清真寺大多在新疆和沿海地区，较著名的有新疆喀什的艾提尕尔清真寺、广州怀圣寺（也称光塔寺）、泉州圣友寺（也称清净寺）、杭州真教寺（也称凤凰寺）。后面二寺并称中国沿海伊斯兰教三大古寺。中国传统式，门前左龙右虎，中间有山门殿，进门有照壁，院内除大殿外，还有楼阁碑亭，到处雕梁画栋，悬匾挂联。这种清真寺多集中在内地，较著名的有西安化觉寺，西宁东关清真寺，宁夏银川大寺、同心清真大寺，北京牛街礼拜寺、东四清真大寺，新疆乌鲁木齐大寺。

思考题：

　　1. 宗教的社会功能和社会作用是什么？

　　2. 我国宗教信仰政策有哪些特点？

　　3. 世界四大宗教产生历史背景是怎样的？

　　4. 宗教教义、经典、神灵、宗教仪式对宗教延续的作用是什么？

　　5. 宗教传播过程的影响因素有哪些？

第六章　中国的民族民俗

本章导读

通过本章学习：

——了解中国的人口构成、民族分布、语言文字状况；了解各少数民族的地域分布、语系特征及宗教信仰。

——识记汉族及主要少数民族节庆节日，各少数民族文化遗产。

——掌握各少数民族的饮食、服饰、舞蹈、曲艺及礼仪禁忌。

第一节　中国民族民俗概况

一、中国的民族

（一）民族的内涵

广义的"民族"指处于不同社会发展阶段的各种人们的共同体，如古代民族、近代民族、现代民族等；或在习惯上用以指一个国家或一个地区的各民族，如中华民族、阿拉伯民族等。

狭义的"民族"是指人类在原始社会崩溃、阶级社会确立时期形成的具有共同语言、共同地域、共同经济生活以及表现在共同文化上的共同心理素质的稳定的共同体。

（二）中国的民族族称和人口

我国自古以来就生活着众多的民族。在几千年的岁月里，各民族之间互相融合,互相渗透,发展成现在的 56 个民族。截至 2005 年年末,我国总人口约 13.07 亿人,其中,汉族人口最多,约有 11.83 亿人,占全国人口总数的 90.56%。少数民族是人口比汉族少的民族的泛称,我国共有少数民族 55 个。少数民族人口约有 1.23 亿人,占全国人口总数的 9.44%。全国 55 个少数民族的名称为:蒙古、回、藏、维吾尔、苗、彝、壮、布依、朝鲜、满、侗、瑶、白、土家、哈尼、哈萨克、黎、傣、畲、傈僳、仡佬、拉祜、东乡、佤、水、纳西、羌、土、锡伯、仫佬、柯尔克孜、达斡尔、景颇、撒拉、布朗、毛南、塔吉克、普米、阿昌、怒、鄂温克、京、基诺、德昂、乌孜别克、俄罗斯、裕固、保安、门巴、塔塔尔、独龙、鄂伦春、赫哲、高山和珞巴。

中国少数民族人口超过 500 万的主要有壮、满、回、苗、维吾尔、土家、彝、蒙古、藏等民族。人口最多的少数民族是壮族,人口最少的少数民族是珞巴族。

(三)中国民族的分布状况及语言文字

我国人口的分布呈东南密、西北疏的格局。汉族多聚居在东南,少数民族多居住在人口稀疏的边疆地区,但两者之间并无明显界线,形成了以汉族为主体的大杂居、小聚居、交错居住的格局。少数民族人口所占的比例虽小,但分布地区很广,约占全国总面积的 60% 以上。这种居住格局决定了中国各民族之间,特别是汉族和少数民族之间,在政治、经济、文化等方面相互依赖的密切关系。

我国少数民族中分布最广的是回族,少数民族聚居最多的省份是云南省,在那里居住着 25 个民族。

语言是各民族之间进行交际、交流思想的工具。我国 56 个民族都有自己本民族的语言,它们分属汉藏语系、阿尔泰语系、马来—波利尼西亚语系和印欧语系。我国是汉藏语系的发源地,使用汉藏语系语言的人绝大部分在中国。汉语不仅是人口最多的汉族的共同语言,而且回族、畲族和大部分满族也使用汉语。由于各民族之间自古以来迁徙频繁,交错杂居,经济文化及语言上不断交流,所以各民族之间利用汉语作为共同语言的情况与日俱增。

二、中国的民俗

（一）民俗的概念

民俗就是一定地域的特定人群在生产、生活和生存发展中所形成的行为和思想的习惯性事象。也就是大家习以为常、进而能够自觉奉行的惯制。它是广大中下层人民所创造和传承的民间社会生活文化,是传统文化的基础和重要组成部分。民俗的形成与地理环境、经济、政治、民族、宗教及语言等因素关系密切。民俗在人民群众中具有历史功能、教育功能和娱乐功能。

（二）中国民俗文化的类型

中国的民俗文化可以分为以下四类。

1. 经济民俗:包括居住、服饰、饮食、生产、交通和交易等。

2. 社会民俗:包括家族和亲族、乡里及都市社会、人生礼节及岁时节日等。

3. 精神民俗:包括信仰、迷信、巫术、宗教、禁忌、道德和礼仪等。

4. 游艺民俗:包括民间旅行、民间口头文学、民间文化娱乐、民间传统竞技和民间杂艺等。

由于中国地域辽阔,民族众多,"十里不同风,百里不同俗",各民族各地区在长期历史发展中形成了鲜明的独特的风俗民情,使中华民族文化更加绚烂多彩。

作为旅游工作者和旅游者,对中国各民族的风俗,既不能把它看做完美无缺的东西一概加以肯定,也不能采取虚无主义的态度加以否定,而应该尊重其"保持和改革自己风俗习惯的自由"的权利,入乡问俗,入乡问禁,入乡随俗。

第二节　汉族及其主要传统节日

一、汉民族的形成

汉族的形成不是一蹴而就的,它经历了夏、商、周、楚、越等族从部落到民族的发展过程,又经历了夏、商、周、楚、越等族及部分蛮、夷、戎、狄融合成华夏民族的阶段,最后形成于汉代。

汉族原称"华夏族",又称诸夏或单称华、夏。"华夏"是春秋时以夏、商、周三族及夷为主源,部分蛮、戎、狄为支源融合形成的新民族的族称。华夏民族发展、转化为汉族的标志是汉族族称的确定。华夏民族统一于秦王朝,其族称曾经改称为"秦人",西域各国就有称华夏民族为"秦人"的习惯。但是秦王朝短命的国运,使"秦人"的称呼很快被人们遗忘了。而汉王朝从西汉到东汉前后长达400多年,为汉朝之名兼华夏民族之名提供了历史条件。另外,汉王朝国势强盛,在对外交往中,其他民族称汉朝的军队为"汉兵",汉朝的使者为"汉使",汉朝的人为"汉人"。于是,在汉王朝通西域、伐匈奴、平西羌、征朝鲜、服西南夷、收闽粤南粤,与周边少数民族进行空前频繁的各种交往活动中,汉朝之名遂被他族称呼为华夏民族之名。吕思勉说:"汉族之名,起于刘邦称帝之后。"(《先秦史》,上海古籍出版社1983年版。)吕振羽则说:"华族自前汉的武帝宣帝以后,便开始叫汉族。"(《中国民族简史》,三联书店1950年版。)总而言之,汉族之名自汉王朝始称。

二、语言文字

汉语属汉藏语系汉语族,分为北方、吴、湘、赣、客家、闽、粤等七大方言。现代汉语的共同语是以北方方言为基础,以北京语音为标准音,以典范的白话文著作作为语法规范的现代汉语普通话。汉字是世界上最古老的文字之一,已有 6000 年左右的历史,由甲骨文、金文逐渐演变成今天的方块字,共有四万个字以上,通用的有七千字左右。由于汉字的高度统一,对汉族具有强大的内聚作用。

三、民族服饰

汉族的服饰比较复杂,从古到今,变化很大。古代服装有裙装、袍服、襦裤服等。到近现代,男子穿简化了的长衫和马褂,头戴呢帽、皮帽、毛线帽,也有的穿西式礼服、戴呢帽;女子最初穿简化了的上衣下裙,以后流行穿改良的旗袍,也有的以连衣裙做礼服。公职人员和知识分子穿中山装,城乡男女则穿对襟和大襟式的衣服。20 世纪 50 年代,城市男女多穿蓝干部服,男女服装的区别只在于领口不同和衣袋的多少,进入 80 年代以后各地流行起西服、夹克、风衣、运动衫、呢大衣、羽绒服等,特别是女青年的服装更是款式新颖多样,追逐着服装时尚的新潮流。

四、传统饮食

汉族主要从事农业,主食以小麦、玉米、稻米等为主,辅以蔬菜、豆制品和鸡、鱼、猪、牛、羊肉等副食,茶和酒是传统饮料。以大米为主食的,习惯将大米做成米饭、粥或米粉、米糕、汤圆、粽子、年糕等各种不同的食品;以小麦为主食的,习惯将麦面做成馒头、面条、花卷、包子、饺子、馄饨、油条、春卷、炸糕、煎饼等。讲究并擅于烹饪,是汉族的一大饮食特点。不同地区的汉族人民以炒、烧、煎、煮、蒸、烤和凉拌等烹饪方式,经过长期的实践,形成了不同的地方风味。汉族的粤、闽、皖、鲁、川、湘、浙、苏等八大菜系,闻名于海内外。

五、传统民居

汉族传统住房因地区不同而有不同的样式。华北平原传统住房多为砖木结构的平房,院落多为四合院式,以北京四合院为代表;东北传统住房与华北基本相似,为了保暖,墙壁和屋顶都很厚实;陕北传统住房为窑洞,冬暖夏凉,且不占耕地面积;南方的传统住房以木建房为主,讲究飞檐重阁和榫卯结构。南方各地在建筑布局上也有差异,丘陵山地的楼房依山而建,江浙水乡则注重前街后河,福建的土楼庞大而美观,苏州的楼阁小巧而秀丽。

无论是南方还是北方的汉族,其传统民居的共同特点都是坐北朝南,注重室内采光;以木梁承重,以砖、石、土砌护墙;以堂屋为中心,以雕梁画栋和装饰屋顶、檐口见长。

六、主要传统节日

(一)春节

夏历(农历)的正月初一,汉武帝时代编定的太初历把它确定为"岁首",此后经过长期的演进,会聚了许多节日和习俗,才成为一个辞旧迎新的错综复杂的节日。今天的春节节日面貌基本形成于宋代,成为自腊月廿四日至正月十五日,持续近一个月的综合性节日。过去把正月初一称为"元旦",即新年的第一天,辛亥革命后把公历1月1日称为"元旦"。新中国成立后全国统一以公历的1月1日为新年,而把农历的正月初一改称为"春节"。自此,春节成为中华民族共同的最隆重的传统佳节。

春节的活动内容丰富多彩,前后有祭灶神、扫尘、剪窗花、挂年画、贴春联、放鞭炮、守岁、拜年、祭祖、迎灶神等,多具生活情趣。(1)挂年画。新年挂年画的习俗起源很早,以求喜庆吉祥。同时,还贴门神。神荼、郁垒是传说中的门神,唐代以前多以桃符画门神贴于大门,用来驱灾辟邪。(2)贴春联。五代时开始在桃符上用题诗或联语来代替门神,称"门联"。明代以后,门联改名春联,且题写春联之俗更盛。(3)守岁。除夕之夜,家家围炉团坐,通宵不寐,叙旧话新,迎接新年,俗称"守岁"。(4)拜年。新年期间,亲友相互庆贺送礼,旧称拜年。相传此俗源于远古,拜年之风至宋代已十分盛行。(5)放鞭炮。春节点爆竹,汉代已见记载,宋代更加普遍。宋代由于火药发明,改用"纸卷裹火药,燃之发声",声尤震耳,故称"爆仗"。春节期间,各种丰富多彩的娱乐活动也竞相开展,有耍狮子、舞龙灯、扭秧歌、踩高跷、跑旱船及杂耍、诸戏等,为新春佳节增添了浓郁的喜庆气氛。

(二)元宵节

元宵节又名上元节,指正月十五日,即农历新的一年里第一个月圆之夜,古代称夜为"宵",故称"元宵节",是我国传统节日中的大节。因元宵的主要节俗活动有施放花炮烟火、张灯、赏灯等,故又称"灯节"。此外,还有耍狮子、舞龙灯、踩高跷、跑旱船、猜灯谜和吃元宵(汤团)等习俗。(1)张灯。元宵节张灯习俗起源于汉代,在南北朝时蔚然成风。当时已有油灯、漆灯、燃香、点蜡等。(2)猜灯谜。谜语在我国早已流行,秦汉时期已较普遍。元代开始把谜语贴在花灯上,成为灯谜,让人猜测,增加节日的情趣。(3)吃元宵。元宵在南方多叫水团、汤团,是重要的节日食品,民间认为吃汤团有家人团圆、幸福吉利、新一年圆满顺遂之意。

(三)清明节

清明属我国二十四节气之一,也是传统节日。节期在公历4月4、5或6日。约于春秋时期,传说人们为纪念介子推而禁火寒食,有了寒食节。清明是个节令,寒食是传统祭祀的日子,由于仅差一天,至唐代,两节日合并在一起。清明节融合了寒食节的风俗,主要有禁火寒食、扫墓祭祖、踏青郊游、荡秋千、放风筝、打马球及插柳等活动。(1)扫墓祭祖。扫墓拜祖之事,先秦已有,秦汉时多在寒食节进行。明清以来扫墓活动增多,不仅扫自己先祖的坟墓,且拜祭历代功臣,皇帝还派大臣祭黄帝陵。今清明节则为革命烈士扫墓,举行纪念活动等。(2)荡秋千。秋千,意即揪着皮绳而迁移。荡秋千始于春秋时期的北方民族。传说汉武帝引进后廷,常做祈祷千秋之寿的祝愿活动,因此本名千秋,后世才称为秋千。(3)打马球。古代清明节还举行打马球和踢足球等活动,称为蹴鞠。宫廷多由宫女踢球,军队也举行蹴鞠,以此习武娱乐。

（四）端午节

农历五月初五为端午节,是夏季最重要的节日。我国古代"端"与"初"同义,"午"与"五"音同,因是五月的第一个五日故称端午。此外,端午节还有女儿节、诗人节、天中节、沐兰节、端阳节等名称。端午节的起源历来诸说并存,但认为端午节起源于纪念屈原的说法影响广泛而深远,今之龙舟竞渡即源于此。端午节期间,民间有赛龙舟、吃粽子、饮雄黄酒、采菖蒲、采艾叶等习俗。(1)赛龙舟。赛龙舟主要在汨罗江,每年都举行竞渡仪式。人们抬龙舟到屈原庙朝祭,再下水比赛。赛龙舟的习俗在南方比较普遍。(2)吃粽子。粽子,古称粮、角黍、筒粽。吃粽子起源于古时为了赶开蛟龙,保护爱国诗人屈原的遗体而投五花粽于汨罗江。唐宋以来,粽子是端午节时人们喜爱吃的节令食品。(3)饮雄黄酒。雄黄又名鸡冠,是一种矿物,旧多做中药。民间谚语说"饮了雄黄酒,百病都远走"。饮雄黄酒庆贺端午,驱毒杀虫,有驱除邪恶之意。(4)悬白艾。艾,又名医草、冰台、黄草。医家用灸百病,故名灸草。插艾叶于门旁,以除毒气。春月采嫩叶作菜食之,治一切恶气,常服止冷痢。

（五）中秋节

农历八月十五日为中秋节,这一天正是农历秋季正中,故名。民间俗称八月节,是一个象征团圆的传统佳节,也是我国仅次于春节的第二个大节。中秋节的起源与古代秋祀、拜月习俗有关,主要活动有祭拜月神、赏月、赏桂、观潮和吃月饼等习俗。（1）赏月。早在汉晋时民间已有赏月之举。当时人们认为，秋天空气清爽，是赏月的佳节。（2）吃月饼。月饼原为我国南方市民的点心食品，后流传全国，成为祭奉月神的供品。吃月饼有团圆之意，亲友之间还以月饼相赠。

（六）重阳节

农历九月九日，为传统的重阳节。因《易经》中把"六"定为阴数，把"九"定为阳数，九月九日，日月并阳，两九相重，故而叫重阳，也叫重九，古人认为是个值得庆贺的吉利日子，并且从很早就开始过此节日。重阳节的起源，最早可以推到汉初，距今已有两千多年的历史。庆祝重阳节的活动一般包括出游赏景、登高远眺、赏菊花、插茱萸、吃重阳糕、饮菊花酒等活动。九九重阳，因为与"久久"同音，九在数字中又是最大数，有长久长寿的含义，况且秋季也是一年收获的黄金季节，重阳佳节，寓意深远，人们对此节历来有着特殊的感情，唐诗宋词中有不少贺重阳、咏菊花的佳作。今天的重阳节，被赋予了新的含义，1989 年我国政府把每年的九月九日定为老人节，传统与现代巧妙地结合，成为尊老、敬老、爱老、助老的节日。每到这一日，各地都要组织老年人登山秋游，交流感情，锻炼身体。不少家庭的晚辈也会搀扶年老的长辈到郊外活动。

第三节　北方部分少数民族的民俗风情

一、满族

主要分布在东北三省，以辽宁省最多。人口在中国 55 个少数民族中仅次于壮族，居第二位。满族历史悠久，可追溯到两千多年前的肃慎人,隋唐时期称"靺鞨",唐五代时被称为"女真"。17世纪初,皇太极将女真更名为"满洲",标志着满族民族共同体的正式形成。辛亥革命后,满洲族改称为满族。

（一）语言文字

满族本来有自己的语言、文字,满语属阿尔泰语系满—通古斯语族满语支。满文创制于16世纪末,是借用蒙古文字母创制的。17世纪40年代,满族大量入关后,普遍开始习用汉语。现只有黑龙江省黑河市爱辉镇和富裕县还有人能讲满语。早期满文著作有《满文老档》、《满洲实录》和《异域录》等。

（二）民族服饰

男子喜穿青蓝色的长袍马褂,头顶后部留发梳辫垂于脑后,早期发型为"金钱鼠尾"式,只留脑后如铜钱大小的一缕头发,到了清末逐渐演变为只剃前额,脑后垂辫的发型,俗称阴阳头,戴圆顶帽,下穿套裤;妇女则喜欢穿直筒旗袍,梳京头或"盘髻儿",戴耳环,腰间挂手帕,着以木为底的绣花旗鞋,也称为"马蹄底"鞋、"花盆底"鞋、"高底鞋"。

（三）传统饮食

传统饮食以小米为主食,吃黄米干饭、黄米饽饽（豆包）以及"饭包",喜欢吃黏食。独有的风味食品是白肉血肠、坛肉和猪肉酸菜炖粉条。最能代表满族饮食文化的莫过于八大碗的"满洲席",这种宫廷佳宴流传至今已经二百多年。此外还有种类繁多的风味小吃和点心,其中用黏米面蒸熟摊开卷以炒熟的大豆面的豆面卷子（俗称"驴打滚"）及用奶油、鸡蛋和白面炸成条状再和以蜂蜜的"萨其马"最为有名。

（四）文化艺术

满族自古好歌舞,古代舞蹈多由狩猎、战斗的活动演化而来。莽式舞是流传时间较长的满族民间筵席歌舞。据记载,每逢有筵席,男女主人依次起舞,动作大致是举一袖于额,反一袖于背,因飞腾盘旋,所以叫作"莽式舞"。其中一人歌唱,众人以"空齐"二字相和,"莽式"为舞,"空齐"为歌,场面热烈。18 世纪中期,"八旗子弟"创作了一种新的鼓词,配合鼓板、三弦演唱,名为"清音子弟书",成为满族人民喜爱的一种曲艺形式。满族的传统体育项目有骑马、射箭和举重等。

(五)传统民居

传统民居院落围以木障,院内有影壁,院中立有供神用的"索罗杆",大门朝东南。住房一般为西、中、东三间,西间设西、南、北三面炕,俗称"曼字炕"。以西炕为尊,供有祖宗神位;北炕为大,南炕为小。

(六)传统节日

满族许多节日均与汉族相同。主要有春节、元宵节、二月二、清明节、端午节和中秋节。颁金节是满族"族庆"之日。"走百病"是满族妇女的节日,一般在正月二十日。满族以七月十五为中元节,也视为超度亡灵的"鬼节"。满族人有挂旗过年的习俗,春节时,每个旗的人都分别在门上挂上自己的旗,象征着一年的吉祥开端。

(七)习俗禁忌

满族曾笃信多神的萨满教,后来还信奉佛教。现在一些地方的满族民间仍保留有萨满教。满族有尊祖敬老的习俗。以西为上,室内西炕不得随意坐人和堆放杂物。爱犬、敬犬,忌打狗、杀狗,忌食狗肉,不戴狗皮帽子,不穿带狗皮袖头的衣服;不得打喜鹊和乌鸦;不得在索罗杆(还愿杆)上拴牲畜。

二、蒙古族

蒙古族有"马背民族"之称,主要聚居在内蒙古自治区以及辽宁、新疆、甘肃、青海等省、自治区。蒙古族始源于古代望建河(今额尔古纳河)东岸一带的一个古老部落。"蒙古"这一名称较早记载于《旧唐书》和《契丹国志》,其意为"永恒之火"。唐代史书中提及的"蒙兀室韦"一词中的"蒙兀",是"蒙古"一词最早的汉字译名。"蒙古"原先只是蒙古诸部落中的一个部落的名称,13世纪初,以成吉思汗为首的蒙古部落统一了蒙古诸部落后,逐渐融合成为一个新的民族共同体——蒙古族。

(一)语言文字

蒙古族有自己的语言文字。蒙古语属阿尔泰语系蒙古语族,有内蒙古、卫拉特、巴尔虎布利亚特、科尔沁四种方言。现在通用的文字是13世纪初用回鹘字母创制,14世纪初,经蒙古学者却吉·斡斯尔对原有文字进行改革,成为至今通用范化的蒙古文。

(二)民族服饰

蒙古族服饰包括长袍、腰带、靴子、首饰等。但因地区不同在式样上有所差异。蒙古族平时喜欢穿布料衣服,逢年过节或喜庆一般都穿织锦镶边的绸缎衣服。男装多为蓝、棕色,女装喜欢用红、粉、绿、天蓝色。腰带是蒙古族服饰重要的组成部分,用长三四米的绸缎或棉布制成。男子腰带多挂刀子、火镰、鼻烟盒等饰物。蒙古族靴子分皮靴和布靴两种,蒙古靴做工精细,靴帮等处都有精美的图案。佩挂首饰、戴帽是蒙古族的习惯。

(三)传统饮食

蒙古族的饮食文化有着悠久的历史,是民族文化的重要组成部分。长期以来,特别是牧区蒙古族的传统食品主要为肉食品、奶食品及饮料。肉食,蒙古语称为"乌兰伊德",主要有手扒肉、羊背子、烤全羊等。奶食色白,象征纯洁,蒙古人以白为尊,视乳为高贵吉祥之物,称奶食品为白食。蒙古语作"查干伊德",其种类主要为黄油、奶皮子、奶酪、奶豆腐、奶油等。以奶制作的传统饮料主要有奶茶、酸奶和奶酒。蒙古民族特别喜喝奶茶,奶茶是砖茶与牛奶交融的产物,奶茶又叫蒙古茶。白(奶食)、黄(茶)、红(肉食)三色描绘的生存空间,构筑了蒙古民族叹为观止的饮食文化。

（四）传统民居

蒙古包是牧区蒙古族的传统住房,由细木杆编成网状圆形围壁和伞状顶架以及圆顶天窗,外部围以厚羊毛毡,包内地上铺毡子和地毯。蒙古包易于装拆搬迁,很适合牧民的生活。

（五）文化艺术

自元代以来,蒙古族人民在中国的政治、经济、军事、文化等各个方面都作出重大贡献。记述蒙古民族形成、发展、壮大之历程的历史典籍《蒙古秘史》已被联合国教科文组织确定为世界文化遗产;著名的英雄史诗《江格尔》和藏族的《格萨尔王传》、柯尔克孜族的《玛纳斯》并称为中国三大英雄史诗;《饮膳正要》被列为对世界文明贡献卓著的重要医学发明成果之一。蒙古族能歌善舞,传统舞蹈有"马刀舞"、"筷子舞"、"安代舞"等;最具民族特色的传统乐器是马头琴,因琴杆上端雕有马头为饰而得名,表现力非常丰富。

（六）传统节日

传统节日除春节外,主要是每年7、8月间举行的那达慕大会。"那达慕"蒙古语意为娱乐和游戏,起源于古代"祭敖包"的仪式。过去那达慕大会期间要进行大规模祭祀活动,喇嘛们要焚香点灯,念经诵佛,祈求神灵保佑,消灾消难。现在,那达慕大会的内容主要有摔跤、赛马、射箭、赛布鲁、套马、下蒙古棋等民族传统项目,有的地方还有田径、拔河、排球、篮球等体育竞赛项目。此外,还有武术、马球、骑马、射箭、乘马斩劈、马竞走、乘马技巧运动、摩托车等精彩表演。

（七）习俗禁忌

蒙古族早期信仰萨满教,自17世纪初开始普遍信奉藏传佛教。蒙古族人坦诚直率,尊敬长者,相互之间宽宏互让,友好相处。待客十分讲究礼节和规矩。招待客人最隆重的是全羊宴。献哈达也是蒙古族的一项高贵礼节。骑马坐车到蒙古包时,要轻骑慢行,进包时要将马鞭放在门外;入包后坐在右边;离包时走原路,待送你的主人回去后再上车或上马;忌讳坐蒙古包的西北角,睡和坐时脚忌伸向西北方,不能在火盆上烤脚;主人献茶时,客人应欠身双手去接;赠送礼品忌单数,接受礼物必须身子稍屈或跪下一腿伸出右手或双手接受;对守门的狗和猎犬都很爱护和重视,禁止外人打骂,否则被认为是对主人不礼貌。

三、朝鲜族

朝鲜族又称高丽族,主要分布在吉林、黑龙江、辽宁、内蒙古等省、自治区,其中吉林省延边朝鲜族自治州是我国朝鲜族最大聚居区。

(一)语言文字

朝鲜族通用语言为朝鲜语,一般认为属阿尔泰语系。朝鲜语属音位文字类型,有40个字母,是音素字母。拼写时,把同一音节的音素叠成字块构成方块形文字。

(二)民族服饰

朝鲜族人比较喜欢素白色服装,以示清洁、干净、朴素、大方,故朝鲜族自古有"白衣民族"之称,自称"白衣同胞"。妇女穿短衣长裙,这也是朝鲜族妇女服装的一大特色。短衣朝鲜语叫"则高利",是一种斜领、无扣用带子打结、只遮盖到胸部的衣服;长裙,朝鲜语叫做"契玛",腰间有细褶,宽松飘逸。这种衣服大多用丝绸缝制而成,色彩鲜艳。朝鲜族男子一般穿素色短上衣,外加坎肩,下穿裤腿宽大的长裤,裤脚系上丝带。外出时多穿斜襟以布带打结的长袍,现在改穿制服或西服。

(三)传统饮食

朝鲜族主要以米饭为主食,以鱼肉蛋奶制品和海鲜产品为辅,基本上以素食为主。辣泡菜是饮食中不可缺少的菜。打糕、冷面、大酱汤、辣椒和狗肉是朝鲜族最喜爱的食品。

（四）传统民居

朝鲜族民居多为砖木结构的青瓦白墙建筑，屋顶四面斜坡，房屋朝南。屋内分成寝室、客房、厨房和仓库等。屋内盘平地炕，炕底有火道。住房的平面多数为矩形，也有"L"形的，有的设外廊。内部布局，主房间为居室，牛棚和储存柴草杂物的"草房"在房屋的一端，以灶间与居室隔开。居室多少、大小可视需要，由推拉门分隔，比较灵活方便。

（五）传统节日

朝鲜族一向崇尚礼仪，注重节令。节日与汉族基本相同，除春节、清明、端午、中秋节外，还有三个家庭节日，即婴儿诞生一周年、"花甲节"（六十大寿）、"回婚节"（结婚六十周年纪念日）。

（六）文化艺术

朝鲜族具有悠久而优美的民族文化艺术传统，以能歌善舞著称于世。著名的民间舞蹈有农乐舞、长鼓舞、扇舞、顶水舞、剑舞及僧舞等。朝鲜族称民歌为"民谣"，其旋律优美，自然流畅，富有很强的感染力与表现力。著名的民歌《桔梗谣》、《阿里郎》、《诺多尔江边》等，几乎家喻户晓，人人会唱。民族乐器有伽倻琴、长鼓、细簧篥和短箫。朝鲜族人民热爱体育运动，摔跤、荡秋千、跳板和踢足球是传统体育和娱乐活动。

（七）习俗禁忌

朝鲜族喜食狗肉，但婚丧与佳节不吃。朝鲜族尤其崇尚尊老爱幼的传统美德，晚辈不能在长辈面前喝酒、吸烟；吸烟时，年轻人不得向老人借火，更不能接火，否则便被认为是一种不敬的行为；与长者同路时，年轻者必须走在长者后面，若有急事非超前不可，须向长者恭敬地说明理由；途中遇有长者迎面走来，年轻人应恭敬地站立路旁问安并让路；晚辈对长辈说话必须用敬语，平辈之间初次相见也用敬语。

第四节　西北部分少数民族的民俗风情

一、回族

回族是我国分布最广，几乎全民信奉伊斯兰教的一个少数民族。主要聚居于宁夏回族自治区，在甘肃、新疆、青海、河北、河南、云南、山东也有不少聚居区。

（一）语言文字

由于长期受到汉族传统文化的影响，汉语和汉文逐渐成为回族的通用语言和文字。在日常交往及宗教活动中，回族保留了大量阿拉伯语和波斯语的词汇，在边疆民族地区，回族人民还经常使用当地少数民族的语言。

（二）民族服饰

回族服饰已逐渐与汉族相近，但仍保留着自己的特点。最具有民族特色的服饰是礼拜帽。男子多戴白色或黑色、棕色的无檐小圆帽。妇女习惯戴披肩"盖头"，遮住两耳、脖子和头发，只将面孔露出。颜色根据年龄而定，年轻姑娘用绿色，已婚中年妇女用青色，老年用白色。

（三）传统饮食

面食是传统主食，其品种之多，花样之新，味道之香，技术之精，显示了回族人民的聪明才智。肉食以牛、羊肉为主。油香和馓子是各地回族都喜爱的食品。喜爱喝茶，有八宝茶、红糖砖茶、白糖清茶等，因都讲究盛在盖碗里而被统称为"盖碗茶"。喝盖碗茶时，不能拿掉上面的盖子，也不能用嘴吹漂在上面的茶叶，而是左手拿起茶碗托盘，右手抓起盖子，轻轻地"刮"几下，主人敬茶时，客人一般不要客气,更不能对端上来的茶一口不饮,那样会被认为是对主人不礼貌、不尊重的表现。

（四）传统节日

回族的三大节日是开斋节、古尔邦节和圣纪节,也是信奉伊斯兰教的各族人民的盛大节日。

（五）文化艺术

回族在文学、哲学、音乐、书画方面有许多创造,医学也很著名。回族人们不仅带来了西亚的科学文化成就,也为传播汉族科学文化做出了突出贡献。回族人民喜欢唱高亢、婉转、动听的民间高腔山歌"花儿"。宁夏南部山区的回族妇女爱剪窗花,爱吹口弦。"口弦"也叫"口琴"、"口衔子",是一种衔在嘴边的民间小型弹拨乐器。回族喜爱武术运动,视武术为圣行。

（六）传统民居

由于回族遍布全国,各地回族民居大都随环境条件而变化,总体上与当地汉族民居或其他少数民族民居有较大相似性。回族民居的民族特色主要表现在装饰和陈设方面。由于伊斯兰教观念的深刻影响,在一些传统的回族家庭中的案桌上设有"炉瓶三设",即香炉、香瓶、香盒,有《古兰经》者,则在两旁放经匣。大量运用绿色作为建筑主色,尤其喜欢以牡丹、葡萄等花木、山水等自然景观以及一些抽象的几何图形作为装饰图案。

（七）习俗禁忌

回族不吃马、驴、骡、狗肉,禁食猪肉,不吃动物的血和自死动物。一般不饮酒,禁用食物开玩笑,也不能用禁食的东西作比喻。讲究饮食卫生,注意沐浴和洗涤。所用的水井或水塘,非信伊斯兰教的人不能动手取水,如有需要必须请回族人代取或征得主人的允许,但一定要保持清洁,取水容器中若有剩水忌倒回井中或水塘;更忌在水井、水塘附近洗涤物件;尤其忌到回族的住房里洗澡。

二、维吾尔族

"维吾尔"意为"团结"或"联合"。主要聚居在新疆维吾尔自治区天山以南的喀什、和田一带和阿克苏、库尔勒地区。其余散居在天山以北的伊犁等地,少量居住在湖南桃源、常德等地。

（一）语言文字

维吾尔语属阿尔泰语系突厥语族,文字系以阿拉伯字母为基础的拼音文字。新中国成立后,推广使用以拉丁字母为基础的新文字,现两种文字并用。

（二）民族服饰

花帽、袷袢和连衣裙是维吾尔族的典型服装。花帽,维吾尔族人称为"尕巴",种类很多,鲜艳夺目,色彩绚丽。"袷袢"是男子喜欢穿的一种长袍,右衽斜领,无扣宽袖,腰系长带。女子喜欢穿色彩鲜艳的宽袖连衣裙,外罩黑色对襟背心或西服上装,喜欢戴项链、耳环、手镯。

（三）传统民居

维吾尔族民居一般为土木结构的平顶方形平房,房顶开天窗,屋外有带护栏的廊子。屋内设壁炉用于做饭取暖,砌实心土炕,供起居坐卧。室内铺花毡,墙上挂壁毯,并且有壁橱用于放置日用物品。房屋内外装饰各种纹饰和色彩,鲜艳夺目。喜欢在院落中栽植花草和果树。

（四）传统饮食

维吾尔族人以面食为主,喜欢吃牛羊肉、家禽及鱼。最常吃的有馕、抓饭、拉面、清炖羊肉、包子和烤肉等,同时还多食瓜果及奶制品,喜欢喝奶茶和红茶。烤羊肉串以其独特的风味风行于中国各地区。忌食马、驴、骡、狗肉以及动物的血和自死动物,尤其禁食猪肉。一般不饮酒。

(五)文化艺术

维吾尔族有自己独特的文化艺术,玉素甫·哈斯哈吉甫的叙事长诗《福乐智慧》、穆罕默德·喀什噶里的百科知识性辞书《突厥语大词典》是祖国文化宝库中的珍贵遗产。故事集《阿凡提的故事》、音乐舞蹈史诗"十二木卡姆"以及维吾尔族舞蹈等闻名中外。维吾尔族传统舞蹈有顶碗舞、大鼓舞、铁环舞、普塔舞等;民间舞蹈有赛乃姆、夏地亚纳;民间乐器有"达甫(手鼓)、"独他尔"和"热瓦普"等。维吾尔民族医学是祖国医学的重要组成部分。

(六)传统节日

维吾尔族的传统节日有肉孜节、古尔邦节、圣纪节、那吾鲁孜节等。以过"古尔邦"节最为隆重。届时家家户户都要宰羊、煮肉、赶制各种糕点、炸油馓子、烤馕等。

(七)习俗禁忌

维吾尔族待客和做客都有讲究。如果来客,要请客人坐在上席,先给客人倒茶水或奶茶。饭前饭后必须洗手,洗后只能用手帕或布擦干,忌讳顺手甩水,认为那样不礼貌。吃饭时,客人不可随便拨弄盘中食物,不可随便到锅灶前去,一般不把食物剩在碗中,同时注意不让饭屑落地,如不慎落地,要拾起来放在自己跟前的"饭单"上。

第五节　南方部分少数民族的 民俗风情

一、壮族

壮族是中国少数民族中人口最多的一个民族,主要聚居在广西、云南省文山,广东连山、贵州从江、湖南江华等地也有分布。

（一）语言文字

壮语属汉藏语系壮侗语族壮傣语支，分南北两大方言。南宋时，曾在汉字的基础上创造出"土俗字"，但使用范围不广，多使用汉字。

（二）民族服饰

壮族男子、女子的服饰，男子、妇女、未婚女子的头饰，各具特色。服装款式多种多样。妇女头上包提花毛巾，喜戴银首饰；服装一般为蓝黑色，无领左衽、绣花滚边，腰间系绣花围腰，下身穿宽脚裤。男子多穿对襟上衣，系腰带。

（三）传统饮食

主食以大米和玉米为主，喜食糯米。节庆的饮食最能反映壮族饮食习惯的特色，三月三吃的五色饭色彩鲜艳，用于祭祖和待客。每逢春节和端午节，家家户户都要包"驼背粽"，它是节日馈赠的佳品。此外，烤整猪、白斩鸡是壮族用以待客的特色佳肴，米酒是过节和待客的主要饮料。

（四）文化艺术

壮族是一个具有悠久历史和灿烂文化的民族。壮锦是壮族妇女独创的传统纺织工艺品，享誉海内外。驰名中外的铜鼓约有两千多年的历史，为古代岭南及西南地区壮族和其他少数民族先民的珍贵文物，是中国青铜文化中的一朵奇葩。广西左江、明江地区连绵数百里的"花山崖壁画"，是两千多年前壮族先民创作的，世所罕见。壮族是能歌善唱的民族，壮乡素有"歌海"之称。每逢农闲、节假日或婚丧嫁娶，壮族各地区都要举行群众性的对歌活动，壮族人称之为"歌圩"。歌圩上所唱的歌，主要是以男女青年追求美好爱情理想为主题。每年三月初三举行的歌圩，要搭起彩棚，举行摆歌台、唱山歌、抛绣球、碰红蛋、择佳偶、放花炮等活动。

（五）传统民居

壮族住房多数与当地汉族相同，部分地区的居民住干栏式木楼,分上下两层,上层住人,下面圈牲畜。房屋的前厅用来举行庆典和社交活动,两边厢房为卧室。后厅为生活区,以火塘为中心,每日三餐都在火塘边进行。

（六）传统节日

壮族最隆重的节日莫过于春节,其次是七月十五中元节、三月三、清明上坟、八月十五中秋,还有端午、重阳、尝新、冬至、牛魂、送灶等,几乎每个月都要过节。"中元节"又称"鬼节",是仅次于春节的大节日。

（七）习俗禁忌

壮族是稻作民族,十分爱护青蛙,有些地方的壮族有专门的"敬蛙仪",所以到壮族地区,严禁捕杀青蛙,也不要吃蛙肉。登上壮族人家的竹楼,一般都要脱鞋。忌讳戴着斗笠和扛着锄头或其他农具的人进入自己家中,所以到了壮家门外要放下农具,脱掉斗笠、帽子。火塘、灶塘是壮族家庭最神圣的地方,禁止用脚踩踏火塘上的三脚架以及灶台。

二、黎族

黎族聚居在海南岛通什镇、保亭、乐东、东方、琼中、白沙、陵水、昌江、宜县等地,人口 111.08 万人(1990 年人口普查结果)。据考证,黎族是由古代"百越"族的一支发展而来。早在四五千年前,黎族的先民们就在海南岛繁衍生息,成为该岛最早的居民。黎族自称"孝"、"歧"、"美孚"等。黎族名称的使用始于唐代末期,沿用至今。

（一）语言文字

黎族有自己的语言,黎语属汉藏语系壮侗语族黎语支。由于长期与汉族交往,不少黎族人都能兼说汉语。过去黎族没有本民族文字,使用汉字,1957 年创制了以拉丁字母为基础的黎文。

（二）民族服饰

男子留长发,结发于额前,头缠三米多长的红头巾或黑头巾,喜戴串着铜钱的颈圈。上身穿对襟、无领无扣上衣,下身穿长及膝盖的前后两幅布。妇女盛装时佩戴银项圈、珠项圈、银牌、银铃和手镯,穿圆领对襟无袖上衣,以白布、红布镶衣边,下穿绣有各种色彩图案的筒裙。

（三）传统饮食

多数地区以稻米为主食,经常吃竹筒饭,喜欢饮自酿的米酒。嚼槟榔是黎族人的一种嗜好,槟榔是待客、订婚不可缺少的佳品。

（四）传统节日

黎族的传统节日有春节和"三月三"等。"三月三"又被称为爱情节。当天,各村寨都要举行祭祖仪式,青年男女盛装聚到一起,尽情游戏娱乐,以对歌的形式邀请族外的意中人,并相约来年"三月三"相会。

（五）传统民居

黎族传统住房有船形屋和金字形屋两种。船形屋是竹木结构建筑,外形像船篷,用竹木架构;金字形屋以树干做支架,竹片编墙。现在黎族大多数住室已改为砖木结构。

（六）文化艺术

黎族虽然没有本民族文字,但创造了丰富多彩的口头文学。比较著名的有《五指山大仙》、《鹿回头》等。黎族的音乐和舞蹈具有鲜明的民族风格,传统乐器有鼻箫、口弓、叮咚板、独木皮鼓、蛙锣等。著名的舞蹈有《招福舞》、《打柴舞》(竹竿舞/打竹舞)、《舂米舞》等。舞时,往往歌声、打击乐和喊声相融,场面欢快。造型艺术以织锦工艺最为著名。著名的黎锦"崖州被"和"双面绣",以其技术精巧细密,花色艳丽又富于特色而驰名天下。宋末元初,杰出的女纺织家黄道婆向黎族妇女学习棉纺织技术,在黎族传统纺织工艺基础上加以改进,创造出一套先进的棉纺织工具和技术,为科学技术的发展做出了贡献。此外,独木器制作和竹藤编织工艺也十分著名。

（七）习俗禁忌

黎族招待客人有一套饮食礼仪。用餐时，对男客先酒后饭，对女客先饭后酒。宾主分开对坐。通常，主人只陪客人喝酒，不陪客人吃饭，怕客人不好意思把饭吃饱。凡年初一至初五日不能秽语伤人，不能扫地，否则会不吉利；睡觉忌头朝门外；平常忌讳别人当面提及自己先辈的名字；部分地区对猫禁杀忌食。

三、彝族

彝族是中国最古老的民族之一，彝族与哈尼族、傈僳族、拉祜族、纳西族、基诺族皆源于古彝族。主要分布在云南、四川、贵州和广西壮族自治区等省区。

（一）语言文字

彝族语言属汉藏语系藏缅语族彝语支，有六种方言。彝族文字是中国最早的音节文字，一个字形代表一种意义，文字总数达一万多个，其中比较通用的有一千多个，大约形成于 13 世纪。1957年通过了彝文规范方案，确定 819 个规范彝字，并开始试行。

（二）民族服饰

彝族服饰种类繁多，其色彩和纹饰体现了黑之尊、黄之美的审美观以及对自然的理解和尊重。男子喜穿黑色窄袖左斜襟上衣和多褶宽大长裤，缠包头，并在包头右前方扎一细长锥形的"英雄结"，体现其英勇善战的气概；女子喜穿镶边或绣花大襟右衽上衣和多褶长裙，有的系围裙和腰带，缠包头；男女外出时，喜披"擦尔瓦"。"擦尔瓦"形如斗篷，长可及膝，下端缀以长穗，用羊毛织成，多为黑色。

（三）传统民居

彝族的房屋结构有明显的地方特色。凉山地区多为土木结构，俗称"瓦板屋"。云南则平顶土房较多，俗称"土掌房"。广西是形似"干栏"式的住宅。土掌房是彝族独特的民居建筑，堪称民居建筑文化与建造技术发展史上的"活化石"。彝族的"土掌房"与藏式碉楼非常相似。所不同的是,它的墙体以泥土为料,修建时用夹板固定,填土夯实逐层加高后形成土墙(所谓"干打垒")。土掌房分布在滇中及滇东南一带。这一带土质细腻,干湿适中,为土掌房的建造提供了大量方便易得的材料和条件。

(四)传统饮食

主食为玉米、荞麦、燕麦和土豆。喜欢吃"坨坨肉"、饮"转转酒"。彝族喜食酸、辣,嗜酒,有以酒待客的礼节。

(五)传统节日

彝族的节日主要有"火把节"、"庆年节"等。"火把节"是彝族地区最普遍而最隆重的传统节日,一般多在夏历六月二十四日或二十五日。每到火把节,彝族男女老少,身穿节日盛装,打牲畜祭献灵牌,尽情跳舞唱歌、赛马、摔跤。夜晚,手持火把,转绕住宅和田间,然后相聚一地烧起篝火,翩翩起舞。每年农历十月,彝族人民都要过庆年节,并相互拜祝,载歌载舞,祝贺节日。

(六)文化艺术

彝族文化艺术源远流长,用彝文记载的历史、文学、医学、历法等著作中,不乏价值极高的珍贵文献。《宇宙人文论》用问答形式论述自然观,是彝族哲学思想史上的重要论著;《西南夷志》对研究彝族历史、文化有重要价值;还有被译为多种文字并在国内外广为流传的《梅葛》、《查姆》、《阿鲁举热》等史诗。传统工艺美术有漆绘、刺绣、银饰、雕刻、绘画等。彝族民间有各种各样的传统曲调,舞蹈也颇具特色。彝族舞蹈多为集体舞,如"跳歌"、"阿细跳月"(又称"跳乐")、"打歌舞"和"锅庄舞"等。动作欢快,节奏感强,通常由笛子、月琴、三弦伴奏。

(七)习俗禁忌

彝族男子发式为传统的"天菩萨",即蓄一绺长发椎髻于头顶。"天菩萨"是彝族人尊严的象征,神圣不可侵犯。若有意无意触碰了某人的"天菩萨",被认为是失礼行为,会引来愤怒不满。酒是敬客的见面礼,只要客人进屋,主人必先以酒敬客。吃饭时,长辈坐上方,下辈依次围坐在两旁和下方,并为长辈添饭、夹菜、泡汤。

四、白族

大多数聚居在云南大理白族自治州,其余分布在云南省各地、四川省凉山彝族自治州和贵州省毕节地区。

(一)语言文字

白族有本民族语言,白语属汉藏语系藏缅语族彝语支。汉文自古以来为白族群众所通用。

(二)民族服饰

白族崇尚白色,服饰以白色为主色。大理等中心地区男子头缠白色或蓝色的包头,身着白色对襟衣和黑领褂,下穿白色长裤,肩挂绣着美丽图案的挂包。大理一带妇女多穿白色上衣,外套黑色或紫色丝绒领褂,下着蓝色宽裤,腰系缀有绣花飘带的短围腰,足穿绣花的"百节鞋",臂环扭丝银镯,指戴珐琅银戒指,耳坠银饰上衣右衽佩着银质的"三须"、"五须";已婚者挽髻,未婚者垂辫于后或盘辫于头,都缠以绣花、印花或彩色毛巾的包头。白族女子的头饰象征着大理"风花雪月"四大景观。

(三)传统饮食

大理白族地区的日常饮食,随当地物产不同而有所差异。平坝地区的百姓以稻米、小麦为主食,住在山区的则以玉米、荞为主食,喜食酸辣和饮酒。生皮是白族特有的菜肴,还有大米制作的饵块以及雕梅和苍山雪炖甜梅等。最负盛名的宴席佳肴有"活水煮活鱼"、"下关砂锅鱼"等。乳扇是白族独创的乳制品。此外,驰名中外的白族三道茶,以其独特的"头苦、二甜、三回味"的茶道早在明代时就已成为待客交友的一种礼仪。

（四）传统民居

民居讲究以庭院来组合建筑群，有"一正两耳"、"三坊一照壁"、"四合五天井"、"走马转角楼"等形式，还有两院相连的"六合同春"，房屋多数为两层小楼。白族的一切建筑，包括普通民居，都离不开精美的雕刻、绘画装饰。"粉墙画壁"和富于装饰的门楼，为白族建筑的一大特色。

（五）文化艺术

白族人民在漫长的历史中创造了灿烂的文化，在天文、历法、气象、建筑、医学、舞蹈、雕刻、绘画等方面，都有许多发明创造和优秀作品。《太和更漏中星表》和《洞天验方书》，分别是白族学者记载古代天文和总结医学宝贵经验的代表作。白族能歌善舞，唐朝时南诏歌舞即已流行到中原并列为宫廷乐。由古典戏曲"吹吹腔"发展起来的白剧，具有鲜明的民族特色。

（六）传统节日

"三月街"是白族最盛大的节日。每年农历三月十五日至二十日在大理城西的点苍山脚下举行。最初带有宗教活动色彩，如今已成为民族体育文艺和物资交流大会。火把节也是白族的传统节日，节日当天，男女老少聚集一堂祭祖。通过拜火把、点火把、耍火把、跳火把等活动，预祝五谷丰登、六畜兴旺。

（七）习俗禁忌

尊敬长辈是白族的传统美德。进餐时长辈要上坐，晚辈依次在两旁或对面落座，晚辈要随时为长辈添菜加汤。白族人家的火塘是个神圣的地方，忌讳向火塘内吐口水，禁止从火塘上跨过。白族人家的门槛也忌讳坐人。男人所用的工具，忌妇女从上面跨过。家庭内忌讳戴着孝帕的人进入，认为这样会给家庭带来不洁。

五、苗族

苗族现在主要聚居于贵州省东南部、广西大苗山、海南岛及贵州、湖南、湖北、四川、云南、广西等省区的交界地带。

（一）语言文字

苗族有自己的语言,苗语属汉藏语系苗瑶语族苗语支。分三大方言:湘西、黔东和川黔滇。1956 年后,设计了拉丁字母形式的文字方案。由于苗族与汉族长期交往,有很大一部分苗族兼通汉语并用汉文。

（二）民族服饰

苗族的衣服又叫苗服,黔东南苗族服饰不下 200 种,是我国和世界上苗族服饰种类最多、保存最好的区域,被称为"苗族服饰博物馆"。苗族服饰从总体来看,保持着中国民间的织、绣、挑、染的传统工艺技法;服饰图案大多取材于日常生活中各种活生生的物象,有表意和识别族类、支系及语言的重要作用,这些形象记录被专家学者称为"穿在身上的史诗";善于选用红、黑、白、黄、蓝等多种对比强烈的色彩,构图注重适应服装的整体感要求。苗服又分为盛装和便装。盛装,为节日礼宾和婚嫁时穿着的服装,繁复华丽。便装,样式比盛装样式素静、简洁,供日常穿着之用。苗族服饰还有年龄和地区差别。苗族姑娘喜穿百褶裙和戴银饰,苗家姑娘盛装的银饰常常有数公斤重,素有"花衣银装赛天仙"的美称。苗家银饰的工艺,华丽考究、巧夺天工,充分显示了苗族人民的智慧和才能。

（三）传统饮食

各地苗族均以大米为主食,普遍喜食酸味菜肴,酸汤家家必备。油炸食品以油炸粑粑最为常见。肉食多来自家畜、家禽饲养,四川、云南等地的苗族喜吃狗肉。苗族酿酒历史悠久,从制曲、发酵、蒸馏、勾兑、窖藏都有一套完整的工艺。日常饮料以油茶最为普遍。

（四）传统节日

传统节日有苗年、龙舟节、四月八、吃新节、芦笙节、花山节和清明节等,其中以过苗年最为隆重。苗年相当于汉族的春节,一般在秋后举行。节日清晨,人们用美味佳肴祭祖。盛装的青年男女进行跳踩堂舞、踩鼓、跳芦笙舞、赛马、斗牛及"游方"等活动。龙舟节在每年农历五月下旬。龙舟比赛时,岸上还举行对歌、跳芦笙舞、板凳舞、铜鼓舞等活动。

（五）文化艺术

苗族是个能歌善舞的民族,尤以飞歌、情歌、酒歌享有盛名。舞蹈有芦笙舞、板凳舞、铜鼓舞等,以芦笙舞最为普遍。芦笙是流行于苗族地区的著名乐器。苗族的挑花、刺绣、织锦、蜡染、剪纸、首饰制作等工艺美术瑰丽多彩,驰名中外。其中,苗族的蜡染工艺已有千年历史。

（六）传统民居

苗家整个村寨都使用木材作为建筑材料,被现代建筑学家们誉为"最具生态的建筑方式"。苗家民居一般为三层构建,第一层为了解决斜坡地势不平的问题,多为半边屋,堆放杂物或者圈养牲畜,第二层为正房,第三层为粮仓。木质干栏式建筑既解决了山地建筑平地少的问题,也解决了农家杂物堆放及牲畜的圈养问题。

（七）习俗禁忌

苗族讲究真情实意,非常热情,最忌浮华与虚伪。交谈中用敬语称呼;迎客要穿节日服装;对贵客要到寨外摆酒迎候;客人到家门口,女主人要唱歌开门迎客;宴会上以鸡、鸭待客为佳肴,尤以心、肝最贵重。客人不要称主人"苗子";火炕上三脚架不能用脚踩;不能在家或夜间吹口哨;忌跨小孩头顶,忌妇女与长辈同坐一条长凳。

六、纳西族

纳西族主要聚居于云南省丽江市玉龙纳西族自治县,其余分布在维西、香格里拉、宁蒗、德钦和四川盐边、盐源、木里及西藏的芝康等县。据史学家考证,纳西族原是中国西北古羌人的一个支系,大约在公元 3 世纪迁徙到丽江地区定居下来。

（一）语言文字

纳西语属汉藏语系藏缅语族彝语支,分为西部、东部两大方言。一般认为,纳西族有两种传统文字:东巴文和哥巴文。东巴文（纳西象形文字）是一种兼备表意和表音成分的象形文字,文字形态比甲骨文还要原始,被认为是目前世界上唯一仍然活着的象形文字。哥巴文是一种音节文字。

（二）民族服饰

丽江纳西族妇女穿长过膝、宽腰、大袖的大褂,外加坎肩,腰系百褶围腰,下着长裤,披羊皮披肩。宁蒗纳西族妇女穿短衫,下系长可及地的百褶裙,披羊皮,裹青布头巾。纳西族妇女服饰中最具特色的是身后的七星羊皮披肩。披肩上并排钉着七个直径为二寸左右的绣花圆布圈,每圈中有一对垂穗,代表北斗七星,俗称"披星戴月",象征纳西族妇女早出晚归,披星戴月,以示勤劳之意。丽江一带纳西族男子服饰与当地汉族相同,寒冬加穿羊皮披肩,中甸一带的穿大襟长衫,着过膝肥腿裤,腰系羊皮兜,扎绑腿。宁蒗、永宁、盐源、木里地区的男子,上穿短衫,下着长裤,宁蒗一带的男子还喜戴手镯,老人穿麻布无领长衫,外加青布坎肩,系腰带。

（三）文化艺术

在漫长的历史发展与民族交往中,纳西族创造了灿烂的历史文化。东巴教是纳西族的特有宗教。东巴文化因保存于东巴教而得名。主要包括东巴文字、东巴经、东巴绘画、东巴音乐、东巴舞蹈、东巴法器和各种祭祀仪式等。用东巴文撰写的《东巴经》是纳西族的宗教经书,其历史可追溯到唐代,是古代纳西族社会生活的百科全书,对研究纳西族的文化、历史、宗教具有重要的价值。《创世纪》、《黑白之战》和《鲁般鲁饶》并称为东巴文学三明珠。由《白沙细乐》、《洞经音乐》和《皇经音乐》(现已失传)组成的纳西古乐,融入了道教法事音乐,儒教典礼音乐,甚至唐宋元的词、曲牌音乐,有"音乐活化石"之称。其演奏集古老乐曲、古老乐器和高寿老艺人为一体,世人称为稀世"三宝"。纳西族民间舞蹈最具代表性的是"阿哩哩"、"窝热热"和东巴舞。

（四）传统饮食

纳西族以玉米、大米、小麦为主食。特色食品有丽江的火腿粑粑、永宁的琵琶猪等。纳西族的"三叠水"（又称雪山宴）是招待贵宾的方式,因用三种大小不同的碗具盛菜,形成高矮三个层次而得名。

（五）传统民居

纳西民居大多为土木结构,比较常见的形式有以下几种:三坊一照壁、四合五天井、前后院、一进两院等几种形式。其中,三坊一照壁是丽江纳西民居中最基本、最常见的民居形式。

（六）传统节日

纳西族的传统节日有二月八三朵节、三月十五龙王庙会（现为物资交流会）和七月中旬骡马会,最具特色的要数棒棒会。棒棒会又称农具会,每当农历正月十五,纳西族人便聚集在各集镇,交流生产资料,以备春耕。晚上各家要吃元宵,到街上看歌舞表演。

（七）习俗禁忌

纳西族人热情、知书达理、尊老爱幼。重信用讲义气,一般不计较客人因不懂纳西族的习俗礼仪而产生的过失,但很看重平等与信用,不可欺瞒哄骗。骑马到村前必须下马,不能把马拴在祭天的地方。忌坐在门槛上,忌用刀斧在门槛上砍东西。忌猎杀进入家宅的小动物,蛙蛇进屋,应恭送出门。不准在河流里洗涤污秽物品,禁止污染水源、砍伐水源林。

七、傣族

主要聚居在云南西双版纳傣族自治州和德宏傣族景颇族自治州,其余分布在云南各县市。傣族通常喜欢聚居在大河流域、坝区和热带地区,大多是在怒江、澜沧江、金沙江、红河流域的河谷坝地区傍水而居。

（一）语言文字

傣语属汉藏语系壮侗语族壮傣语支。傣语分为几个方言区,中国境内主要有德宏傣语方言、西双版纳傣语方言、金平方言。傣文是来源于梵文字母的拼音文字。

（二）民族服饰

傣族妇女一般喜欢穿窄袖短衣和筒裙,因其身材苗条,穿着打扮五彩缤纷,因此素有"金孔雀"的美称。傣族男子一般都穿无领对襟或大襟小袖衫,下穿长管裤,用白布、青布或绯布包头,有的戴呢礼帽,显得潇洒大方。无论男女,出门总喜欢在肩上挎一个用织锦做成的挎包(筒帕)。男女老幼均喜欢赤脚穿拖鞋。

（三）民族饮食

傣族以大米和糯米为主食,喜欢酸辣味,所有佐餐菜肴及小吃均以酸味为主。用昆虫为原料制作各种风味菜肴和小吃,是傣族食物构成的一个重要部分。竹筒饭是最具特色的民族食品,吃起来清香可口。傣族人嗜酒,喜嚼槟榔。

（四）传统民居

在滨水的河谷坝区,傣族的民居建筑以竹楼为主。上下两层,以木、竹做桩、楼板、墙壁,房顶覆以茅草、瓦块,上层栖人,下养家畜、堆放农具什物。山麓地带的傣族民居建筑多为厚重、结实的平顶土掌房。

（五）传统节日

节日多与宗教有关,主要节日有泼水节、关门节和开门节。泼水节即傣历新年,又称佛诞节、浴佛节或堆沙节,节日约于农历四月初清明节前后,是傣族最富民族特色的节日。节日凌晨,傣族人要到寺庙拜佛,妇女们用漂着鲜花的清水为佛洗浴。浴佛以后,彼此泼水嬉戏,相互祝愿,人们还举行赛龙舟、放高升、放孔明灯等传统娱乐活动和各种歌舞晚会。

（六）文化艺术

傣族有自己的天文历法和古籍,其文学艺术丰富多彩,尤以诗歌、传说、故事和寓言最为著名,如叙事诗《兰嘎西贺》、《孔雀公主》等。傣族地区流传最广的民间簧管乐器是"筚南叨"（葫芦丝),象脚鼓是最著名的打击乐器。傣族舞蹈种类很多,动作及内容主要模拟当地常见动物的活动,在此基础上加以人格化。极为流行的有孔雀舞、象脚鼓舞。

（七）习俗禁忌

傣族男孩在寺院修身时,忌与女人谈笑,忌被外人抚摸头部,若被外人（特别是女性）摸过头,则视为仇人。到傣家参观或做客,忌窥看主人的卧室。傣家客厅火塘边的柱子是绝对不允许靠的,若靠了柱子意味着不尊重主人。

第六节　青藏地区主要少数民族的民俗风情

一、藏族

主要聚居在西藏自治区,其余分布在青海、四川、甘肃及云南等地。藏族是汉语的称谓。西藏在藏语中称为"蕃",生活在这里的藏族自称"蕃巴",意为农业人群。"蕃巴"又按不同地域分为"堆巴"（阿里地区）、"藏巴"（日喀则地区）、"卫巴"（拉萨地区）、"康巴"（四川西部地区）、"安多洼"（青海、云南、川西北等地区）。

（一）语言文字

藏族有自己的语言和文字。藏语属汉藏语系藏缅语族藏语支,分卫藏、康方、安多三种方言。现行藏文是 7 世纪初根据古梵文和西域文字制定的拼音文字。

（二）文化艺术

藏族人民在漫长的历史发展中创造了灿烂的文化。成书于 8 世纪的医学巨著《四部医典》是古代藏族人民智慧的结晶;举世闻名的两大佛学丛书《甘珠尔》、《丹珠尔》是藏文大藏经的两大组成部分;《格萨尔王传》是中国三大英雄史诗之一,也是世界上最长的英雄史诗。史诗以说唱的形式描写和反映了藏族古代部落的历史,合计约有一百多部、七十多万诗行。

藏戏独具特色,歌曲和舞蹈充分体现了民族风格。唐卡是藏族文化中一种独具特色的绘画艺术形式,题材内容涉及藏族的历史、政治、文化和社会生活等诸多领域,堪称藏民族的百科全书。

（三）民族服饰

藏族服饰无论男女至今保留完整。传统服饰是藏袍,无领无扣,宽体广袖,大襟右衽,在领、袖、襟镶绸边或皮边。男子束腰带,已婚妇女多在腰间系一条彩色腰裙,称为"邦典"。藏帽式样繁多,质地不一,有金花帽、氆氇帽等一二十种。藏靴是藏族服饰的重要特征之一,常见的有"松巴拉木"花靴。注重头饰和配饰。配饰以腰部的佩褂最有特色,饰品多与古代生息生产有关。头饰的质地有铜、银、金质雕镂器物和玉、珊瑚、珍珠等珍宝。妇女喜爱在胸前挂宝石、珊瑚、玻璃珠等饰品,并在胸前挂金银小盒,做护身符。

（四）传统饮食

饮食主要有糌粑、肉食和奶制品。肉食为风干的牛羊肉,饮料有酥油茶和青稞酒,并有弹酒的礼俗。藏族人绝对禁吃驴肉,马肉和狗肉,有些地区也不吃鱼肉。牧区的藏族都要随身佩带一把精制的藏刀,主要用来切割食物,还用于宰羊、剥皮、削帐房橛子等劳动,藏刀的制作历史悠久,工艺精湛。

(五)传统民居

藏族民居多为土石结构的平房或二层楼。坐北朝南,平顶厚墙,形如碉房,具有浓厚的民族特色。楼房的上层住人,下层多做灶房、库房或畜圈。牧民一般住半永久性的帐房,用牦牛毛织成的黑色毡子覆盖,也叫黑帐房、长方形或椭圆形,迁移方便,结实耐用。

(六)传统节日

藏族的传统节日主要有雪顿节、望果节、藏历年、酥油花灯节、沐浴节。藏历年是藏族人民隆重的传统节日。节日期间人们互赠哈达,互道"扎西德勒"(吉祥如意),演唱藏戏,跳锅庄和弦子舞,还进行角力、投掷、拔河、赛马、射箭等活动。雪顿节(意为酸奶盛宴)是藏族传统节日之一,节期在藏历七月初,因活动内容以藏戏会演为主,故又称为"藏戏节"。望果节,藏语意为"转地头",在谷物将要成熟时举行,村民绕本村土地转圈游行,以祈丰年,是藏族人民预祝丰收的节日。节日期间有赛马、射箭、演藏戏、跳舞等活动,还举办丰盛的郊宴。

(七)习俗禁忌

献哈达是藏族待客规格最高的一种礼仪,表示对客人热烈的欢迎和诚挚的敬意。哈达是藏语,即纱巾或绸巾。以白色为主,亦有浅蓝色或淡黄色的,一般长 1.5 米至 2 米,宽约 20 厘米。最好的是蓝、黄、白、绿、红五彩哈达。五彩哈达用于最高最隆重的仪式如佛事等。藏族普遍信奉藏传佛教,也有少数人信奉原始宗教苯教。佛寺里的经书、钟鼓以及活佛的身体、佩戴的念珠等物被视为圣物,忌别人随便触摸;转经筒、转寺院、叩长头要按顺时针方向转动。行路遇到寺院、玛尼堆、佛塔等宗教设施,必须从左往右绕行;不得跨越法器、火盆;忌讳别人用手触摸头顶;忌讳触摸藏服。客人进门时绝对不要踩踏门槛。

思考题:

1. 汉族主要传统节日活动有哪些?
2. 传统民居为干栏式建筑的民族有哪些?
3. 各主要少数民族的服饰特点。
4. 各主要少数民族最具代表性的文化艺术形式。
5. 回族、维吾尔族和藏族的饮食特点和习俗禁忌。
6. 我国各民族语言分属的语系有哪些?
7. 我国人口最多和最少的民族分别是哪个民族?

第七章　中国饮食文化

本章导读

通过本章学习：

了解中国饮食文化的主要类型以及对世界饮食文化的影响,中国菜系的形成,酒的起源,中国茶文化的形成与发展,中国茶道的基本精神。

——识记中国八大菜系的代表菜,不同香型酒水的代表、产地,中国名茶品种。

——掌握官府菜及四大菜系的特点,中国酒的分类方法,中国茶的种类、特点与产地。

中国烹饪源远流长,内涵丰富,以其工艺精湛、工序完整、流程严谨、烹调方法复杂多变等特点在世界烹饪史上独树一帜,形成独具特色的饮食文化。中国是世界公认的东方烹饪的代表,与法国、土耳其并列为世界三大烹饪王国。孙中山先生在《建国方略》中曾说:"昔日中西未通市以前,西人只知烹饪之道法国为世界之冠,及一尝中国之味,莫不以中国为冠矣。""中国烹饪为世界之冠"的说法现在得到越来越多的认同。

第一节　中国饮食文化概述

一、中国饮食文化类型

中国历史悠久,幅员辽阔,人口众多,因而形成了丰富多彩的饮食文化。我们可以从饮食者角度来认识中国饮食文化的类型。

（一）宫廷、贵族饮食

任何社会,统治阶级的思想就是占统治地位的思想。其饮食行为,也无不渗透着统治者的思想和意识,表现出其修养和爱好,这样,就形成了独具特点的宫廷饮食。宫廷饮食的特点是选料、用料严格,烹饪精细,花色品种繁杂多样。宫廷饮食规模的庞大、种类的繁杂、选料的珍贵及厨役的众多,必然带来人力、物力和财力上极大的铺张浪费。

官府贵族饮食,虽没有宫廷饮食的铺张、刻板和奢侈,但也是竞相斗富,在长期的发展中形成了各自独特的风格和极具个性化的制作方法。贵族饮食以孔府菜和谭家菜最为著名。

孔府历代都设有专门的内厨和外厨。在长期的发展过程中,形成了饮食精美、注重营养、风味独特的饮食菜肴。这无疑是受孔老夫子"食不厌精,脍不厌细"祖训的影响。孔府宴的另一个特点是,无论菜名,还是食器,都具有浓郁的文化气息。如"玉带虾仁"表明孔府地位的尊荣。在食器上,除了特意制作一些富于艺术造型的食具外,还镌刻了与器形相应的古诗句,如在琵琶形碗上镌有"碧纱待月春调珍,红袖添香夜读书"。所有这些,都传达了天下第一食府饮食的文化品位。

另一久负盛名、保存完整的贵族饮食,当属谭家菜。谭家祖籍广东,又久居北京,故其肴馔集南北烹饪之大成,既属广东系列;又有浓郁的北京风味,在清末民初的北京享有很高声誉。谭家菜的主要特点是选材用料范围广泛,制作技艺奇异巧妙,而尤以烹饪各种海味为著。谭家菜的主要制作要领是调味讲究原料的原汁原味,以甜提鲜,以咸引香;讲究下料狠,火候足,故菜肴烹时易于软烂,入口口感好,易于消化;选料加工比较精细,烹饪方法上常用烧、熻、烩、焖、蒸、扒、煎、烤等诸法。

（二）市井、百姓饮食

市井饮食是随城市贸易的发展而发展的，所以它首先是在城市、商埠以及各水陆交通要道发展起来的，这些地方发达的经济、便利的交通、云集的商贾、众多的市民，以及南来北往的食物原料、四通八达的信息交流，都为市井饮食的发展提供了充分的条件。如唐代的洛阳和长安、两宋的汴京和临安、清代的北京，都汇集了当时的饮食精品。

市井饮食具有技法各异、品种繁多的特点，如《梦粱录》中记有南宋临安当时的各种熟食839种。而烹饪方法上，仅《梦粱录》所录就有蒸、煮、熬、酿、煎、炸、焙、炒、燠、炙、鲊、脯、腊、烧、冻、酱、焐、焅（微火煮物）等十九类，而每一类下又有若干种。当时饮食不仅满足不同阶层人士的饮食需要，还考虑到不同时间的饮食需要。因为市井饮食的对象主要是当时的坐贾行商、贩夫走卒，而这些人来去匆匆，行止无定，所以随来随吃、携带方便的各种大众化小吃便极受欢迎。

（三）民族饮食

民族饮食指的是除汉族之外各少数民族的菜肴。由于各少数民族所处的不同的社会历史发展阶段，所处地域、环境、物产、宗教信仰等的不同，所以几乎每一个少数民族都有各自不同的饮食习俗和爱好，并最终形成了与本民族文化相应的、独具品位的饮食文化。

（四）宗教饮食

在中国文化中，宗教饮食主要指的是道教、佛教和伊斯兰教的饮食。

道教起源于原始巫术和道家学说，所以道教饮食深受道家学说的影响。在日常饮食中禁食鱼羊荤腥及辛辣刺激之食物，以素食为主，并尽量地少食粮食等，以免使人的先天元气变得混浊污秽，提倡多食水果，因为"日啖百果能成仙"。道家饮食烹饪上的特点就是尽量保持食物原料的本色本性。

佛教在印度本土并不食素,传入中国后与中国的民情风俗、饮食传统相结合,形成了其独特的饮食风格。其特点首先是提倡素食,这是与佛教提倡慈善、反对杀生的教义一致的。其次,茶在佛教饮食中占有重要地位。由于佛教寺院多在名山大川,这些地方一般适于种茶,而茶本性又清淡淳雅,具有镇静清心、醒脑宁神的功效,于是种茶不仅成为僧人们体力劳动、调节日常单调生活的重要内容,也成为培育其对自然、生命热爱之情的重要手段,因此饮茶也就成为历代僧侣漫漫青灯下面壁参禅、悟心见性的重要方式。最后,佛教饮食的特点是就地取材,佛寺的菜肴,善于运用各种蔬菜、瓜果、笋、菌菇及豆制品为原料。

伊斯兰教教义中强调"清静无染"、"真乃独一",所以其饮食形成了自成一格的格局,称为"清真菜"。清真菜以对牛、羊肉丰富多彩的烹饪而著名。清真系列中还有一些小吃也颇具特色,如北京的锅贴、羊肉水饺,西安的羊肉泡馍,兰州的牛肉拉面、酿皮,新疆的烤馕、烤包子,各具风味。

二、中国饮食文化对世界饮食文化的影响

早在中国秦汉时期,中国就开始了饮食文化的对外传播。据《汉书》记载,秦代时"燕、齐、赵民避地朝鲜数万口"。这么多的中国居民来到朝鲜,自然会把中国的饮食文化带到朝鲜。汉代中国人卫满曾一度在朝鲜称王,此时中国的饮食文化对朝鲜的影响最深。西汉张骞出使西域,通过丝绸之路同中亚各国开展经济和文化的交流活动,把中国饮食传到了西域。比西北丝绸之路还要早一些的西南丝绸之路,在汉代同样发挥着对外传播饮食文化的作用,至今越南和东南亚各国仍然保留着吃粽子的习俗。此外,海上丝绸之路也扩大了中国饮食文化在世界上的影响。地处海上丝绸之路要冲的泰国,自唐代以来便和中国的汉族交往频繁,至今泰国

人的生活习俗和中国内地仍有许多共同之处。

　　受中国饮食文化影响更大的国家是日本。8 世纪中叶,唐朝高僧鉴真东渡日本,带去了大量的中国食品以及制造糕点的工具和技术,把中国的饮食文化带到了日本。唐代时,在中国的日本留学生还几乎把中国的全套岁时食俗带回了本国。中国菜对日本菜的影响也很大。17 世纪中叶,中国僧人黄檗宗将素食菜肴带到日本,被日本人称为"普茶料理"。后来又有一种中国民间的荤素菜肴传到日本,称为"卓袱料理"。"卓袱料理"对日本的餐饮业影响很大,它的代表菜如"胡麻豆腐"、"松肉汤"等,至今还列在日本一些餐馆的菜谱上。日本人调味时经常使用的酱油、醋、豆豉、红曲以及日本人经常食用的豆腐、酸饭团、梅干、清酒等,都来源于中国。

　　中国饮食文化对缅甸、老挝、柬埔寨等国的影响也很大,其中以缅甸较为突出。14 世纪初,元朝军队深入缅甸,驻防达 20 年之久。同时,许多中国商人也旅居缅甸,给当地人的饮食生活带来很大的变革。距离中国稍远的几个东南亚岛国,像菲律宾、马来西亚、印度尼西亚等,受中国饮食文化的影响也不小。

第二节　中国的菜系

　　由于物产、气候、习俗和传统的不同,不同地区的人们口味存在很大差异。中国烹调实践强调"适口",不同地区自然会产生适应当地人口味的肴馔,也培养了一批擅长烹调特定地区肴馔的厨师。过去称不同地区的厨师为京帮、鲁帮、闽帮、川帮等,借以区别各地区肴馔的特色,现统称"菜系"。菜系,指自成系列、烹调技艺等方面都有自己的特点,各种肴馔制作在内部有一定的联系,并具备一定规模的菜肴流派。对中国菜系分法,最有影响的是海内外公认的"四大菜系"和"八大菜系"。"四大菜系"即鲁(山东菜系)、川(四川菜系)、淮扬(淮安和扬州菜系)、粤(广东菜系)。"八大菜系"即鲁、川、苏、粤、湘(湖南菜系)、浙(浙江菜系)、闽(福建菜系)、皖(安徽菜系)。另外,还有十大菜系之说,即"八大菜系"再加上北京(京)、上海(沪)两个菜系。还有"十二大菜系"之说,即"十大菜系"再加上"河南(豫)、陕西(陕、秦)"两个菜系。除以上所列的菜系之外,各省、市,如东北三省、湖北、台湾、香港等地区,亦有各自的一些特色。随着时间的推移,菜系并非永恒不变,某些菜系可能已显落后,而有些菜系则会取得更大发展。此外,按不同角度划分,中国菜系还可分为御膳、官府菜、少数民族菜系、素菜、药膳等。

一、八大菜系简介

(一)鲁菜

鲁菜也称山东菜,历史悠久,是我国北方菜的代表,对京、津、东北各地影响较大。现今鲁菜由沿海胶东菜、内陆济南菜以及自成体系的孔府菜组成。鲁菜以其味鲜咸脆嫩,风味独特,制作精细享誉海内外。庖厨烹技全面,巧于用料,注重调味,适应面广,其中尤以"爆、烧、塌"最有特色。鲁菜还精于制汤,汤有"清汤"、"奶汤"之别。烹制海鲜有独到之处,对海珍品和小海味的烹制堪称一绝。代表菜有九转大肠、锅塌豆腐、清汤燕窝、奶汤蒲菜、葱烧海参、糖醋黄河鲤鱼、清蒸加吉鱼、炸蛎黄、油爆海螺等。

(二)川菜

川菜以成都风味为主,还包括重庆、乐山、江津、自贡、合川等地方风味,讲究色、香、味、形、器,兼有南北之长,以味多、广、厚著称。川菜重用"三椒"(辣椒、花椒、胡椒)和鲜姜,有干烧、鱼香、怪味、椒麻、红油、姜汁、糖醋、荔枝、蒜泥等复合味型,形成"清鲜醇浓、麻辣辛香、一菜一格、百菜百味"的独特风格。代表菜有宫保鸡丁、麻婆豆腐、鱼香肉丝、灯影牛肉、干煸牛肉、虫草鸭子、家常海参、干烧岩鱼、水煮肉片等。

(三)苏菜

苏菜系由淮扬、江宁、苏锡、徐海等地方风味菜肴组成,以淮扬菜为主体。其共同特点是:选料严谨,制作精细,因材施艺,四季有别,既精工焖、煎、蒸、烧、炒,又讲究吊汤和保持原汁原味,咸甜醇正适中,酥烂脱骨而不失其形,滑嫩爽脆而益显其味。代表菜有松鼠鳜鱼、清炖狮子头、三套鸭、叫花鸡、盐水鸭、翡翠蹄筋、红烧鲫鱼、清炖鸡孚等。

(四)粤菜

粤菜由广州菜、潮州菜、东江菜等组成,以广州菜为代表,有悠久的历史。粤菜取料广泛,善用狸、猫、蛇、狗入馔,尤以蛇馔饮享誉海内外。烹调方法尤以炒、煎、焗、焖、炸、煲、炖、扣等见长,讲究火候。粤菜注重质和味,口味比较清淡,力求清中求鲜、淡中求美。而且随季节时令的变化而变化,夏秋偏重清淡,冬春偏重浓郁。粤菜配合四季更替,有"五滋"、"六味"之说。五滋:清、香、脆、酥、浓。六味:酸、甜、苦、辣、咸、鲜。著名的代表菜有烤乳猪、蚝油牛肉、龙虎斗、冬瓜盅、文昌鸡、烩蛇羹、开煲狗肉、梅菜扣肉、东江盐焗鸡、大良炒鲜奶。

(五)浙菜

浙江菜系由杭州、宁波和绍兴菜构成。浙江菜系具有讲究刀工、制作精细、变化较多、因时而异、简朴实惠、富有乡土气息等特点。主要代表菜有西湖醋鱼、龙井虾仁、干炸响铃、油焖春笋、生爆鳝片、叫花鸡、莼菜黄鱼羹、清汤越鸡等。

(六)闽菜

闽菜主要由福州、厦门、闽西三部分组成。其特点是:制作细巧,讲究刀工,色调美观,调味清鲜。口味方面,福州偏酸甜,闽南多香辣,闽西喜浓香醇厚。主要代表菜有佛跳墙、太极明虾、小糟鸡丁、清汤鱼丸、鸡丝燕窝、沙茶焖鸡块等。

（七）湘菜

湘菜由湘江流域、洞庭湖地区和湘西山区三种地方风味菜组成。辣味菜和烟熏腊肉是湖南菜系的共同风味特点。口味重辣、酸、香、鲜、软、脆。主要代表菜有麻辣子鸡、东安子鸡、腊味合蒸、红煨鱼翅、金钱鱼、酸辣红烧羊肉、清炖羊肉、洞庭肥鱼肚、吉首酸肉等。

（八）徽菜

徽菜是由徽州、沿江、沿淮三个地方菜构成。徽菜素以烹制山珍野味著称。善用皖南山区特产之马蹄（甲鱼）和牛尾狸（果子狸）制作菜肴，其特点是选料朴实，讲究火功，芡大油重，实惠。著名菜肴有红烧果子狸、火腿炖甲鱼、红烧划水、符离集烧鸡、黄山炖鸽、奶汁肥王鱼、毛峰熏鲥鱼等。

二、其他菜系简介

（一）宫廷风味菜

宫廷菜是皇宫内御膳房制作的、专供皇帝和后妃们享用的菜肴。宫廷菜具有富丽堂皇、讲究食补、名菜荟萃、制作精湛等特色，在色、质、味、形、器、名、时、养上特别讲究，带有皇家气派。由于历史条件和原料的限制，宫廷菜很难在民间流传。辛亥革命后，清代御厨流散民间，才把宫廷菜带到四面八方。如今最具代表性的宫廷菜有北京清宫菜（名菜有鱼藏剑、龙须驼掌、炒豆腐脑等）、西安仿唐菜（名菜有辋川小样、驼蹄羹、遍地锦装鳖等）、开封仿宋菜（名菜有两色腰子、水晶脍等）、杭州仿宋菜（名菜有东坡脯、莲花鸡签、蟹酿橙等）。

（二）素菜

素菜的特点是原料全素，讲究色香味形的完美统一，尤以烹调形荤实素的菜肴工艺最为精湛，讲求营养。代表菜有罗汉斋、素火腿、半月沉江（以面筋配以香菇、冬笋等煮蒸而成，由半片香菇沉于碗底如半月得名)、红焖鸭、炒腰花(南普陀寺名菜)、醋熘素黄鱼、脆皮烧鸡、炒素蟹粉(浙江省功德林)等。

第三节　中国的酒

　　酒是一种用粮食、水果等含淀粉或糖的物质经发酵制成的含乙醇的带刺激性的饮料。酒是人类最古老的食物之一。作为一种物质文化,酒的形态多种多样,其发展历程与经济发展史同步。作为一种精神文化,它体现在社会政治生活、文学艺术乃至人的人生态度、审美情趣等诸多方面。酒文化作为一种特殊的文化形式,在传统的中国文化中有其独特的地位。在几千年的文明史中,酒几乎渗透到社会生活的各个领域。中国古人将酒的作用归纳为三类:酒以治病,酒以养老,酒以成礼。事实上酒的作用并不仅限于此三类,起码还包括:酒以成欢,酒以忘忧,酒以壮胆。

一、酒的起源

　　在古代,有很多酿酒发明者的传说。公元前2世纪成书的《吕氏春秋》说:"仪狄作酒。"东汉《说文解字》中解释"酒"字的条目中有"杜康作秫酒"。汉代成书的《黄帝内经·素问》中记载了黄帝与岐伯讨论酿酒的情景。对于这些观点,宋代《酒谱》曾提出质疑,认为"皆不足以考据,而多其赘说也"。这些传说尽管各不相同,但大致说明酿酒早在四千年前的夏朝或者夏朝以前就存在了。目前已经在山东莒县出土距今五千多年的酿酒器具,这说明我国酿酒起码在五千年前已经开始,而酿酒之起源当然还在此之前。在远古时代,人们可能先接触到某些天然发酵的酒,然后加以仿制。我国晋代的江统在《酒诰》中写道:"酒之所兴,肇自上皇,或云仪狄,又云杜康。有饭不尽,委馀空桑,郁积成味,久蓄气芳,本出于此,不由奇方。"在这里,古人提出剩饭自然发酵成酒的观点,是符合科学道理及实际情况的。江统是我国历史上第一个提出谷物自然发酵酿酒学说的人。最近科学家发现,在漫漫宇宙中,存在一些由酒精组成的天体,其所蕴藏的酒精如果制成啤酒,可供人类饮几亿年。这说明酒是自然界的一种天然产物。人类不是发明了酒,仅仅是发现了酒。

二、中国酒的分类

根据酿造方法和酒的特点,通常分为三类:(1)蒸馏酒。原料经发酵后用蒸馏法制成的酒叫蒸馏酒。这类酒乙醇含量高,如白兰地、白酒均属此类。(2)酿造酒。亦称压榨酒或原汁发酵酒,是将原料发酵后,直接提取或用压榨法而取得的酒。这类酒乙醇含量较低,如黄酒、啤酒、果酒等均属此类。(3)配制酒。指用一种白酒、果酒或食用酒精做主要原料(通常这种主要原料称为基酒),再将其他不同的原料与基酒进行勾兑,使之成为种类不同的新品种。如药酒、玫瑰露酒均属此类。

根据酒的原料可分为白酒(用高粱、玉米、甘薯)、黄酒(用糯米、大米、黄米)、啤酒(用大麦和啤酒花)、果酒(用水果)等品种。

根据酒精含量分为高度酒(40°以上)、中度酒(20°~40°)和低度酒(20°以下)。

三、中国白酒

白酒是以谷物及其他含有丰富淀粉的农副产品为原料,以酒曲为发酵剂经糖化发酵后用蒸馏法制成的含乙醇的饮品。中国白酒在世界上有很高的地位,与白兰地、威士忌、朗姆酒、伏特加、金酒并称为世界六大蒸馏名酒。

(一)白酒的种类

中国白酒有很多分类方法,可按照使用的主要原料分类,也可按照生产工艺、糖化发酵剂和香型分类。依照香型白酒可分为五大类：

1. 酱香型（又称茅香型）。以贵州茅台为代表。其特点是：酒体醇厚，香而不艳，郁而不猛，入口微有焦香，但苦不留口，回味悠长，留香持久。

2. 浓香型（又称泸香型）。以泸州老窖和五粮液为代表。其特点是：窖香浓郁，绵甜甘洌，香气协调，尾净余长。

3. 清香型（又称汾香型）。以山西杏花村汾酒为代表。其特点是：清香醇正，醇甜柔和，口味协调，余味爽净。

4. 米香型：以桂林三花酒为代表。其特点是蜜香清雅，入口绵柔，落口爽洌，回味怡畅。

5. 其他香型。如药香型，以董酒为代表；风香型，以西凤酒为代表。

（二）名酒选介

1. 茅台酒。因产于贵州省仁怀县茅台镇而得名。茅台镇地处河谷，风速小，其独特的地理环境十分有利于酿造茅台酒微生物的栖息和繁殖。茅台酒以特有的红缨子高粱为原料，酿造工艺复杂，具体表现为"三高"（高温制曲、高温堆积发酵、高温馏酒）"三长"（基酒生产周期长；大曲贮存时间长；基酒酒龄长）。茅台酒被誉为"国酒"，具有酱香突出、幽雅细腻、酒体醇厚丰满、回味悠长、空杯留香持久的特点，其优秀品质和独特风格是其他白酒无法比拟的。茅台酒在1915年巴拿马万国博览会上荣获金奖，被誉为世界名酒，在我国历届评酒会上均名列榜首。

2. 五粮液。又称"杂粮酒"，大曲浓香型白酒，产于四川宜宾市，是用小麦、大米、玉米、高粱、糯米五种粮食配方，小麦制曲，人工培窖，双轮低温发酵，量质摘酒，按质拼坛，分级储存，精心勾兑的独特技术和悠久的传统工艺精酿而成，以"香气悠久，滋味醇厚，进口甘美，入喉净爽，各味谐调，恰到好处"的风格独树一帜。

自 1915 年获巴拿马万国博览会金奖,五粮液酒相继在世界各地的博览会上,共获 39 次金奖。1995 年再获巴拿马第十三届国际贸易博览会金奖,铸就了五粮液"八十年金牌不倒"的辉煌业绩;2002 年 6 月,在巴拿马第 20 届国际商展上又一次荣获白酒类唯一金奖,续写了五粮液百年荣誉。

3. 汾酒。产于山西汾阳杏花村,是我国清香型白酒的典型代表。汾酒工艺精湛,源远流长,以粮谷等为主要原料,经糖化、发酵、蒸馏、贮存、勾兑酿制而成,素以入口绵、落口甜、饮后余香、回味悠长的特色而著称。汾酒有 4000 年左右的悠久历史,1500 年前的南北朝时期,汾酒作为宫廷御酒受到北齐武成帝的极力推崇,被载入二十四史,使汾酒一举成名。

4. 剑南春。产于四川省绵竹市,浓香型。因绵竹在清代属剑南道,故称"剑南春"。剑南春以高粱、大米、玉米、小麦、糯米五种粮食为原料,用小麦制曲,精心酿制而成。剑南春酒具有芳香浓郁、醇和回甜、清冽净爽、余香悠长的特点。

5. 古井贡酒。产于安徽省亳州市古井酒厂,浓香型。因采用千年古井泉水酿造,从明朝万历年至清代一直是朝廷贡品,故名"古井贡酒"。古井贡酒以高粱为主要原料,以小麦、大麦、豌豆制曲,在传统工艺基础上,吸取泸州老窖大曲的优点,自成一家。古井贡酒具有酒液清澈透明,酒体甘美醇和,香气醇如幽兰、余香悠久的特点。

6. 洋河大曲酒。产于江苏省泗阳县洋河酒厂,浓香型。洋河大曲采用洋河镇著名的"美人泉"优质软水,以优质黏高粱为原料,用老窖发酵酿制而成。具有酒质醇香浓郁、柔绵甘冽、回香悠长、余味净爽的特点。

7. 泸州老窖特曲。产于四川泸州市泸州酒厂,浓香型。它以黏高粱为原料,用小麦制曲,采用龙泉井水和沱江水,以传统的老窖发酵制成,素有"两千年老窖万年糟"的说法。泸州老窖特曲具有酒液无色透明、醇香浓郁、清冽甘爽、回味悠长的特点。

8. 董酒。产于贵州省遵义市董酒厂,复合香型。因厂址坐落于北郊的董公寺而得名。它采用黏高粱为原料,加入130多味中药材制成大、小曲,用小曲小窖发酵成酒醅,用大曲大窖发酵成香醅,再以酒醅香醅串蒸,经量质摘酒、陈酿勾兑而成。董酒既有小曲酒的柔绵醇和、回甜,又有大曲酒的芳香浓郁,饮后甘爽味长。

四、中国葡萄酒

葡萄酒是用新鲜的葡萄或葡萄汁经发酵酿成的酒精饮料。通常分红葡萄酒和白葡萄酒两种。前者是红葡萄带皮浸渍发酵而成;后者是葡萄汁发酵而成的。

(1)烟台红葡萄酒(甜型)。产于山东省烟台市张裕葡萄酿酒有限公司。烟台红葡萄酒是一种本色本香,质地优佳的纯汁红葡萄酒。它以著名的玫瑰香、玛瑙红、解百纳等优质葡萄为原料,经过压榨、去渣皮、低温发酵、木桶贮存、多年陈酿后,再经过勾兑、下胶、冷冻、过滤、杀菌等工艺处理而成。酒度为16°,含糖度12%。酒液色如红宝石,透明如晶体,具有香气浓郁、滋味醇厚、酸甜适口、芳香扑鼻的特点。

(2)中国红葡萄酒(甜型)。产于北京市葡萄酒厂。中国红葡萄酒呈棕红色,以玫瑰香葡萄、龙眼葡萄等优质良种葡萄为原料分别发酵,然后进行勾兑、调色,贮存2年以上。酒度为16°,含糖度为12%。成酒色泽美观,质地纯净,果香浓郁,味感爽口,甜酸适度。

(3)长城干白葡萄酒(干)。产于河北怀来县沙城酒厂。酒度为11°。它采用当地优质龙眼葡萄为原料,用纯葡萄汁发酵而成,颜色微黄带绿,果香浓醇,爽而不涩。

五、中国黄酒

黄酒至今已有6000余年的酿造历史,与啤酒、葡萄酒并称为世界三大古酒。黄酒唯中国独有,其用曲制酒、复式发酵酿造方法,堪称世界一绝。黄酒营养丰富,内含 21 种氨基酸、多种蛋白质、有机酸、糖类和维生素,素有"液体蛋糕"的美誉。以浙江绍兴黄酒为代表的麦曲稻米酒是黄酒历史最悠久、最有代表性的产品。山东即墨老酒是北方粟米黄酒的典型代表,福建龙岩沉缸酒、福建老酒是红曲稻米黄酒的典型代表。

(1)绍兴加饭酒。产于浙江省绍兴市,古称"山阴甜酒"、"越酒",距今已有 2300 多年的酿造历史。因在生产时改变了配料的比例,增加了糯米或糯米饭的投入量而得名。加饭酒是采用优质糯米和麦曲,经长期发酵酿制而成。酒成后装坛密封,贮存 3 年以后才出售。酒精度在 18°~19°之间,糖分 0.5%~3%。色泽橙黄清澈,香气芬芳浓郁,滋味鲜甜醇厚,具有越陈越香,久藏不坏的特点。

(2)龙岩沉缸酒。产于福建省龙岩市。酒度在 14°~16°之间,总糖可达 22.5%~25%,属于特甜型酒。它以上等糯米为原料,用曲多达四种,酿造时,先加入药曲、散曲和白曲,酿成甜酒酿,再分别投入著名的古田红曲及特制的米白酒,长期陈酿。龙岩酒有不加糖而甜,不着色而艳红,不调香而芬芳三大特点。酒质呈琥珀光泽,甘甜醇厚,风格独特。

六、中国啤酒

啤酒于 20 世纪初传入中国,属外来酒种。啤酒是根据英语 Beer 译成中文"啤",故称其为"啤酒"。啤酒以大麦芽、酒花、水为主要原料,经酵母发酵作用酿制而成的饱含二氧化碳的低酒精度酒。青岛啤酒是中国最具知名度和最受国际认可的啤酒品牌。

青岛啤酒。产于山东青岛,创始于 1903 年。该酒选用优质大麦为原料,使用著名的崂山泉水,添加优质酒花,经煮沸、冷却、发酵、储藏而成。原麦汁浓度为 12°,酒精含量 3.5%~4%。酒液清澈透明、呈淡黄色,泡沫清白、细腻而持久。

第四节　中国的茶

"茶者,南方之嘉木也。"茶叶作为一种著名的保健饮品,是古代中国南方人民对中国饮食文化的贡献,也是中国人民对世界饮食文化的贡献。据可查的大量实物证据和文史资料显示,世界其他国家的饮茶习惯和茶树种植都传自中国。

茶与咖啡、可可并称为世界三大饮料。茶因富含咖啡因、茶碱、鞣酸、挥发油、维生素 B、维生素 C 等,具有强心助神、生津止渴、消食健胃、消炎收敛等功能。

一、中国茶文化概述

茶文化从广义上讲,分茶的自然科学和茶的人文科学两方面,是指人类社会历史实践过程中所创造的与茶有关的物质财富和精神财富的总和。从狭义上讲,着重于茶的人文科学,主要指茶的精神和社会功能。

中华茶文化源远流长,博大精深。几千年来中国不但积累了大量关于茶叶种植、生产的物质文化,更积累了丰富的有关茶的精神文化。茶的精神深入中国的诗词、绘画、书法、宗教、医学。中国人饮茶,注重一个"品"字。"品茶"不但是鉴别茶的优劣,也带有神思遐想和领略饮茶情趣之意。中国茶文化比"茶风俗"、"茶道"的范畴深广得多,这也是中国茶文化与欧美或日本茶文化的区别所在。

(一)中国茶文化的形成与发展

中国从何时开始饮茶,众说不一。公元前 59 年王褒的《僮约》中就提到家童煮茶之事,饮茶的起始时间当比这更早一些。茶以文化面貌出现,是在汉魏两晋南北朝时期。魏晋南北朝时期,饮茶已经成为待客、祭祀并表示一种精神、情操的手段,同时也与佛、道教联系起来。在道家看来,茶是帮助炼"内丹",升清降浊,轻身换骨,修成长生不老之体的好办法;在佛家看来,茶又是禅定入静的必备之物。尽管此时尚未形成完整的宗教饮茶仪式和阐明茶的思想原理,但茶已经脱离作为饮食的物态形式,具有显著的社会、文化功能。

中国茶文化正式形成于唐代,其标志是"茶圣"陆羽所著的《茶经》问世。《茶经》是一部关于茶叶生产的历史、源流、现状、生产技术以及饮茶技艺、茶道原理的综合性论著,是中国乃至世界现存最早、最完整、最全面介绍茶的专著,被誉为"茶叶百科全书"。它不仅是一部精辟的农学著作又是一本阐述茶文化的书,推动了中国茶文化的发展。这一时期,饮茶之风由中原传到西北各地,乃至西藏。

宋代拓展了茶文化的社会层面和文化形式,茶事兴旺,但茶艺走向繁复、琐碎、奢侈,失去了唐代茶文化深刻的思想内涵,过于精细的茶艺淹没了茶文化的精神,失去了其高洁深邃的本质。元代茶艺向简约、与自然契合方向发展。明清时期茶文化普及,茶类增多,泡茶技艺有别,茶具款式、质地、花纹千姿百态。到清代茶叶出口已成正式行业,茶书、茶事、茶诗不计其数。宋元明清时期,茶学专著纷纷问世,如宋代蔡襄的《茶录》、黄儒的《品茶要录》、明代许次纾的《茶疏》、顾元庆的《茶谱》、清刘源长的《茶史》等。

(二)茶艺与茶道

茶艺是包括茶叶品评技法和艺术操作手段的鉴赏以及品茗美好环境的领略等整个品茶过程的美好意境,其过程体现形式和精神的相互统一。就形式而言,茶艺包括:选茗、择水、烹茶技术、茶具艺术、环境的选择创造等一系列内容。茶艺把人们日常饮茶引向艺术化。通过艺术加工,展现茶的冲、泡、饮的技巧,提升了品饮的境界,赋予茶以更强的灵性和美感。茶道是一种以茶为媒的生活礼仪,是修身养性的一种方式。通过沏茶、赏茶、闻茶、饮茶,增进友谊,美心修德,学习礼法。茶道是茶艺与精神的结合,通过品茶活动来表现一定的礼节、人品、意境、美学观点和精神思想。

茶艺是茶道的基础,茶艺可以独立于茶道而存在。茶道以茶艺为载体,依存于茶艺。茶艺重点在"艺",重在习茶艺术,以获得审美享受;茶道的重点在"道",旨在通过茶艺修身养性、参悟大道。茶道的内涵大于茶艺,茶艺的外延大于茶道。茶道精神是茶文化的核心和灵魂。

(三)中国茶道

茶道源于中国,兴于唐代,盛于宋、明代,衰于清代。中国茶道的主要内容讲究五境之美,即茶叶、茶水、火候、茶具、环境,同时配以情绪等条件,以求"味"和"心"的最高享受,被称为美学宗教。中国茶道吸收了儒、佛、道三家的思想精华。佛教强调"禅茶一味"以茶助禅,以茶礼佛,在从茶中体味苦寂的同时,也在茶道中注入佛理禅机,这对茶人以茶道为修身养性的途径,借以达到明心见性的目的有好处。而道家的学说则为茶道注入了"天人合一"的哲学思想,树立了茶道的灵魂。同时,还提供了崇尚自然、朴素和真实的美学理念和重生、贵生、养生的思想。

关于中国的茶道精神有不同的提法。浙江农业大学茶学专家庄晚芳教授曾提出中国的茶德应是"廉、美、和、敬";中国农业科学院茶叶研究所所长程启坤和研究员姚国坤则主张中国茶德可用"理、敬、清、融"四字来表述;台湾的范增平先生于1985年提出"中国茶艺的根本精神,乃在于和、俭、静、洁";台湾的周渝先生提出"正、静、清、圆"四字作为中国茶道精神的代表。陈香白教授则认为中国茶道精神的核心就是"和",一个"和"字,不但囊括了所有"敬"、"清"、"寂"、"廉"、"俭"、"美"、"乐"、"静"等意义,而且涉及天时、地利、人和诸层面。以上对中国茶道基本精神的归纳,虽然不尽相同,但其主要精神还是接近的,特别是清、静、和、美等符合中国茶道的精神和茶艺的特点,这与日本茶道(和、敬、清、寂)和韩国茶礼(清、敬、和、乐)的基本精神也是相通的。

中国茶道的具体表现形式有以下三种。(1)煎茶。把茶末投入壶中和水一块煎煮。唐代的煎茶,是茶的最早艺术品尝形式。(2)斗茶。古代文人雅士各携带茶与水,通过比茶面汤花和品尝鉴赏茶汤以定优劣的一种品茶艺术。斗茶又称为茗战,兴于唐代末,盛于宋代。最先流行于福建建州一带。斗茶是古代品茶艺术的最高表现形式。其最终目的是品尝,特别是要吸掉茶面上的汤花,最后斗茶者还要品茶汤,做到色、香、味三者俱佳,才算斗茶的最后胜利。(3)功夫茶。清代至今某些地区流行的功夫茶是唐、宋以来品茶艺术的流风余韵。清代功夫茶流行于福建的汀州、漳州、泉州和广东的潮州,后来在安徽祁门地区也有盛行。功夫茶讲究品饮功夫。饮功夫茶,有自煎自品和待客两种,特别是待客,更为讲究。

二、中国茶叶的种类

由于历史的积淀,我国成为世界茶叶品种最多的国家,饮誉海内外。古往今来,几经演变,我国茶叶品种不断花样翻新。目前茶叶分类尚未有统一的方法,按照不同的标准有不同的分类方法。其中安徽农业大学陈椽教授提出按制法和品质为基础,以茶多酚氧化程度为序把初制茶叶分为绿茶、黄茶、黑茶、青茶、白茶、红茶等六大茶类的方法已为国内外广泛采用。再加工茶类即以基本茶类的茶叶做原料,进行再加工形成各种各样的茶,如花茶、紧压茶、萃取茶、果味茶和含茶饮料等。

(一)基本茶类

1. 绿茶。绿茶是将采摘来的鲜叶先经高温杀青,杀灭了各种氧化酶,保持了茶叶绿色,然后经揉捻、干燥而制成,清汤绿叶是绿茶品质的共同特点。绿茶香气芬芳,滋味清鲜、爽口。主要品种有西湖龙井、洞庭碧螺春、六安瓜片、黄山毛峰、庐山云雾等。

2. 红茶。是用鲜茶叶经过发酵加工而成。所谓发酵，其实质是茶叶中原先无色的多酚类物质，在多酚氧化酶的催化作用下，形成红色的氧化聚合物——红茶色素。红茶色泽乌黑，水色红亮，滋味醇厚、鲜甜。主要品种有祁门红茶、英德红茶、云南红茶、四川红茶等。

3. 乌龙茶。属于半发酵茶，兼有红茶和绿茶的色、香、味之优点。外形色泽青褐，因此也称为"青茶"。主要产于福建、广东和台湾。典型的乌龙茶叶片中间呈绿色，叶缘呈红色，素有"绿叶红镶边"之美称。乌龙茶的最大特点是香气馥郁、回味悠长，耐冲泡，有减肥美容之妙用。我国著名的乌龙茶有武夷山岩茶、水仙、铁观音等。

4. 白茶。是一种不经发酵和揉捻的特种茶叶。其基本制作工艺过程是萎凋、晒干或烘干。白茶常常选用芽叶上白茸毛多的品种，制成的成品茶满披白毫，十分素雅，汤色清淡，味鲜醇。我国著名白茶多产于福建东北部山区。白茶按鲜嫩程度不同分为白毫银针、白牡丹、贡眉、寿眉四个品种，以银针最名贵。白毫银针又按茶树品种分为大白、水仙白、小白三种，以大白为最优。

5. 黄茶。黄茶属轻发酵茶类，基本工艺近似绿茶。黄茶的品质特点是"黄汤黄叶"，这是制茶过程中进行闷堆渥黄的结果。我国著名的黄茶有君山银针、蒙顶黄芽、霍山黄芽、北港毛尖等。

6. 黑茶。黑茶属于后发酵茶，是我国特有的茶类，生产历史悠久，以制成紧压茶边销为主，主产于湖南的安化县、湖北、四川、云南、广西等地。因制造过程中堆积发酵时间较长，色呈油黑或黑褐，故称黑茶。制茶工艺一般包括杀青、揉捻、渥堆和干燥四道工序。主要品种有湖南安化黑茶、湖北佬扁茶、四川边茶、广西六堡散茶、云南普洱茶等。

(二)再加工茶类

1. 紧压茶。古代就有紧压茶的生产，唐代的蒸青团饼茶、宋代的龙团凤饼,都是采摘茶树鲜叶经蒸青、磨碎、压模成型而后烘干制成的紧压茶。现代紧压茶与古代制法不同,大都是采用已制成的红茶、绿茶、黑茶的毛茶为原料,经过再加工、蒸压成型而制成,因此紧压茶属再加工茶类。砖茶、团茶、沱茶是紧压茶的主要品种。

2. 花茶。又名香片,是经过干燥加工、鲜花窨制而成的再制茶。花茶使嫩茶、鲜花交融一起,饮之香味扑鼻、回味无穷。有茉莉、珠兰、代代、桂花等品种。

三、中国名茶选介

(1)祁门红茶。简称祁红,是红茶中的极品,颇受英国皇家贵族的喜爱,被誉为"群芳最"、"红茶皇后",是世界名茶。主产于安徽省祁门、东至、贵池、石台、黟县,以及江西的浮梁一带。茶叶的自然品质以祁门的历口、闪里、平里一带最优。祁红茶叶外形条索紧细,苗秀显毫,色泽乌润;香气清香持久,似果香又似兰花香,国际茶市上称之为"祁门香";汤色红艳透明,叶底鲜红明亮,滋味醇厚,回味隽永。

(2)云南红茶。简称滇红,产于云南省南部与西南部的临沧、保山、凤庆、西双版纳、德宏等地,在全世界享有盛名。以中、小叶种红碎茶拼配形成,特点是条索肥硕,毫尖金黄,滋味浓厚,水色鲜艳带金黄色。

(3)武夷岩茶。产于闽北"秀甲东南"的武夷山,是乌龙茶的始祖。茶树生长在岩缝之中,品种以"大红袍"最为名贵。茶叶外形弯曲,条索紧结,色泽绿褐鲜润。茶汤呈深橙黄色,清澈明亮。茶香清醇辛锐,幽雅持久。"岩韵"是武夷岩茶独有的特征。

(4)铁观音茶。以福建安溪县所产最佳。"铁观音"既是茶名,又是茶树品种名。茶条卷曲,肥壮圆结,沉重匀整,色泽砂绿,汤色金黄浓艳似琥珀,有天然馥郁的兰花香,滋味醇厚甘鲜,俗称有"音韵"。铁观音茶香高而持久,称得上"七泡有余香"。

　　(5)龙井茶。因产于西湖附近的"龙井村"而得名。龙井茶因其产地不同,分为西湖龙井、钱塘龙井、越州龙井三种。龙井茶色泽翠绿,香气浓郁,滋味甘醇,形如雀舌,以色绿、馥郁、味甘、形美"四绝"闻名于世。

　　(6)碧螺春。主产于江苏省苏州市吴县太湖的洞庭山,所以又称"洞庭碧螺春"。特点是条索纤细,卷曲成螺,满身披毫,银白隐翠,清香淡雅,鲜醇甘厚,汤色碧绿清澈,叶底嫩绿明亮,有"一嫩(芽叶)三鲜(色、香、味)"之誉。

　　(7)太平猴魁。产于黄山北麓之猴坑。太平猴魁外形两叶抱芽,扁平挺直,自然舒展,白毫隐伏,有"猴魁两头尖,不散不翘不卷边"之称。叶色苍绿匀润,叶脉绿中稳红,汤色清绿明澈,兰香高爽,滋味醇厚回甘,有独特的猴韵。

　　(8)黄山毛峰。产于安徽黄山。由于新制茶叶白毫披身,芽尖峰芒,且鲜叶采自黄山高峰,遂将该茶取名为黄山毛峰。特级黄山毛峰条索细扁,形似"雀舌",带有金黄色鱼叶;芽肥壮、匀齐、多毫;香气清鲜高长;滋味鲜浓、醇厚,回味甘甜;汤色清澈明亮;叶底嫩黄肥壮,匀亮成朵。

　　(9)君山银针。因产于湖南岳阳洞庭湖中的君山,形细如针,故名君山银针。其成品茶芽头茁壮,长短大小均匀,茶芽内面呈金黄色,外层白毫显露完整,而且包裹坚实,雅称"金镶玉"。君山银针茶汁杏黄,香气清鲜,叶底明亮,又被人称作"琼浆玉液"。

　　(10)信阳毛尖。亦称"豫毛峰",以河南信阳地区所产为最佳。素来以"细、圆、光、直、多白毫、香高、味浓、汤色绿"的独特风格而饮誉中外。

　　(11)庐山云雾茶。古称"闻林茶",产于江西庐山。庐山云雾芽肥毫显,条索秀丽,香浓味甘,汤色清澈,是绿茶中的精品,以"味醇、色秀、香馨、液清"而久负盛名。

（12）普洱茶。主要产于云南省勐海县。普洱茶是采摘优良品种云南大叶种茶的鲜叶，经杀青后揉捻晒干，经过泼水堆积发酵而制成。其散茶外形条索粗壮肥大，色泽乌润或褐红，滋味醇厚回甘，并具有独特的陈香。

（13）茉莉花茶。以福建福州市产的为最佳。福州茉莉花茶选用上等绿茶为原料，配窨天然茉莉鲜花精制而成。茉莉花茶芬芳浓郁，醇甘鲜爽，水色明净，叶片嫩绿。

思考题：

1. 孔府菜和谭家菜的特点。
2. 中国四大菜系的特点及代表菜。
3. 依照香型白酒可分为哪几种类型？
4. 中国茶文化形成的标志是什么？
5. 与中国并称为世界三大烹饪王国的是哪些国家？
6. 世界三大古酒指的是哪三种酒？
7. 中国茶道的具体表现形式有哪些？

第八章　中国风物特产

本章导读：

通过本章学习：

——了解中国主要风物特产的艺术价值。

——识记各类风物特产的类型，典型代表及产地。

——掌握各类风物特产的特点。

第一节　陶瓷器与丝织刺绣品

一、陶瓷器

陶瓷器是陶器制品和瓷器制品的总称。中国是世界著名的陶瓷古国。早在 8000 年前的新石器时代，我国的先民已经会制造和使用陶器。瓷器是中国的伟大发明，瓷器以其无毒的特性、造型的典雅适用、釉面光滑便于洗涤等优点，现已成为世界使用最广泛、最受欢迎的生活用具。中国瓷器的发明对人类文明作出了卓越的贡献，中国被誉为"瓷器之国"。

（一）陶器

陶器是以黏土为原料，制成坯胎，经 700℃ ~ 800℃ 的炉温烧制而成。我国新石器时代陶器，按其颜色可以分为灰陶、红陶、彩陶、彩绘陶、黑陶、白陶以及印纹硬陶等系列。陶器胎质粗松，有吸水性,敲击声不脆。古代陶器主要用途包括:日常生活用的炊具、食器、盛器;随葬的明器;建筑用的陶水管、板瓦、筒瓦、瓦当、空心砖等;生产用的陶范、陶模、陶坩埚;陶塑艺术品。陶器的装饰,采用拍印、刻画、绘画、捏塑等艺术手法。秦汉以后的陶塑艺术有很大发展,如陕西临潼秦始皇陵出土的数千个巨型武士陶俑,身高均在1.8米以上,体魄健壮,容貌、神情、装饰千人千面。唐代烧制成功的低温釉陶三彩器(俗称"唐三彩"),不仅色彩斑斓,而且人物、动物造型的比例准确,线条流畅优美。东汉以后出现了青釉瓷器。随着社会发展的需要,瓷器已经广泛地运用于社会的各个方面,但陶器至今仍未退出历史舞台。我国当代的陶器,以江苏宜兴、广东石湾、广西钦州、山东淄博、湖南铜官、云南建水、甘肃天水、河北唐山等地所产最为著名。

1. 宜兴陶器。江苏宜兴丁蜀镇一带,东汉时已经成为制陶中心,烧造灰陶和釉陶。紫砂陶器始于宋而盛于明清。紫砂陶器是用一种质地细腻、含铁量高的特殊陶土制成的无釉细陶器。一般呈浅黄、赤褐、紫黑色。其原料是采用深藏于宜兴山腹地层中薄薄的一层紫泥砂,号称泥中泥。它含砂低,可塑性强;砂中含有较多有益于人体的微量元素,透气而不渗水,故沏茶不失原味,使用日久更加光润古雅。紫砂壶装饰千姿百状,特别是明清文人的参与创作,使紫砂壶成为集书画、诗文、篆刻、雕塑诸艺术于一体的艺术品。紫砂壶的造型大致可分为自然型、几何造型、筋纹造型、仿古器皿造型四类,品种达两千多种。宜钧,指宜兴生产的一种带釉的陶器,又称钧釉陶,盛行于明中叶。釉色以天青、天蓝、芸豆等色居多,釉层较厚,烧成温度在1200℃左右。由于产品与宋代钧窑相似,故明清人称之宜钧。宜兴现已成为我国主要的综合性陶产区之一,尤以紫砂陶、宜钧、彩陶、精陶著称,享有"陶都"之誉。

2. 石湾陶器。又称"石湾公仔",是广东佛山石湾镇所产的陶瓷工艺品。佛山石湾窑始于宋,极盛于明、清两代。石湾窑所制陶器器体厚重,胎骨暗灰,釉厚而光润,以古雅朴拙、神形兼备为特色。明代始制欣赏品,分人物、动物、山水、器皿四大品种,以人物器皿最佳。佛山石湾窑最善仿钧窑,由于仿钧的胎土仍属陶土,故世称"泥钧"。

3. 泥兴陶器。产于广西钦州,其精良可与江苏宜兴陶媲美,因而得名。取当地红土为原料,只打磨而不施釉,表面即有光泽;只变化窑温而不着色,即可显现暗棕、朱红、金黄、紫红、古铜、天蓝、墨绿等不同色彩。质地细腻坚实,耐酸碱腐蚀,故有"插花不发臭,种花不烂根,泡菜味正醇香"之说。曾于1930年、1951年两次获国际性金奖。

4. 唐三彩。是一种低温釉陶器。用白色黏土做胎,用含铜、铁、钴、锰等元素的矿物做釉料的着色剂,经800℃炉温烧制而成。唐三彩有两个明显的特征。一是色彩斑斓鲜艳。唐三彩是一种多彩陶器。它以黄、绿、褐为主釉色,名为"三"彩,实际釉色丰富多彩,有深绿、浅绿、蓝、黄、白、赭、褐等。更由于釉料中加入大量助熔剂铅,使釉的熔点降低,胎体表面的釉料在受热过程中向四周扩散流动,各种颜色相互浸润交融,形成非常自然而斑驳灿烂的彩色釉。铅还能使釉面明亮,而使色彩更加瑰丽。二是唐三彩的造型具写实性特点。尤其是人物与动物的烧造,不仅各部位比例准确,线条流畅,而且具有强烈的表现力,如奔马做奋蹄昂首嘶鸣状,武士俑则以夸张其肌肉发达、怒目圆睁来表现刚毅勇猛。唐三彩以其高超的工艺技巧成为唐代陶瓷中的珍品。唐代盛行的三彩器主要见于做随葬的明器。近代仿唐三彩的产地在洛阳,已有七十多年的历史。洛阳美术陶瓷厂的仿唐三彩产品多次获得国家、国际奖。

(二)瓷器

瓷器是以高岭土、长石、石英为原料,经过配料、成型、干燥,经炉温1200℃烧造而成的器物。特点是胎体洁白,较薄者呈半透明;胎质细密、坚硬,击之声响清脆;通体施釉不脱落,釉色透明清洁。我国烧造原始瓷始于商代。东汉出现青釉瓷器。魏晋南北朝时期制瓷区由南方扩向北方,烧造技术臻于成熟,瓷的种类增多,装饰丰富。1948 年河北景县封氏墓群出土一批青瓷器,如仰覆莲花尊,体积高大,装饰瑰丽,堂皇庄重,集中运用了印贴、刻画和堆塑等工艺手法,具有很高的艺术水平。唐代瓷器为"南青北白",青瓷以越窑质量最佳,白瓷以河北邢窑产品最好,质坚釉白,"类雪似银",最负盛名。宋代是瓷器发展的繁荣时期,南方名窑烧造的青瓷,青釉色泽苍翠欲滴,明澈温润,是唐代青瓷发展达到高度水平的标志。河北的定窑、磁州窑成为北方的著名瓷窑。定窑的刻、画、印、雕技术,使定瓷的装饰丰富多彩;磁州窑则开创了把制瓷工艺与中国传统工艺相结合的新方法,不仅使瓷器纹饰丰富,而且为以后彩绘瓷器的发展奠定了基础。元代景德镇瓷窑烧造成功了青花瓷器。明清时期青花瓷是各种瓷器的主流。这一时期的瓷器器形品种繁多,出现的五彩、斗彩、粉彩、珐琅彩、金彩等釉色发展变化极为富丽多彩,纹饰题材丰富繁缛,瓷器造型和烧造工艺都达到了前所未有的水平。我国当代的瓷器主要产于江西景德镇、湖南醴陵、福建德化、浙江龙泉、山东淄博、河北唐山等地。

1. 景德镇瓷器。景德镇陶瓷制作始于汉,魏晋南北朝时已生产瓷器。北宋景德年间,官府开始设置烧瓷器的官窑,正式成为御用瓷场地,至元代空前兴盛。以烧造青白釉为主,印花纹饰仿定窑。明代以后,各大名窑衰落,各种具有特殊技能的制瓷工匠自然汇集到瓷业较发达的景德镇,景德镇便形成了"工匠来八方,器成天下走"的局面。景德镇成为全国瓷业的中心。元代景德镇制瓷业的新成就是青花瓷器的烧造成功。青花瓷器是指运用钴料在瓷胎上绘画,然后上透明釉,在高温下一次烧成呈现蓝色花纹的釉下彩瓷器。青花瓷器的烧造成功,是中国制瓷史上的大事。青花瓷器的特点:青花的着色力强,发色鲜艳,呈色稳定;青花为釉下彩,纹饰永不褪脱;青花瓷器是白地蓝花,有明净素雅之感,具有中国传统水墨画的效果,实用美观,深受国内外人们的喜爱。明清以来的青花瓷、青花玲珑瓷、粉彩瓷和高温颜色釉瓷,被称为景德镇四大传统名瓷。有人将景德镇、醴陵、德化并称为中国三大瓷都。

2. 钧窑瓷器。钧窑是宋代五大名窑之一。产地在河南钧州(今河南禹县)。钧窑烧造彩瓷较多,以胭脂红最好,还有葱翠和墨色。钧窑瓷有观之如景,叩之如磬,瑰丽夺目,浓艳晶莹等特点。

3. 汝窑瓷器。汝窑是宋代五大名窑之一。产地在河南临汝,因古名汝州而得名。汝窑瓷釉色以淡青为主。釉色浑厚,呈堆脂状。釉下斑斑点点,犹如梨皮,釉面有细碎裂纹,构成芝麻形图案,即名贵的"梨皮、蟹爪、芝麻花"。汝瓷制作规整,纹饰以花卉为主。1956年,汝瓷厂烧制仿古瓷,从产品到工艺均达到一个新的水平。

4. 德化窑瓷器。产地在福建德化。宋代已烧制白釉瓷器。其特点是质地洁白细腻如玉,釉面光润明如镜,胎质坚密叩声如磬。其特制的薄胎产品,薄如蝉翼,精美绝伦,是我国精美的出口工艺品。产品以白瓷塑著名。艺人将雕塑与瓷艺结合,制作的瓷观音,仪态生动,为举世公认的白瓷精品。

5. 淄博美术陶瓷。产地在山东淄博。其产品"雨点釉"(又名油滴瓷),以沉静优雅、凝重高贵的艺术风格,被国内顾客称为"中国之奇,陶瓷之谜"。雨点釉在日本被称为"天目釉",是日本茶道中的茶具精品。此外,"茶叶末釉"是因其在橄榄色的釉面上均匀地布满了茶叶末似的细微晶粒而得名,具有装饰新颖、造型古朴、色彩绚丽的艺术风格。

6. 绍兴越瓷。产地在浙江绍兴。越瓷目前仍保持传统的制作工艺,其产品精致美观、琳琅满目、栩栩如生。特别是著名的"变色釉瓷器",能随着不同的光亮变幻出紫、蓝、玫瑰、橘红等十多种不同的颜色,令人惊叹不已。

7. 唐山瓷器。河北唐山素有"北方瓷都"之称。唐山瓷始于明永乐年间,以品种齐全、造型新颖、装饰绚丽而著称。代表产品有白玉瓷、喷彩瓷、骨质瓷、雕金瓷、铁红金环结晶釉艺术瓷等。

二、丝织刺绣

我国在新石器时代就掌握了纺织技术,以葛、麻、丝、毛、绵为原料,制造各种丝绸、布帛,并于汉代以后经"丝绸之路"远销中亚、西亚和地中海沿岸欧洲各地,享有"丝绸之国"之誉。织绣工艺是我国的传统工艺,是在丝绸、布匹上面,进行绣、织、染,以达到锦上添花、绚烂多彩的效果。它是我国民族工艺的又一瑰宝。织绣工艺品主要有刺绣、抽纱、钩针、蜡染、扎染、绣衣、地毯等。

(一)织锦

锦是用缎纹地组织,采用提花工艺织成各种图案花纹的熟丝织物,一向以织造技术复杂、花纹图案丰富、色彩艳丽著称,是丝织工艺最高水平的代表。云锦、蜀锦、宋锦并誉为当代三大名锦。

1. 云锦。产地南京。饰纹如彩云,故名云锦。云锦织造始于南北朝,盛于明清。云锦的图案花纹端庄大方,设计严谨,常用的花纹有缠枝莲、缠枝牡丹、龙凤云纹和各种花果。云锦用色特点是:浓重、鲜艳、富于变化。传统品种有库缎、库锦、妆花。图案古雅,色彩明朗,外观发亮,手感柔软。蒙古、藏等少数民族喜用。

2. 蜀锦。指四川成都所生产的花锦。其起源可上溯到春秋战国时期,两汉、三国时期已具备一定规模。唐代是蜀锦发展的极盛期,产量之大、技术水平之高,都大大超过了前代。南宋以后曾一度低落,清代又兴盛起来,而且对北京的丝织工艺有一定的影响。蜀锦较之云锦、宋锦更具有自己的特色。其特色是:用色鲜艳、协调,制造精致细密,质地较轻薄柔软,有缎纹和斜纹,很适宜做衣料、被面。蜀锦花纹多为对称的构图形式。清代蜀锦产地广泛,除汉族地区外,一些少数民族地区也生产各具特色的丝织物,如苗锦、黎锦、壮锦等。蜀锦至今仍沿用传统染色熟丝织造法,图案大致分流霞锦、织户锦、方方锦、铺地锦、条条锦等八类。

3. 宋锦。产于苏州,因始织于北宋时期,故名宋锦。清代宋式锦的花纹图案风格、色调及制造技术,常常仿宋代织锦的特点,故人称宋式锦。宋锦的特点是:图案精美,色彩文雅,古色古香;组织细密,平整挺括。其构图形式是在几何图形的骨架上,添加各种花纹,花中套花,因而有"锦上添花"之称。清代宋式锦的地组织,有斜纹和缎纹,织物较为厚重,故有"重锦"之称。适宜制作炕垫、凳椅铺垫的面料,或作装裱书画和糊匣之用。

4. 壮锦。壮锦是广西壮族妇女独创的手工艺品,历史悠久。壮锦有独特的工艺和浓烈的民族风格,纹饰以几何纹为主要特色,图案浑厚大方,粗犷自然,丰富多彩,彩色浓艳,对比强烈,具有较高的艺术价值和浓郁的民族特色。

5. 缂丝。产于江苏苏州。是我国特有的一种丝织手工艺。织时,先架好经线,按照底稿在上面描出图画或文字的轮廓,然后对照底稿的色彩,用小梭子引着各种颜色的纬线,断断续续地织出图画或文字,同时衣料或物品也一起织成。因画面有浮雕感,近似雕刻,故又称"刻丝",是丝织工艺品中最高级的织物。宋代是历史上缂丝的盛期,以河北定州生产的最为有名。南宋以后缂丝工艺南移,在苏、杭一带流传。缂丝织法特殊繁复,风格独特,质量上乘,层次融洽,色彩和谐,浑朴高雅。南宋以后缂丝技艺又大大推进,如以名人书画为粉本,追求画家原作的笔意,缂出山水、楼台、人物、花鸟,如一幅山水画,装潢成挂轴。缂丝与苏绣中的双面绣有异曲同工之妙,极富装饰性,被视为艺术珍品。

(二)刺绣

刺绣是用针引线,在绣料上穿刺出一定图案和色彩花纹的装饰织物。它是在布面包上"以针代笔,以线晕色"的艺术,讲究色彩和针法。历代艺人常用各种针法表现不同的线条效果。我国刺绣驰名世界,被誉为"东方艺术明珠"。宋代刺绣工艺发达,广泛运用了抢针、整针、网绣、钉线等绣法,针法细致,配色精妙,楼台花鸟宛如图画。明清织绣,以江南三织造(江宁、苏州、杭州)生产的贡品最精。当代,江苏的苏绣、湖南的湘绣、四川的蜀绣、广东的粤绣,被公认为中国四大名绣。此外,上海的顾绣及苗、傣等少数民族的刺绣,各有特色,争奇斗艳,保留优秀传统。

1. 苏绣。主要产于江苏苏州一带。其艺术效果主要通过线条表示,画绣结合,方成精品。苏绣的绣法有单面绣、双面绣。双面绣是苏绣中最突出的成就,有双面异色绣、双面异色异物绣、双面异色异物异针绣及环形绣等新技艺。苏绣绣工精细,针法活泼,题材广泛,图案新颖,形象逼真,色彩秀丽,极富民族风格和地方特色,具有高贵典雅的特征。双面绣的正反两面图案同样精致。最能体现苏绣艺术特征的双面绣《猫》是苏绣现代作品的代表作。艺人根据瞳孔受光部位的不同色彩选用二十多种绣线反复套色,使之富有水晶体的质感。

2. 粤绣。是广东地区的传统民间刺绣,又称广绣。粤绣构图丰满,繁而不乱,形象逼真,风格活泼欢快;讲求华美艳丽的效果,故配色鲜丽明朗,光泽炫目,用线多种多样,除丝线、绒线外,常配用抢金线和孔雀羽线等;题材多样,主要是各种吉祥图案、百鸟等,体现当地人民的审美情趣。代表作《百鸟朝凤》形象逼真,富丽夺目,生机盎然。

3. 蜀绣。是四川成都的传统刺绣工艺品。以软缎和彩丝为主要原料,技艺讲究,施针严谨,针脚精细,掺色柔和,虚实得体,图案美观。以构图精巧、刻画细腻、形神兼备、色彩明丽而著称。蜀绣品种繁多,主要为高级艺术绣屏,代表作有《熊猫》及陈列在人民大会堂四川厅的巨幅作品《芙蓉鲤鱼》。

4. 湘绣。湘绣是湖南省长沙一带的传统手工艺品。它吸收苏绣和粤绣的优点,融会我国传统的绘画、刺绣、诗词、书法及金石艺术于一体,作品具有构图优美、针法细腻、绣艺精湛、色彩鲜艳、花纹瑰丽、神态生动、风格豪放等特点,享有"高级绣品"之誉。湘绣题材广泛,其中以狮、虎、松鼠为代表作,向有"苏猫湘虎"之说。

5.顾绣。又称"露香园顾绣",以明代上海顾名世家传刺绣技法风格命名。顾绣的特点是构图丰满匀称,色彩鲜艳夺目。以仿古代绘画为主要题材,配色忠于原作,深浅浓淡精妙得宜,保持画面原有的艺术效果,故又有"画绣"之称。

第二节　玉石木竹雕刻、漆器与金属工艺

一、玉石木竹雕刻

雕刻,即运用刀、斧等工具在玉石、象牙、石料、木料等各种硬质材料上创造形象的一种艺术。按技法,可分为圆雕、浮雕和透雕几种。按材料,有玉雕、牙雕、石雕、木雕、竹刻等几大类。

(一)玉雕

我国是世界上著名的玉器工艺品产地。广义的玉器是指以白玉、青玉、碧玉、翡翠、玛瑙、红蓝宝石、水晶、绿松石、芙蓉石、岫岩、珊瑚等为原料而制成的工具、装饰品、祭品和陈设品等。玉石质地坚硬细腻,色彩绚丽,形态多样,外观晶莹,为稀世难求之宝物。玉制工艺品能保存千万载,具有独特的艺术价值,故特别为人所珍爱。我国玉器主要产地有北京、上海、江苏、广州、辽宁、新疆等。我国的玉石材料还有江苏的水晶及台湾的珊瑚等。东海县的水晶储量、产量和质量均居全国第一,素有"水晶之乡"之称。所产水晶杂质少、品种全,故有"东海水晶甲天下"的美誉。珊瑚产于热带、亚热带的海洋中。它既可作为贵重陈设品,也可制成首饰或工

艺品。台湾珊瑚产于台湾周围的海域,颜色五彩缤纷,以桃红色品质最优。全省珊瑚产量占世界总产量的 80%,其中澎湖又有"珊瑚之乡"的美誉。

1. 北京玉器。以立体造型为主,艺人们巧妙地利用玉石的自然形状、质地、纹理、颜色和透明度,创作出巧夺天工的艺术珍品。作品特点是结构严谨,章法得体,用色绝俏,工艺精湛,造型朴实大方,神态生动逼真。主要品种有人物、鸟兽、瓶、炉等。

2. 江苏玉器。产于苏州。始于宋代,至明清最盛。江苏玉器沿用传统技艺,选料严密,因材施艺,量料取材,讲究造型,图案精美,以雕镂精细著称。产品品种以小件器皿为主,以瓶、炉见长,富有浓厚的民族风格和地方特点。

3. 上海玉器。主要有四大类,即炉瓶、人物、飞禽、走兽。其中以炉瓶最为著名,它以稳重典雅的造型,古朴精美的纹饰,富有浓厚的青铜器趣味,在玉器行业中独树一帜。

4. 新疆玉器。玉石产自和田。和田玉石质地细腻,光泽柔和。按其获得地域分,可分为山料(在山中开采,玉质呈干燥)和子料(被冰川、流水冲入河中,再从河中回收的玉石);若按其颜色分,可分为白玉、青玉、碧玉、黄玉、墨玉等多种。玉雕产品分两类:一是取石和田,运进京城雕刻,一是在当地雕刻;前者造型生动,后者典雅庄重。新疆玉雕刻多数是薄胎器物,品种有盘、碗、盒类等。产品的特点是做工细致、规矩,图案和造型具有少数民族的特点。

(二)石雕

我国的石雕历史悠久,有古老的传统和广泛的基础。石雕艺术中,器型大者,如龙门石窟和云冈石窟,历代帝王陵墓前的石人石马、庙宇、衙门前的石狮子等,都是传统石雕艺术的代表作。唐朝"昭陵六骏"是古代浮雕艺术的代表。石雕工艺品多小巧玲珑,如各式花瓶、烟具、印章、人物、山水等。常用的石雕原料很多,尤以福建的寿山田黄石和浙江昌化鸡血石、青田石最为著名,并称我国三大佳石。著名的石雕还有河北曲阳的汉白玉雕刻、云南大理石雕、内蒙古自治区赤峰巴林石雕。

1. 寿山石雕。因产于福建福州市北郊寿山村而得名。寿山石有红、黄、白、紫等色,质地脂润,色彩瑰丽,晶莹如玉,透明细嫩,水纹杂错,柔而易雕,是工艺石雕、篆刻的绝好材料。艺人依色取巧雕成各式人物、山水印章等。寿山石中最名贵的是田沆石,又名田黄石。其石质色如蒸栗,价值与黄金相当,故有"一两田黄一两金"之说。寿山石雕产品有陈设品和实用品,其中寿山印章是文人雅士追求的艺术珍品。

2. 青田石雕。产于浙江青田,与寿山石雕齐名。青田石有青、红、黄、紫等色,色泽光润,质地细腻,脆韧相宜,极宜精雕细镂,被广泛用于雕刻艺术和镌刻印章,也称图章石。青田石雕作品具有因材施艺、依形布局、栩栩如生、精巧传神、玲珑剔透、形体清晰、层次分明、浑然天成等特点,充分发挥了青田石质的优异特性。青田石分彩石、冻石、纹石三大类,以冻石最为名贵。青田石雕始于南宋,雕刻技法有圆雕、镂雕、透雕、浮雕及浅刻等,尤以镂雕见长。产品有图章、笔架、笔筒、香炉及花鸟鱼虫、人物。

3. 昌化鸡血石雕。产于浙江临安县的昌化,以其色红如鸡血,故名。鸡血石属叶蜡石,是一种含鲜红色辰砂的特殊冻石。该石硬度不高,加之色彩艳丽,光泽晶莹,内质温润,极易制作印章,最受收藏家与篆刻家珍爱。

4. 浏阳菊花石雕。产于湖南浏阳。菊花石天然生成有菊花纹,像植物中的菊花一样千姿百态,形状各异,石料本身就很名贵。菊花石雕就是利用石料天然的菊花花纹及色泽,将其雕刻成菊花,雕成的艺术品栩栩如生、高雅别致,是一种风格独特的工艺品。

(三)木雕

木雕艺术遍布全国,以浙江、福建、云南、广东、湖北、山东诸地的产品最具特色。

1. 东阳木雕。产于浙江东阳。宋代即以雕刻佛像闻名,明时扩展到建筑装饰,以构图丰满为特点。东阳因木雕艺人众多、木雕用品广泛而被称为"木雕之乡"。其雕刻技法有浮雕、圆雕、透空双面雕、彩木镶嵌雕等,尤其长于浮雕。独具特色的技法是平镂空和多层镂空。建筑雕饰的技法,以多层镂空高深雕和轻浮雕别具风格。产品主要见于建筑和家具上的装饰,还有用于陈设的艺术品。

2. 潮州木雕。产于广东潮州市。以浮雕、沉雕、通雕、圆雕见长。题材多为人物、花鸟、山水,产品多见于家具和建筑上的装饰。

3. 剑川木雕。产于云南大理白族自治州剑川。创于 10 世纪初,为白族风格。雕刻题材广泛,造型优美,生动逼真。产品有木雕家具、建筑装饰部件和观赏工艺品三大类。云木雕花镶嵌大理石家具是最出色的产品。

4. 湖北木雕船。湖北的木雕以船只模型著名。技法有圆雕、浮雕、镂雕等。注重花纹装饰和镂空镀花。

5. 黄杨木雕。起源于浙江乐清县,以黄杨木为材料。材料体小、质坚、纹密,多用于雕刻小型人物。刀法明快细腻。

（四）其他雕塑

1. 海南椰雕。海南省是我国著名的椰子之乡,椰雕是海南特产之一。它是用椰壳的自然形态,运用平面浮雕、立体浮雕、通雕、沉雕等手法,进行精心加工,制成各种器皿和工艺品。品种有清壳、镶锡、镶银、檀香木嵌雕、贝雕镶嵌等。做工精巧、优美,具有浓厚的地方色彩、古朴的艺术风格,被称为"天南贡品"。

2. 泉州木偶。福建泉州是我国著名的木偶戏之乡。泉州木偶系用樟木雕刻、磨光、彩绘,配以服装而成,分提线木偶和掌中木偶两种。雕刻精细,色彩美观,讲究面部结构和表情,体态生动,富有性格特征,是构成泉州掌中木偶戏艺术的双璧之一。

3. 上海留青竹刻。系以优质毛竹为原料,对竹子青皮进行雕刻,借皮和肉的青、白自然色差,以留青为主。以竹肌浅刻与阴阳相结合为主要风格,采用模雕、深浅浮雕、镂空雕及立体雕等技法。刀法紧密精细,图案构思巧妙,布局有致,清丽淡雅,立体感强,生动传神,色调和润纯泽,所刻书法国画能保持原作笔意墨韵。

4. 黄岩翻簧竹刻。产于浙江黄岩。该竹刻是选取竹材内层,经过处理,和木坯胶合做成各种器形,然后在竹上雕刻。作品选料精良,衔接严密,雕工精细,充分体现了色泽优美、格调高雅、牢固耐用等特点。

5. 湖北贝雕。产于湖北江汉平原荆州地区的一种装饰工艺品。该地盛产淡水珍珠,贝壳形状多样,质地光滑,色彩绚丽,纹理多变,具有朴实无华的自然美。贝雕艺人以贝壳为原料,汲取中国画、牙雕、木雕、石刻等传统技法,精心设计,经雕磨、镶拼而成贝雕工艺品。贝雕作品因材施艺,精雕细刻,形象逼真,层次分明,情景交融,极具装饰艺术效果。

6. 核雕。是用桃核、杏核、橄榄核以及核桃壳等为原料,精雕细刻而成的工艺品。核雕体微艺精,深为人们所喜爱,被誉为"鬼工神技",其用途多做佩件、佛珠、信物以及辟邪物等。明代著名核雕匠师所创作的"核舟",名闻历代。

7. 抚顺煤精雕。产于辽宁抚顺,因用煤精为雕刻材料而得名。煤精质密体轻,坚韧耐磨,形似墨玉,乌墨锃亮,有"煤王"之称,很适宜于雕刻。世界上这一煤种只产于我国抚顺露天煤矿,故抚顺煤精雕独树一帜。

8. 北京面塑。是北京一绝,并日益得到发展,形成了不同的流派风格。北京面塑的代表人物有"面人汤"、"面人郎"、"面人曹"等。

9. 天津泥塑。以"泥人张"彩塑最为著名,为天津市的特种工艺品。泥人张彩塑艺术既有雕塑的立体感,又有绘画的色彩和线条,善于运用夸张、对比的手法来表现主题,写实性强;作品题材广泛,刻画的人物形神兼备,性格鲜明,气质传神,栩栩如生,是我国传统工艺中一朵绚丽的奇葩。

10. 惠山泥塑。产于江苏无锡。惠山泥土乌黑细腻,可塑性强,干而不裂,变化不断,非常适宜泥塑。其作品不仅别具风格,而且尊重传统。《我爱北京天安门》为其代表作。

二、漆器

漆器是用漆涂在各种器物表面而制成的日用品和工艺品。它有耐潮湿、耐高温、耐腐蚀等特殊功能。制作工序是脱胎、髹底漆、打磨、推光、装饰。漆器的胎骨分为木胎、竹胎、夹纻胎,以木胎为最多。按加工工艺分类,漆器可分为一般漆器和雕漆。在涂有薄漆的器物上绘画、刻花、镶嵌而完成的产品,是一般漆器;在涂有厚漆层的胎器上进行雕刻而完成的产品是雕漆。按装饰工艺技法分类,漆器可分为一色漆、罩漆、描漆、描金、堆漆、填漆、雕填、螺钿、犀皮、剔红、剔犀、款彩、抢金和百宝嵌等 14 种。一色漆即素面漆器,宫廷用品多属此类。宫殿中的宝座、屏风,多用罩漆。用珊瑚、玛瑙、琥珀、玳瑁、玉石等珍贵材料做嵌件,镶成具有五光十色的高起花纹图案的漆器,称为百宝嵌;它是装饰工艺的高峰。漆器按用途分,有饮食器、炊厨用具、妆奁器、兵器、家具、仿铜礼器、丧葬用具及陈设品等。当代漆器产地主要有北京、福州、扬州、成都、平遥和天水等地。

1. 北京漆器。它有雕漆和金漆镶嵌两种。北京雕漆擅长浮雕、镂雕等技法,其作品雕刻精致、层次分明,表面色泽光润,造型古雅大方,极富立体感。产品多为实用品及装饰品,还有立体雕漆、雕漆画、镂空雕漆、实用雕漆等新品种。北京金漆镶嵌,是在髹好漆底的胎形器物上运用镶嵌、彩绘、罩漆工艺制成的工艺品。按制作工艺的不同,它又分为彩漆勾金、螺钿镶嵌、玉石镶嵌、金银平脱,以及刻灰和磨漆画等品种。螺钿镶嵌比较著名的制品有镶嵌围屏及家具等。

2. 福州脱胎漆器。产于福州,为中国传统工艺"三绝"之一,一直是著名的国际礼品和重要出口产品,被誉为"真正的中国民族艺术"。脱胎漆器的制作工艺复杂,首先在产品模型的绸布上涂数道漆灰料,阴干后脱去内胎,再经填灰、上漆、打磨、装饰而成。

3. 扬州镶嵌漆器。用国产大漆和优质木材制作,有造型古朴典雅、做工精巧细致、色彩和谐绚丽等特点。主要产品有剔红雕漆、百宝镶嵌、点螺、平磨螺钿、刻漆、彩绘、勾雕等五百多个品种。扬州漆器镶嵌技术中的螺钿漆器颇负盛名。它是在漆器上用贝壳镶嵌出优美的图案花纹,具有造型古朴典雅、纹样优美多姿、色彩斑斓绚丽的特点。

4. 天水漆器。产于甘肃省天水。选用优质木材、优质漆及寿山石、珊瑚、玛瑙、珍珠、贝壳等,运用传统雕填工艺和石刻镶嵌技术进行生产。许多图案参照敦煌壁画及麦积山雕塑等古代艺术作品,具有浓郁的民族风格。

5. 成都漆器。产于成都。多采用推光的制作方法,即在胎体上加以彩绘后,再上漆磨光,显出花纹,使漆器更加光彩夺目。

6. 平遥推光漆器。产于山西平遥。品种主要有围屏挂屏、首饰盒、食品盒、脱胎塑像等。

三、金属工艺

金属工艺是用金、银、锡等金属,分别采用掐、錾、点釉、烧制、镶嵌等技艺,制成各种富丽堂皇或清雅实用的工艺品。

1. 景泰蓝。是我国独特的工艺品,又叫铜胎掐丝珐琅。因在明朝景泰年间这种工艺品已大量生产,且其制品多以孔雀蓝色釉料做底色,故称"景泰蓝"。其用品有日用品、装饰品和奖品。主要制作工序有六道:制胎、掐丝、点蓝、烧蓝、磨光和镀金。其成品金丝灿烂,彩釉晶莹,具有富丽典雅、浑厚凝重、金碧辉煌的艺术效果。

2. 花丝镶嵌。主要产于北京和四川成都。是以金、银、铜及宝石等为原料,采用花丝与石镶工艺,融多种技法于一体而制成的高级工艺美术品。先将金银片按设计成型,在上面先镂出图案花纹,再经烧焊、涂釉、镀金银、嵌宝石而制成。产品主要分首饰和摆件两大类,以摆件为主。

3. 芜湖铁画。产于安徽芜湖。艺人依据画稿,经锻打、钻锉、整形、焊接及烘烤而制成。

四、编织工艺品

（一）竹编

1. 东阳竹编。产于浙江东阳。以人物、花卉、飞禽走兽为造型对象。品种繁多。

2. 嵊州竹编。产于浙江嵊州。工艺复杂、细密、精巧。以艺术欣赏和实用相结合闻名。

3. 傣家竹编。产于云南德宏、西双版纳等地,是当地傣族擅长的工艺。工艺精湛,造型大方,图案美观,品种繁多。上好的竹编通体挂漆,施朱涂金,印有孔雀及五彩图案,富丽堂皇,既供实用又可做装饰品。

（二）草编

1. 山东草编。产于山东省。是我国工艺美术中多彩的花朵。它以麦秸和玉米皮等为原料,加以染色,编织而成。成品柔软光亮,朴素绚丽,花色品种繁多,用途极为广泛。

2. 宁波草编。产于浙江宁波。当地的金丝草洁白细软,用它编织成金丝草帽,编工精细,紧密均匀,光亮透气,式样新颖,美观大方。

3. 陇上草编。是甘肃东部地区的草编艺术品。用麦秸、玉米皮、藤条和芦草编织。产品具有形粗质细、古朴典雅的独特风格。

第三节　年画、工艺画与文房四宝

一、年画与工艺画

我国的工艺画种类极为丰富,如贝雕画、羽毛画、烙画、水印画、牛角画、麦秆画、玻璃画、软木画、竹帘画、料器画、仿古国画、木版水印画、镶嵌画等。它们所用的材料及工艺不同,因此艺术特色各有千秋。

(一)木版年画

年画是我国传统的民俗艺术品,因在新年(农历年)时张贴,故名。木版年画出现于雕版印刷术发明之后的宋代,明代中叶起已成为一种独立的艺术形式,著名年画产地应运而生。清乾隆年间更为盛行。年画最早由门神画发展而来,是人们庆祝新年、祈愿吉祥、美化环境的一种民间艺术。木版年画的发展,大体经过这样一个过程:生笔画→过稿活→半印半画→全部套印。全部套印要经过绘、刻、印三道工序。绘即绘画,画出线稿,并设计出几套色稿;刻即刻版,用特制刀具先刻墨线稿,再刻套色版;印即印刷,需要几套色即刷几次。印刷的纸和颜色,清末民初,纸用绵连纸,颜色有红花、槐黄、靛蓝、苏木(其木浸液可做红色染料)、章丹、石青、石绿等国产原料。以后改用洋纸、洋色,年画的风格随之发生变化。

我国当代的著名年画有杨柳青年画、桃花坞年画、杨家埠年画、武强年画和绵竹年画。其产地被称为中国五大木版年画产地。

1. 杨柳青年画。产于天津市郊杨柳青镇。它突出手工彩绘画明快鲜艳的风格,具有构图饱满、层次分明、笔法匀整、造型简练、色彩鲜艳、画面热闹喜庆、地方生活气息浓厚的特点。

2. 桃花坞年画。产于江苏苏州城内桃花坞一带。始创于明末,盛行于清雍正、乾隆年间。具有内容广泛、形式多样、主题鲜明突出、色彩鲜艳夺目、线条简洁明快、形象质朴自然生动的特点。

3. 杨家埠年画。产于山东潍坊市杨家埠。它具有构图完整饱满、造型粗壮朴实而又夸张、线条简练挺拔而又流畅、色彩鲜艳强烈、时代与民间风貌突出、生活气息浓厚的特点。

4. 武强年画。产于河北武强县。它具有题材领域广阔、表现手法和雕刻技法多样、色彩对比强烈、品种丰富的特点。

5. 绵竹年画。产于四川绵竹。它的特色是:设色多用鲜艳夺目的黄丹、品绿等色彩,保持了巴蜀火辣辣的特点;造型使用夸张、变形、象征和寓意的手法,艺术形象生动。产品分红货、黑货两大类。红货指彩绘年画,包括门画、斗方和画条。黑货指以烟墨或朱砂拓印的木版拓片,多为山水、花鸟、神像等,以中堂、条屏居多。

(二)福州软木画

产于福建福州。它是以木为纸、雕画结合的手工艺品,又称木画,系我国独有的民间工艺品。其特点是精刻巧镂,色调淳朴,形象逼真,意境深邃,充满诗情画意。软木画巧用"以小观大"的艺术手法,被人誉为"无声的诗、立体的画"。它与脱胎漆器、寿山石雕同被誉为福州工艺"三宝"。

(三)内画鼻烟壶

鼻烟壶,最早于明万历年间由外国传教士以贡品传入中国,盛行于清代。因在半透明的玻璃瓶、水晶瓶或玛瑙瓶的内壁作画,故称内画壶。其制法是,先将料器制成瓶子,再用铁砂在瓶内摇磨成乳白色,然后用极其精细的特制笔蘸色在瓶内画出各种人物、山水和花鸟或书写文字。内画壶具有古雅、小巧的特点,是一种观赏与实用结合的袖珍工艺品。其绘画艺术被称为"内画"。当代内画艺术分为京、冀、鲁、粤四大派。

1. 京派内画壶。产于北京。它富有晚清文人绘画的风格,即诗、书、画相结合,具有绘制精细、形神兼备、古色古香的特点。

2. 冀派内画壶。主要产于河北衡水市。它由王习三开创,目前拥有4万从业人员。具有绘画立意深邃、构图严谨、线描技法丰富、设色协调精润,风貌书画并茂、雅俗共赏,品种系列化的特点。

二、文房四宝

所谓"文房",唐宋以后专指文人的书房。南唐李后主个人收藏的书画即押"建业文房之印"。"文房四宝",指笔、墨、纸、砚四种不可或缺的书写工具。南宋叶梦得《避暑录话》云:"世言徽州有文房四宝。"从此,笔、墨、纸、砚有了"文房四宝"的统称。

(一)笔

甲骨文中有"聿"字,聿就是笔,像右手握毛笔(聿字笔杆下端状如缚毛)。传说秦将蒙恬造笔,其实他是改进了制笔方法。

制笔的方法有个发展过程,起先是用"枣心笔",即笔毛中夹心如枣核,后来改进为无心的散卓笔。制造笔头的材料主要是动物毛。如何将动物毛固定在笔杆上,也经历了由夹毛到植毛的过程。夹毛,是将笔杆的下端劈为数开,夹住笔毛,用丝线缠缚,线外再涂一层漆。湖南长沙左家公山战国楚墓出土的一支竹竿毛笔就是如此造出来的。至秦代,改为将笔杆下端镂成腔,再植入笔毛,然后扎丝髹漆以加固。湖北云梦睡虎地一座秦墓(始皇三十年)出土的三支竹竿毛笔,笔杆下端较粗,镂空成毛腔,毛腔里笔毛长约2.5厘米,就是用此法制的毛笔。

笔杆通常以竹、木为材料。我国古代用象牙、犀角、玉石、琉璃、紫檀、花梨等材料做笔杆,以表明它们的华丽贵重。汉代人用"一尺之笔",其长约合今23厘米,笔杆显然较长,这是因为当时人们把笔杆簪在头发里以备随时使用。晋以后不再簪笔,因此笔杆变短。

制笔的动物毛有软、硬两种。羊毛、青羊毛、西北黄羊毛和鸡毛属于软的,兔毛(紫毫)、鹿毫、鼠须、猪鬃和狼毫(黄鼠狼的毛)属于硬的。还有软硬兼制的,叫"兼毫"。唐代及其以前,人们跪在席子上,面对矮几案悬笔而书,因而对笔头的要求是"锋齐腰强"。宣城(今属安徽)制笔世家有陈氏和诸葛氏,他们所制笔就符合笔头坚挺的要求,例如诸葛氏所制"宣笔"有鼠须笔、鸡距笔之类。因此,陈氏宣笔在东晋时深受王羲之赞赏,唐宋时诸葛氏宣笔最为有名。北宋中期以后,随着高桌椅的逐渐普及,人们写字时的姿势也渐起变化,因而要求笔头柔韧一些。元代湖州(今属浙江)地方的笔工,采用嘉兴一带的山羊毛制作的羊毫笔或兼毫笔,世称"湖笔",适应了这种要求,因而逐渐风行。至今,湖笔还是毛笔中的精品。

毛笔原料除了上述毛羽之外,还有鸭毛、貂毛、鹿毛、虎仆(九节狸)毛、猩猩毛、鼠须、人须、胎发等。笔除了毛笔之外,还有荆笔、荻笔、茅笔、竹丝笔等。

(二)墨

安阳殷墟出土的陶片、兽骨上有用墨书写的文字。这说明用墨书写绘画,至少不晚于商代。考古发现,在出土的毛笔或有墨写文字的竹简旁,伴随有木炭或黑色泥块,它们可能就是古人的墨。古人还用石墨研汁书写,曹操曾藏石墨数十万斤。

秦代已有烟墨,这在湖北云梦睡虎地秦墓中已发现,与《说文解字》所记制墨用"烟煤"(指烟炱)相合。汉代有以松烟、油烟为原料制成的两种墨。隃糜地区(今属陕西千阳)有大片松林,盛产隃糜大墨、隃糜小墨,质量很好。因此古诗文中有径称墨为"隃糜"的,后世制墨者也有人用"古隃糜"作墨名,以标榜其制墨历史悠久、墨质精良。三国时,韦诞制出了被誉为"一点如漆"的佳墨。北魏贾思勰《齐民要术·合墨法》介绍了制墨工艺,强调用"好醇烟",须以细绢过筛,配用好胶、梣皮水(解胶)、蛋白和麝香(防腐),在铁臼中"捣三万杵,杵多益善"。

唐代奚超、奚廷珪父子制出"丰肌腻理,光泽如漆"的好墨,受到南唐后主李煜的赏识,全家受赐"国姓"李,奚廷珪受封制墨官。"李墨"从此名满天下。宋时,"李墨"产地歙州改名徽州,著名的"徽墨"就出在这里。

宋代发明用动植物油烟、漆烟制墨,质量大大提高。沈括《梦溪笔谈》中说用石油烟制的墨"黑光如漆,松墨不及也"。

明代制造高级墨时放入珍贵的药材和香料,能防腐防霉防蛀,延长墨的贮存时间,书写时增强渗透力和光泽,使墨迹经久不变。

清代制墨主要向"精鉴墨"和"家藏墨"两个方面发展,把墨由书写工具推向工艺美术品领域。"精鉴墨"是专供鉴赏的墨,大都是成套的,有仿造历代各家名墨,有诗画墨、博古墨、风景墨等多种。这类墨质地精良,图案细致,铭款考究,造型优美,装潢华丽,集中了多方面艺术成果,成为具有浓郁民族风格的一种艺术品。"家藏墨"是文人学者专门定制的,多用作收藏或馈赠亲友。曹素功、胡开文是清代著名的制墨家,世代经营。曹氏曾先后为曹寅定制"兰亭精英",为刘墉定制"柳汀仙舫",为李鸿章定制"封爵铭",声名大噪。胡氏用料配方和操作技术都严格认真,产品较同业略胜一筹,故营业发展迅速,产品远销东南亚、日本,曾获巴拿马万国赛会金质奖章和南京南洋劝业会优等奖状。至今胡开文造墨仍驰誉中外。"五百斤油"是清代著名书画家金农选烟所定制墨名,名重一时,后来仿制者极多。

（三）纸

纸是我国四大发明之一。西汉初已经有了麻纸,在新疆罗布泊、西安灞桥、甘肃居延、陕西扶风县等地汉代遗址先后发现了麻纸。西汉早期的麻纸比较粗糙,不便于书写。随着造纸技术的不断改进,到了东汉时,蔡伦利用树皮、麻头、破布和旧渔网做原料,制出一批良纸,献给朝廷,受到赞扬,得到推广,促进了造纸业的发展。东汉末年,左伯造出了均匀而有光泽的高级书写纸。

隋唐以后,造纸业日趋发达,造纸手工业遍及全国,由于原料和制法不同,造出了名目繁多的纸张,有些纸质量很高,如扬州六合造的麻纸被誉为"年岁之久,入水不濡"。唐代用黄檗(黄柏)染纸,其中"硬黄纸"极为光亮,可以避蠹,唐人用以写经。唐代成都所产"浣花笺",为桃红色小幅诗笺,蜀中女诗人薛涛用以写诗与元稹、白居易、杜牧、刘禹锡等人相唱和,遂名著文坛,被称为"薛涛笺"。唐代宣州(今属安徽)出产了一种好纸,世称"宣纸"。它以檀树皮及稻草为原料,经石灰处理、日光漂白及打浆后,用手工抄造而成,其种类发展为十余种。宣纸具有质地柔韧、洁白平滑、细腻匀整、色泽耐久、吸水力强、不易蛀蚀、经久不变的特点,是一种主要供毛笔书画用的独特的手工纸,有"纸寿千年"的声誉。我国传世的书画作品,多用宣纸。南唐李后主所用澄心堂纸,沿用宣纸制法,不过以敲冰水举帘荡纸,使纸工增加痛苦。

宋代以后,名贵纸较少,故多仿制。

(四)砚

俗称砚台,是书写绘画研磨色料的工具。根据湖南、湖北、河南战国墓出土的毛笔、墨及墨书帛画、竹简来看,当时应已有砚。

湖北云梦睡虎地秦墓出土的石砚和研墨石,是就鹅卵石的原形略为加工而成。

汉代的砚出土数量较多,说明当时砚的使用很普遍。汉代的砚以石、陶质为多。石砚用石料磨制而成,大都附有研石(因墨块小,无法用手直接捏住研墨,须一块小石头助研);有些石砚有盖,刻有花纹。陶砚有不同的造型,如圆形、山形、龟形;龟形砚还有直颈单龟、屈颈单龟、交颈交尾双龟之别。

魏、晋、南北朝出现了瓷砚,多为圆形,砚面无釉,以利研磨。这一时期还出现了石雕砚,洛阳晋墓出土的石雕砚有龙头、卧虎、玄武(龟或龟蛇合体)、复莲等刻饰,大同北魏遗址出土的石雕方砚,刻饰复杂,尤为精品。

隋、唐时期砚材的种类和形制都较前代为多。唐代石砚已开始讲究石材,高要(今属广东肇庆)端溪、歙州(今歙县,属安徽)歙溪石材已被用来制砚。其中端砚最佳,为书法家所珍视;唐诗人李贺《杨生青花紫石砚歌》有"圆毫促点声静新,孔砚宽顽何足云"之句,赞美产于水岩的端砚名品"青花"发墨而不伤笔。唐代陶砚有了三彩砚、澄泥砚。澄泥砚出于绛州(今山西新绛),把用绢袋装的汾河泥加以漂洗淘澄出的细泥烧制而成。宋代以后,匠人开采天然石琢砚,类似澄泥,也叫"澄泥砚"。

宋代普遍使用石砚,产地更多,形式更多样,如洮砚、淄石砚、紫金石砚、鼍矶石砚。北宋米芾著《砚史》,为我国研究制砚之最早专著。

明、清两代,砚的造型日益丰富,工艺日臻完善,砚盒装潢日益精美。此时,瓷砚、木砚、漆砚、铁砚、铜砚也有制作。在砚上镌诗、题名的风气开始盛行,某些砚逐渐脱离实用而成为一种工艺美术品。

长期以来,人们以端砚、歙砚、澄砚、洮砚为中国四大名砚,而以端砚为最佳。近年来,产于河北易县的"易水砚"异军突起,以石质细腻,易于发墨,工艺精湛,雕刻古朴为书法家和收藏家所珍爱。1978年被评为全国三大高档名砚之一,与端砚、歙砚齐名。

当代书画家仍以湖笔、徽墨、宣纸、端砚为文房四宝之佳品。

思考题:

1. 我国主要风物特产及其分布特点有哪些?

2. 陶器与瓷器之间的差别是什么?

3. 我国丝织品的艺术价值体现在哪些方面?

4. 中国的文房四宝对文化传播有哪些影响?

第九章　主要旅游客源地(国)概况

本章导读

通过本章学习:

——了解主要旅游客源地(国)的地理位置、历史变迁、人口状况、经济发展状况。

——识记各主要旅游客源国(地)的首都、国花、宗教信仰、特殊称谓。

——掌握主要旅游客源地(国)的主要习俗与禁忌。

第一节　中国港、澳、台地区概况

一、香港特别行政区

位于广东省珠江口东侧。包括香港岛、九龙、新界地区,全境面积为1104平方公里。

人口约700万人,其中中国居民约占88%,外籍人口主要是英联邦国家公民,外侨以菲律宾人和美国人居多。居民主要信奉佛教、道教。区花是紫荆花。

原属广东宝安县(今深圳市)。英国于道光二十二年(1842年)鸦片战争后侵占香港岛,于咸丰十年(1860年)侵占九龙半岛南端尖沙咀一带,又于光绪二十四年(1898年)强行租借九龙半岛深圳河以南地区(今新界)及附近诸岛。1941年12月至1945年8月曾被日本占领。二战后英国恢复对香港全境的管辖。1984年12月19日中英两国政府正式签署关于香港问题的联合声明。中国在1997年7月1日恢复对香港行使主权,按"一国两制"政策设特别行政区。

香港是亚太地区的国际航运中心、国际金融中心、国际贸易中心和国际航空中心,金融业、房地产业、旅游业和制造业是其经济发展的四大支柱产业。货币单位:(香港)元 HK $。

华人"信神"最多,但是没有教徒意识。人们普遍敬奉祖先神位、门神、土地、观音、妈祖。早餐多到茶楼饮茶,吃粤式点心或到餐室饮"西茶"(奶茶、柠檬茶、咖啡、面包)。吉利数字"8"表示发财、发达,"3"表示生长,"9"表示长寿、永远;不祥数字"4"表示死,"6"表示落,受基督教影响对"13"也不欢迎。

二、澳门特别行政区

位于广东省珠江口西侧,与香港隔海相距仅61公里。包括澳门半岛、氹仔岛和路环岛。陆地总面积(包括填海面积)约为32.8平方公里。

人口约50万,其中96%以上为华人,有1万多土生葡萄牙人,其余为其他国籍人士。居民多数信奉佛教、道教。区花是莲花。

原属广东省香山县。明嘉靖十四年(1535年)葡萄牙人贿赂地方官员取得在壕镜(澳门)码头停泊船只和进行商贸等权利,嘉靖三十二年(1553年)又借口海船遇难、曝晒水渍货物,扩展澳门租地。鸦片战争后趁火打劫,于1845年单方面宣布澳门为"自由港",逐步强占整个澳门地区,并任命总督进行统治。光绪十三年(1887年)葡政府诱骗清政府官员签订《中葡会议草约》,塞进"葡国永驻澳门及属之地"等词句。

1951 年葡萄牙政府宣布澳门为葡萄牙的一个"海外省"。1987 年 4 月 13 日,中葡两国政府正式签署关于澳门问题的联合声明。1999 年 12 月 20 日中国对澳门恢复行使主权,按"一国两制"政策设特别行政区。

澳门是个自由港。经济素以博彩业为主。20 世纪 60 年代以后,出口制造业带动澳门经济迅速增长,形成以出口制造业、金融业和地产建筑业为支柱的多元化经济结构。货币单位:(澳门)元。

民俗风情与广东、香港相似。土生葡萄牙人保留欧洲生活方式,许多人会粤语,与华人通婚,有华人亲友。

三、台湾省

位于祖国大陆架的东南缘。扼西太平洋航道的中心,在战略上,素有我国"七省藩篱"之称。台湾陆地总面积约 3.6 万平方公里,包括台湾岛以及澎湖列岛、钓鱼岛、龟山岛、彭佳屿、赤尾屿、兰屿、火烧岛等岛屿。台湾岛是中国第一大岛。

人口约 2300 万人,其中汉族占 97% 以上,高山族约占 2%。汉族人口中,以闽南人和客家人为两大分支。闽南人以祖籍福建泉州和漳州的最多,此外还有祖籍广东潮州的(潮州话也属闽南方言);客家人以祖籍广东梅州的最多。通用普通话(当地称"国语")和闽南话,多数人信奉佛教、道教。寺庙多,信徒也多,其中香火最旺的是妈祖庙。

史前文化属祖国中原文化系统。秦汉时,祖国大陆人民已同台湾接触。三国时,大陆居民开始有组织地开发台湾。宋元时期中国政府正式设官建制,管辖台湾、澎湖。明天启四年(1624 年)荷兰和西班牙殖民者分别入侵台湾,1661 年郑成功率大军从金门(今福建金门)进发台湾,于 1662 年收复台湾。清政府于 1684 年设台湾府,隶属福建省,又于 1885 年正式在台湾设省。1895 年台湾、澎湖被日本侵占。1945 年 8 月 15 日,日本无条件投降,台湾和澎湖列岛重新回归祖国。

工业发达,北部以台北市为中心,主要为纺织、食品、电子、机械工业;南部以高雄市为中心,主要为钢铁、造船、石油化工业。农林资源丰富,盛产稻米、甘蔗、茶叶、樟脑、鱼类、热带和亚热带水果。货币单位:(新台币)元。

台湾人仍保持闽、粤习俗。以红色为吉祥,习惯把礼物用红纸包起来送人。很喜欢"6"数,有"六六大顺"之说;"6"与"禄"同音,因此又表示有钱财,有福气。禁用手巾赠人,按台湾民俗,丧事办完,送手帕给吊唁者留念,意为让吊唁者与死者断绝来往,所以台湾俗语有"送巾断根"或"送巾离根"之说。禁用刀剪赠人,刀剪是伤人的利器,含有"一刀两断"之意。禁用甜果(年糕)送人,民间逢年过节,常以甜果为祭祖神之物,若以甜果赠人,会使对方有不祥之感。高山族人,不论男女大都喜欢穿着手织的窄幅麻布裁制的无袖胴衣,长到膝头的叫"鲁靠斯",短到肚脐的叫"拉当";爱佩戴几种多彩多姿的头饰、耳饰、手镯、脚环、项链等;偏爱红色。

第二节　亚洲主要客源国

一、日本

位于东北亚太平洋上。首都东京。由北海道、本州、四国、九州 4 个大岛和周围 3900 多个小岛组成。陆地面积近 38 万平方公里。全国划分为 1 都、1 道、2 府、43 个县。

人口约 1.28 亿,主要民族为大和族。通用日语。主要宗教为神道教和佛教。国花为樱花,国鸟是绿雉。

约公元 2 世纪,日本各地有 100 多个部落。公元 4 世纪中叶,在关西地区出现统一的国家大和国。1868 年明治维新后,资本主义发展迅速,对外逐步走上侵略扩张的道路。在第二次世界大战中战败,1945 年 8 月 15 日宣布无条件投降。1947 年 5 月实施新宪法,由绝对天皇制国家变为以天皇为国家象征的议会内阁制国家。

二战后经济高速增长,成为经济强国。货币单位:日元¥。

日本以"礼仪之邦"著称。初次见面要互换名片。平时见面时互致鞠躬礼,并说"您好"、"再见"、"请多关照"等。打招呼时要称对方的姓。多数日本人不喜欢紫色,视之为悲伤之色;最忌讳绿色,视之为不祥之色。忌讳荷花,视之为丧花。在探望病人时忌用山茶花及淡黄色、白色的花。不愿接受菊花或有菊花图案的礼物,因为它是皇室家族的标志。喜欢的图案是松、竹、梅、鹤、龟等。忌讳数字 4 和 9,因为在日语中它们的发音分别与"死"和"苦"接近。点菜和礼品都要避开这两个数字。还忌讳由 4 组成的数字,尤其是 14、42、44。忌讳三人一起合影,认为中间的人被夹着是不幸的预兆。送礼不送双数,一般以 3、5、7 最多。

二、韩国

位于东北亚朝鲜半岛南部。首都首尔。面积约 9.96 万平方公里。

人口约 5000 万。为单一朝鲜族,通用韩国语。居民多信奉佛教。国花木槿花,国鸟喜鹊。

与半岛北部的朝鲜民主主义人民共和国原为一个国家。1910 年沦为日本殖民地。1945 年 8 月 15 日获得解放。同时,美、苏军队以北纬 38°线为界分别进驻半岛南、北部。1948 年 8 月 15 日南部成立大韩民国。

20 世纪 60 年代以后经济持续高速增长,成为新兴工业国。

货币单位:韩元。

韩国男人见面时的传统礼节是互相鞠躬并握手,握双手或左手,只限点一次头。女人一般不与人握手。赴宴时带小礼品,最好是包装好的食品。韩国人用双手接礼物,但不会当着客人的面打开。不宜送香烟给韩国友人。酒是送韩国男人最好的礼品,但不能送酒给妇女,除非说清楚这酒是送给她丈夫的。席间敬酒时,要用右手拿酒瓶,左手托瓶底,然后鞠躬致祝词,最后再倒酒,且要一连三杯。敬酒人应以杯沿去碰对方的杯身。敬酒后再鞠个躬才能离开。

三、新加坡

位于东南亚马来半岛最南端。为城市岛国,有长堤与马来西亚的新山相通。首都新加坡城。面积约 716 平方公里,由新加坡岛及附近 63 个小岛组成。

人口约 508 万,其中华人 75%,马来人 14%,印度人 8%。马来语、英语、华语和泰米尔语为官方语言。国语为马来语。英语为行政用语。主要宗教为佛教、道教、伊斯兰教、基督教和印度教。国花是卓锦万黛兰。

古称淡马锡。1824 年沦为英国殖民地,1942 年被日军占领。二战后英国恢复其殖民统治。1965 年 8 月 9 日脱离马来西亚,成立新加坡共和国。

现为经济发展快和富裕程度高的国家。货币单位:(新加坡)元 S $。

新加坡风俗习惯和节庆因种族、宗教信仰的不同而异。华人见面通常鞠躬 60°,拱手作揖,面带微笑。马来人相遇,先是用双手互相接触,然后指向各自的胸前,表示衷心的问候。印度人见面,合起双手放在胸前,微微闭目,表示虔诚安详。年青一代则多采用西方的握手礼。遵守社会公德、维护公共秩序已成为新加坡人自觉的行为。遵守交通规则,公共场合不吸烟、不乱丢纸屑,新加坡人视之为有教养的行为。

四、马来西亚

位于东南亚。由位于马来半岛的马来亚和位于加里曼丹岛北部的沙捞越、沙巴三部分组成。首都吉隆坡。总面积33万平方公里。

人口约3000万,其中马来族及其他土著占68.7%,华人占23.2%,印度人约占6.9%。马来语为国语,通用英语,华语使用也较广泛。伊斯兰教为国教。国花为扶桑。

15世纪初以马六甲为中心的满剌加王国统一了马来半岛的大部分。16世纪起先后遭到葡萄牙、荷兰和英国侵略。1911年沦为英国殖民地。沙捞越、沙巴历史上属文莱,1888年两地沦为英国保护国。二战期间,马来亚、沙捞越、沙巴被日本占领。战后英国恢复其殖民统治。1957年8月31日马来亚联合邦在英联邦内独立,实行君主立宪联邦制。1963年9月16日,马来亚联合邦和新加坡、沙捞越、沙巴合并组成马来西亚(1965年8月9日新加坡宣布退出)。

原以种植业和采矿业为主,现为工农业国。货币单位:林吉特M$。

马来人相互拜访时,衣冠必须整齐。双方互相摩擦一下对方的手心,然后双掌合十,摸一下心窝互致问候。忌讳摸头,认为摸头是对人的一种侵犯和侮辱。同马来人握手、打招呼或馈赠礼品,千万不可用左手。

五、泰国

位于亚洲中南半岛中南部。首都曼谷。面积约51万平方公里。

人口约6670万。是一个由30多个民族组成的多民族国家，其中泰族占40%，老挝族占35%，马来族占3.5%，高棉族占2%。此外还有苗、瑶、桂、汶、克伦、掸等山地民族。泰语为国语。佛教（小乘）是国教，受90%以上的居民信仰，素有"黄袍佛国"的美名。国花睡莲。

泰国原名暹罗。从16世纪起，先后遭到葡萄牙、荷兰、英国和法国等殖民主义国家的入侵。1932年6月，人民党发动政变，建立君主立宪政体。1939年更名为泰国，意为"自由之地"。1941年被日本占领，1945年恢复暹罗国名。1949年5月又改称泰国。

现为新兴工业国，但是农业在国民经济中仍占有重要地位。货币单位：铢B。

泰国人非常尊重国王和王室成员。同时十分尊重佛像，对僧侣讲究礼让。女士如需送物品给僧侣，应请男士代劳，或直接放在桌上。视头部为神圣之地，因此不要随便触摸别人的头部。不要用脚来指人或物，特别是脚底不要直冲着佛像。也不要用脚开门关门。递物品应用右手以示尊敬。

六、菲律宾

位于东南亚菲律宾群岛上。首都马尼拉。陆地面积约30万平方公里，共有大小岛屿7107个，有"西太平洋明珠"的美誉。

人口约9730万，其中马来族占85%以上，其余为少数民族和外国后裔，还有为数不多的原住民。国语是以他加禄语为基础的菲律宾语，英语为官方语言。国民约84%信奉天主教。国花茉莉。

在14世纪前后出现了由土著部落和马来族移民构成的一些割据王国，其中最著名的是14世纪70年代兴起的海上强国苏禄王国。1565年被西班牙侵占，并以西班牙王储即后来的国王菲力普二世的名字为该国命名。1898年被美国占领，1942年被日本占领。二战后重新沦为美国殖民地,1946 年 7 月 4 日宣告独立。

现实行出口导向型经济模式,服务业、工业和农业产值分别占国内生产总值的 47%、33% 和 20%,旅游业是菲外汇收入重要来源之一。货币单位:比索。

上层社会人士普遍喜穿西装;一般百姓,男子喜欢白色衬衫和西装裤,女子喜穿无领的连衣裙或沙笼(筒裙),老年人仍爱穿用麻或草或木质的拖鞋。最爱茉莉花,视之为纯洁、情操和友谊的象征,常把茉莉花串成花环敬献给来访的贵客。在社交场合,无论男女都习惯以握手为礼。很忌讳数字 13,认为"13"是厄运和灾难的象征。忌讳用左手传递东西或食物。不爱吃生姜,也不喜欢吃兽类内脏和腥味大的东西;对整条鱼也不感兴趣。

七、印度尼西亚

位于东南亚。由太平洋和印度洋之间 17508 个大小岛屿组成,是世界上最大的群岛国家,素称"千岛之国"。首都雅加达。陆地面积约 190 万平方公里。

人口约 2.38 亿。有 100 多个民族,其中爪哇族占 47%,巽他族占 14%,马都拉族占 7%,此外还有华人、荷兰人等。民族语言和方言约 300 种。通用印尼语。约 88% 的居民信奉伊斯兰教,是世界上穆斯林人口最多的国家。

3~7 世纪时建立了一些分散的封建王国。15 世纪,葡萄牙、西班牙和英国先后侵入。1596 年荷兰侵入,1942 年被日本占领。1945 年 8 月独立,1950 年 8 月正式宣布成立印度尼西亚共和国。

经济以农业、矿业为主,石油为经济支柱。货币单位:卢比(或盾)Rp。

印尼人与人见面行握手礼,一般不主动与异性握手。伊斯兰教徒忌食猪肉,忌摸别人的头,忌用左手拿递东西、吃饭。指人或物时用大拇指,而不要用食指;在正式场合忌跷二郎腿或两脚交叉等。习惯用手抓饭。擅长烹调,咖喱鸡是驰名东南亚的美味佳肴。辣椒、辣酱是常见的作料。

八、蒙古

位于亚洲东部。首都乌兰巴托。面积约 157 万平方公里,为世界第二大内陆国家。

人口约 290 万。喀尔喀蒙古族占全国人口 80%,还有哈萨克族等。主要语言为喀尔喀蒙古语。使用传统蒙古文字。多数人信仰喇嘛教,少数人信仰伊斯兰教、天主教等。13 世纪初,成吉思汗建立统一的蒙古汗国,对欧亚进行大规模征战。1279 年忽必烈消灭宋朝,建立元朝。清朝初期外蒙古并入清帝国版图。1911 年 12 月蒙古王公在沙俄支持下宣布"自治",1919 年放弃"自治"。1921 年成立君主立宪政府,1924 年成立蒙古人民共和国。1946 年中国政府承认外蒙古独立,1992 年改称蒙古国。

畜牧业是国民经济的基础。工业以采矿、畜产品加工为主。货币单位:图格里克 Tug。

蒙古人饮食以牛羊、奶制品为主。喜欢中国清真菜,口味偏咸。不吃鱼、虾、蟹,不吃鸡、鸭、鹅的内脏。喜欢喝烈性酒,且酒量大。有用鼻烟壶待客习俗,客人如拒绝则被视为严重失礼。向别人递交东西须用右手,以示尊敬。偏爱红色,崇尚蓝色,珍视黄色。忌讳黑色,认为黑色象征贫困、不幸。忌讳别人用手指点自己的头部和帽子。

九、印度

位于南亚次大陆。首都新德里。面积约 298 万平方公里,居世界第七位。

人口约 12.1 亿,其中印度斯坦人占 46%,还有泰卢固、孟加拉、泰米尔、锡克等几十个民族。居民中 83% 信奉印度教,11% 信奉伊斯兰教。语言繁杂,官方使用英语、印地语。被称为"世界上保存最完好的人种、宗教、语言博物馆"。

世界四大文明古国之一。大约在公元前 14 世纪,原居住在中亚的雅利安人中的一支进入南亚次大陆,征服了土著。公元前 4 世纪,孔雀王朝统一次大陆。公元前 3 世纪阿育王朝疆域广阔,佛教兴盛并开始向外传播。1526 年建立莫卧儿帝国,成为世界强国。18 世纪沦为英国殖民地。1947 年,英将印度分为印度、巴基斯坦两个自治领。1950 年 1 月 26 日印度宣布成立共和国。

印度为农业大国,现代工业发展迅速。货币单位:卢比 Rs。

印度教盛行"万物有灵"的自然崇拜;以黄牛为神,对它顶礼膜拜。印度人在日常相见,往往双手合十,表示问候。根据与对方长幼、级别的高低,手的位置也不同。面对长者,指尖应与前额齐平。平辈相见,手在下颌与胸口之间。对于晚辈,手还可以再低。受西方文化的影响,握手礼在一般场合也很盛行。与印度人握手时,应避免用左手,印度人认为左手是不洁的象征。

第三节　欧洲主要客源国

一、英国

位于大西洋中的大不列颠群岛上。由大不列颠岛(包括英格兰、苏格兰、威尔士)、爱尔兰岛东北部和周围 5000 多个小岛组成。首都伦敦。本土面积约 24 万平方公里。

人口约 6300 万。官方和通用语言均为英语。威尔士北部还使用威尔士语,苏格兰西北高地及北爱尔兰通用盖尔语。居民多信奉基督教新教,主要分英格兰教会(也称英国国教圣公会,其成员约占英成年人的 60%)和苏格兰教会(也称长老会,有成年教徒

66 万人）。国花玫瑰,国鸟红胸鸲。

公元前地中海伊比利亚人、比克人和凯尔特人先后来到不列颠。1～5 世纪英格兰东南部为罗马帝国统治。罗马人撤走后,欧洲北部的益格鲁人、撒克逊人和朱特人相继入侵并定居。7 世纪开始形成封建制度,7 个王国争雄达 200 年之久。827 年始称英格兰王国。1338～1453 年与法国进行"百年战争"。16 世纪中叶开始海外殖民掠夺。1668 年确定君主立宪制。1707 年、1801 年先后与苏格兰、爱尔兰合并。完成工业革命后,成为第一殖民大国,自称"日不落帝国"。第一、二次世界大战后殖民地纷纷独立,爱尔兰南部也成为独立国家。

属发达的工业国。以重工业和服务业为基础。货币单位:英镑£（或£ Stg）。

英国人在会客、拜访或参加酒会、宴会、晚会时要穿西服打领带。夏天,只穿短袖衬衫,也得打领带。忌讳有纹的领带,因为带纹的领带可能被认为是军队或学生校服领带的仿制品。送礼时最好送较轻的礼品,由于所费不多就不会被误认为是一种贿赂。不欣赏有公司标志的礼品。喜欢高级巧克力、名酒和鲜花。爱好现煮的浓茶,放一两块方糖或加少许凉牛奶。在乡间盛行喝下午茶,附带吃鱼、肉等菜肴,代替正餐,称荤茶或饱茶。富裕妇女约朋友下午 5 时茶叙,称五时茶。

二、德国

位于中欧西部,北临北海和波罗的海。首都柏林。面积约 36 万平方公里。

人口约 8200 万。主要是德意志人,有少数丹麦人和索布族人。有 729 万外籍人,占人口总数的 8.8%。官方语言为德语。居民 32% 的人信奉基督教,32% 的人信奉罗马天主教。国花矢车菊,国鸟白鹳。

公元前境内居住着日耳曼人,10 世纪形成德意志早期封建国家,逐渐形成封建割据。18 世纪初奥地利和普鲁士崛起,组成德意志邦联。1871 年建立统一的德意志帝国,该帝国先后发动第一、二次世界大战。二战后,国土分别由美、英、法、苏四国占领。1948 年美、英、法三国占领区合并,于翌年成立德意志联邦共和国。随后东部的苏占区成立了德意志民主共和国。1990 年 10 月 3 日,东、西德重新统一。

现为高度发达的工业国家,经济实力居欧洲首位。货币单位:马克 DM。

德国人工作认真负责,讲究效率和守时。为人严肃拘谨,待人热情,重感情。讲究衣着整洁。注重传统和权威,打招呼时须加对方的头衔,常称姓,不宜称名。社交场合惯行握手礼,并坦然地注视对方,以示友好;但是忌讳四个人交叉握手,认为此乃无礼之举。饮食讲究含热量和维生素,喜食猪、牛、鱼、鸡等,主食以土豆为主。口味清淡,喜酸甜,不爱辣。午饭简单,晚饭较丰盛。视浪费为"罪恶",讨厌凡事浪费的人。一般喜欢黑色、灰色。忌讳"13"和"星期五",给德国人或欧美人安排楼层、房间、座位,要尽量避开"13",实在无法回避,可用"12"乙或"14"甲来变通,便会减小不愉快。一般认为核桃、黑猫、公羊、仙鹤、孔雀是不吉利的象征;认为蔷薇、菊花是专门为悼念死者所用,万不可以此作为礼品。很讲究礼品的包装,但是忌讳用白色、黑色或咖啡色的包装纸,更不用丝带。送鲜花须不加装饰,而且枝数必须是单数。

三、法国

位于欧洲西部,西临大西洋,北隔英吉利海峡与英国相望。首都巴黎。面积约 55 万平方公里。

人口 6500 多万。官方和通用语言均为法语。居民中 81.4% 的人信奉天主教,约 7% 的人信奉伊斯兰教。国花鸢尾花、玫瑰,国鸟公鸡。

公元前高卢人在此定居。公元前1世纪后受罗马帝国统治达500年。公元5世纪法兰克人建立法兰克王国。1338～1453年与英国进行"百年战争"。1789年爆发大革命,废除君主制,此后经历五次共和国。二战前是仅次于英国的二号殖民帝国,现仍维持海外殖民体系,拥有4个海外省和5个海外领地。

现为发达的工农业国家。货币单位:(法国)法郎FF。

法国人对妇女谦恭礼貌。人们见面时行握手礼。见到久别重逢的亲友、同事时,采用贴脸或吻脸颊,长辈对小辈则是亲额头。只有在爱人和情侣之间才接吻。在同客人谈话时,喜欢相互站得近一点,认为这样才显得亲近。交谈时习惯于用手势来表达或强调自己的意思,用拇指和食指分开表示"二",指胸膛表示"是我",把拇指朝下表示"坏"和"差"。喜爱花,在拜访或参加晚宴的前夕,勿忘送鲜花给主人,但是枝数须是单数。菊花代表哀伤,只有葬礼才送。黄色的花,象征夫妻间的不忠贞,千万别送。忌讳摆菊花、杜鹃花、牡丹花及纸花。康乃馨被视为不祥的花朵。视鲜艳色彩为高贵,认为蓝色是"宁静"和"忠诚"的色彩,粉红色是积极向上的色彩。厌恶墨绿色,忌用黑桃图案,商标上忌用菊花。忌讳核桃、孔雀、仙鹤、乌龟,视马为勇敢的象征。忌讳男人向女人送香水。不愿意别人打听自己的私事。如果初次见面就送礼,法国人会认为你不善交际,甚至认为粗俗。法国女宾有化妆的习惯,所以一般不欢迎服务员为她们送香巾。喜饮酒,但是酒量不大。饭前喝开胃酒,饭后喝科涅克(白兰地)之类的烈性酒。吃肉类配红葡萄酒,吃海味时配白葡萄酒;玫瑰红葡萄酒既可用于吃鱼,也可用于下肉。和大多数西方人一样,没有劝酒的习惯,喝多少自便。

四、西班牙

位于欧洲西南部伊比利亚半岛上,东部和南部临地中海。首都马德里。面积近 51 万平方公里。

人口 4700 多万。主要是卡斯蒂利亚人(西班牙人),还有加泰罗尼亚人、巴斯克人和加利西亚人等。官方语言为卡斯蒂利亚语(西班牙语)。在上述三个少数民族地区,各自的民族语言也为官方语言。96%的居民信奉天主教。国花石榴花。

15～16 世纪曾为欧洲强国,拥有许多海外殖民地。18 世纪逐渐衰落。1931 年王朝被推翻,建立共和国。1936 年成立由人民阵线领导的联合政府。同年佛朗哥发动内战,于 1939 年夺取政权。1947 年宣布为君主国。

现为发达的工业国。货币单位:比塞塔 Ptas。

西班牙人健谈,话题广泛,政治、斗牛(莫说不好)、生活琐事、文学艺术都可谈。社交活动大多安排在晚上 9 点以后,用餐也很晚。喜欢红色,视其为吉祥和热烈;喜欢黄色,视其为高贵和明朗;喜欢黑色,认为黑色象征庄严。忌讳"13"和"星期五"。以大丽花和菊花为死亡的象征。以西餐为主,也品尝中国的川菜和粤菜。重视午餐。喜爱酸辣,口味清淡。除夕,喜欢喝预示来年万事如意的蒜瓣汤;子夜钟声一响,每个人都要吃下几粒葡萄,预祝自己新年诸事如意。

五、意大利

位于欧洲南部的亚平宁半岛上(包括西西里岛和撒丁岛)。国土形似踢球的大靴子,面积约 30 万平方公里。

人口约 6200 万。主要是意大利人,余为法兰西人、加泰隆人、弗留里人等。官方语言为意大利语,个别地区讲法语和德语。90%以上的居民信奉天主教。国花雏菊。

古代为罗马帝国核心部分。10～11 世纪北部和中部形成许多城市共和国,以后被法、奥侵占。为文艺复兴的发源地。1870 年王国统一后,资本主义发展迅速。1922 年墨索里尼建立法西斯政权,1940年同德、日签订三国轴心协定,参加二战。1943年败降。1946年6月2日成立共和国。

现为发达的工业国。货币单位:里拉 Lit。

意大利人健谈。谈问题一般都单刀直入。喜争论,易激动,但不伤感情。谈话富于表情和手势,用大拇指和食指围成圆圈,其余三指向上翘起,表示"好"、"行"或"一切顺利";竖起食指来回摆动表示"不"、"不是"、"不行";耸肩摊掌,有时还加撇嘴,表示"不知道";用食指顶住脸颊来回转动,意为"好吃"、"味道鲜美";五指并拢、手心向下、对着胃部来回转动,表示"饥饿"。喜爱音乐,欣赏能力较强。足球是他们最喜欢的运动项目之一,滑雪、赛艇等也很受欢迎。喜欢绿、蓝、黄三种颜色。讲究穿着打扮,在服饰上喜欢标新立异,出席正式场合都注意衣着整齐得体。习惯吃西餐,以法式菜为主,大多数人也都喜欢中国饮食。重视晚餐,用餐时往往边喝酒,边聊天。时间观念不强,赴约常常迟到,认为这是风度。

六、俄罗斯

位于欧洲东部和亚洲北部,北邻北冰洋,东濒太平洋,西接大西洋。首都莫斯科。面积为1707.54万平方公里,居世界第一位。

人口约1.42亿。有130多个民族,其中俄罗斯人占83%。官方语言为俄语。主要宗教为东正教,其次为伊斯兰教。

俄罗斯人的祖先为东斯拉夫人罗斯部族。9世纪起,与乌克兰人、白俄罗斯人一起建立了古罗斯封建王国。15世纪末,建立中央集权制的莫斯科大公国。1547年伊凡四世自封为"沙皇",国号称俄国。16~17世纪,伏尔加河流域、乌拉尔和西伯利亚各族先后加入俄罗斯,使它成为一个多民族国家。17世纪中期乌克兰和俄罗斯合并为统一的国家。1917年11月7日取得十月社会主义革命的伟大胜利,建立了世界上第一个社会主义国家——俄罗斯苏维埃联邦社会主义共和国。1922年12月30日,苏维埃社会主义共和国联盟(简称"苏联")正式成立。1991 年 12 月 21 日,苏联解体。独立后的俄罗斯又称"俄罗斯联邦"。

现属发达的工农业国。综合国力居世界前列。货币单位:卢布 R(或 rub,Rbl)。

俄罗斯人注重礼貌。见面时互相问好;熟人相遇若不问好,会被视为双方友谊已不存在。称"您"或"你"有严格界限:对长辈或不相识者称"您",对家人、同辈、小辈一律称"你";习惯以"你"相称的朋友间若改称"您",即意味友谊破裂。相见的礼节通常是握手,朋友间拥抱和吻脸颊。贵客到来,献上面包和盐以表敬意。赴约准时。爱整洁,出门时衣冠楚楚。不善掩饰感情,豪爽大方,但是与人说话不指手画脚,在公共场所不大声喧哗。讲究颜色:红色是吉祥、美丽的象征,黑色表示肃穆和不祥,白色象征纯洁、温柔,绿色代表和平、希望,粉红色表示青春,蓝色是忠诚和信任的象征,黄色代表幸福、和谐,紫色象征威严和高贵。男人好喝酒,尤其是烈性酒。朋友间不劝酒,不以把别人灌醉为能事。讨厌在喝酒时作弊,被发现作弊会引来很大的麻烦。忌讳数字"13"。认为"7"意味着幸福和成功。不喜欢黑猫,认为它不祥;认为马和马掌能驱邪,会带来好运。认为镜子神圣,打碎镜子意味灵魂毁灭。一般早餐时或午饭与晚饭之间喝茶。茶里可以放牛奶、鲜奶油和糖。喝茶时还端上果酱、面包、黄油、点心等。

第四节 北美洲主要客源国

一、美国

本土位于北美洲中部,西临太平洋,东濒大西洋;阿拉斯加位于北美洲西北部;夏威夷群岛位于太平洋中部。首都华盛顿。总面积 962 万平方公里。

人口约 3.08 亿。通用英语。56% 的居民信奉基督教新教,28% 信奉天主教,2% 信奉犹太教,信奉其他宗教的占 4%,不属于任何教种的占 10%。国花玫瑰,国鸟白头鹰。

原为印第安人聚居地。15 世纪末,西班牙、荷兰、法国、英国等相继入侵,后大部地区为英国殖民地。1776 年发布《独立宣言》,正式宣布建立美利坚合众国。1861 ~ 1865 年的南北战争结束后,资本主义发展迅速。19 世纪初开始对外扩张,逐步建立现领域。

二战后国力大增,具有高度发达的现代市场经济和较为完善的宏观经济调控体制,劳动生产率、国民经济总产值和对外贸易额均居世界首位。货币单位:美元 US $。

美国人一般性情开朗,乐于交际,不拘礼节。第一次见面不一定行握手礼,有时只是笑一笑,说一声"Hi"或"Hello"就算有礼了。握手的时候习惯握得紧,眼正视对方(对握手时目视其他地方很反感,认为这是傲慢和不礼貌的表现),微躬身,认为这样才算是礼貌的举止。同女人握手则轻些。告别时也只是向大家挥挥手或者说声"再见"、"明天见"。别人向他们致礼,如握手、点头、拥抱、注目等,他们也用相应的礼节。忌讳向妇女赠送香水、衣物和化妆用品。美国妇女因有化妆的习惯,所以她们不欢迎服务人员送香巾擦脸。很重视守时的重要和价值。普通美国人接受礼品时,一般要当场打开,听送礼者介绍后赞扬一番。接受美国人送的礼物,切不可先辞谢而后又接过来放在一旁,因为这等于对这些礼品不屑一顾。美国人不太注重礼品的价值,却十分讲究礼品的包装。美国人有特殊的手势和表情:OK 手势(把食指和拇指连在一起,形成一个圆圈),表示赞成,意思是某事不错或很好;跷起中指,常常是在开玩笑时用来表示蔑视的动作;向上跷或向下按拇指,如果不是为了想搭车,那么向上跷起拇指则表示赞同,而向下按拇指表示蔑视;拇指按鼻(把拇指放在鼻端,其余四指张开),是表示蔑视的手势;耸肩,表示防御或在无法驾驭的情况下象征退却;眨眼睛(是熟人之间用来飞快沟通信息的动作,在美国和欧洲都很普遍),表示与对方分享一个秘密,或达成一种默契;挑眉毛,表示已经识别或者惊讶。

二、加拿大

位于北美洲北部(阿拉斯加半岛和格陵兰岛除外),东临大西洋,西濒太平洋,北靠北冰洋。首都渥太华。面积为998万平方公里。

人口约3500万,其中英裔占42%,法裔占26.7%,其他欧洲人后裔占13%,土著居民(印第安人、米提人和因纽特人)约占3%,华裔占3.5%,为白种人和原住民以外的最大族裔。英语和法语同为官方语言。居民中信奉天主教的占47%,信基督教新教的占41%。国树枫树。

印第安人和因纽特人(爱斯基摩人)是这里最早的居民。从16世纪起,沦为法、英殖民地。法国在1756~1763年的英法"七年战争"中战败后,将殖民地割让给英国。1926年获得外交上的独立。1931年成为独立国家,属英联邦成员国。1982年获得立法和修宪的全部权力。

现为经济高度发达的国家。货币单位:(加拿大)元 Can $。

加拿大人的生活习惯与美国人相近,但不随便,衣着、待人较正统。生性活泼,谦逊友善,乐于助人,说话也风趣、幽默。与朋友相处和来往时,不讲究过多的礼仪。给别人送礼时,一般都以小纪念品相赠,并经过精美包装,不考虑是否"拿得出手"。他们在受礼时,都当着送礼人的面打开包装,对礼品给予赞扬。鲜花是常见的礼物,但是白色的百合花只在追悼会上使用。饮食习惯近似美国人,偏爱吃牛肉、猪肉、鸡蛋、蔬菜和水果。口味清淡。喜欢烤、煎、炸和酥脆的食品。对沙丁鱼和野味有特殊爱好。与人谈话时,不要用手指指人,不宜与对方离得太远或太近。别人在个别谈话时,不要凑前旁听。若有事需与某人说话,应待别人说完。有人主动与自己说话,应乐于交谈。现场如有多人,应不时地与在场的所有人攀谈几句。

第五节　大洋洲主要客源国

澳大利亚

位于南太平洋和印度洋之间,由澳大利亚大陆和塔斯马尼亚岛等岛屿和海外领土组成。首都堪培拉。面积769万平方公里。

人口约2206.6万。其中74%是英国及爱尔兰后裔,18.8%为欧洲其他国家后裔,亚裔占5%,土著居民约占2.2%。通用语言为英语。居民中大多数信奉基督教。国花金合欢,国鸟琴鸟。

最早的居民为土著人。1770年,英国航海家詹姆斯·库克抵达澳大利亚东海岸,宣布英国占有这片土地。1788年1月26日,英国首批移民抵澳,开始在澳建立殖民地,后来这一天被定为澳大利亚国庆日。1901年1月1日,澳各殖民区改为州,成立澳大利亚联邦。1931年,澳成为英联邦内的独立国家。1986年,英议会通过"与澳大利亚关系法",澳获得完全立法权和司法终审权。

现属于经济发达国家。货币单位:(澳大利亚)元 $ A。

澳大利亚人讲究礼貌,在公共场合不喧哗,在银行、邮局、公共汽车站等候时秩序井然。男士见面习惯于握手,女友相逢时常亲吻对方的脸颊。男子大多数不留胡须,出席正式场合时西装革履,女性是西服上衣西服裙。待人接物都很随和,最合适的礼物是给女主人带上一束鲜花,也可以给男主人送一瓶葡萄酒。

思考题:

1. 我国香港特别行政区和台湾省的游客喜欢的数字有何不同?

2. 美国、加拿大、澳大利亚都是英裔占主体民族的国家,这些国家的风俗习惯有何异同?

3. 请举例说明我国主要客源地(国)对于不同颜色的好恶。

第十章　中国的世界遗产

本章导读:

　　通过本章学习:

　　——了解世界遗产和非物质文化遗产的概念。

　　——识记世界遗产的分类,中国世界遗产的数量和名称。

　　——掌握所列世界遗产项目、人类口头和非物质文化遗产项目的特征和价值。

第一节　世界遗产概述

一、《世界遗产名录》与世界遗产委员会

　　为了保护世界文化和自然遗产,联合国教科文组织于 1972 年 11 月 16 日在第十七次大会上正式通过《保护世界文化和自然遗产公约》(以下简称"公约"),1975 年,"公约"正式生效。在全球范围内,迄今共有 180 多个国家和地区成为缔约成员。

　　1976 年,世界遗产委员会成立,并建立了《世界遗产名录》(以下简称"名录")。世界遗产委员会由 21 名成员组成,每届任期为 6 年,每两年改选 1/3 的成员。委员会每年在不同的国家举行一次大会,讨论和决策世界遗产保护问题,审核和批准新申报的项目。

二、世界遗产的分类

目前,世界遗产分为文化遗产、自然遗产、文化与自然双重遗产、文化景观等类别。世界遗产的评定标准主要依据"公约"第一、二条的规定,列入"名录"的项目必须经过严格的考核和审批程序。

(一)文化遗产

"公约"规定,属于下列内容之一者,可以列为文化遗产:

1. 文物

从历史或艺术、科学的角度看,具有突出价值、普遍价值的建筑物、雕刻和绘画,具有考古意义的成分或结构、铭文、洞穴、住区及各类文物的综合体。

2. 建筑群

从历史或艺术、科学的角度看,因其建筑的形式、同一性及其在景观中的地位,具有突出价值、普遍价值的单独或相互联系的建筑群。

3. 遗址

从历史或美学、人种学、人类学的角度看,具有突出价值、普遍价值的人造工程或人与自然的共同作品以及考古遗址地带。

(二)自然遗产

"公约"规定,属于下列内容之一者,可以列为自然遗产:

1. 从美学或科学角度看,具有突出价值、普遍价值的由地质和生物结构或这类结构群组成的自然面貌。

2. 从科学或保护角度看,具有突出价值、普遍价值的地质和自然地理结构以及明确划定的濒危动植物物种生态区。

3. 从科学、保护或自然美角度看,具有突出价值、普遍价值的天然名胜或明确划定的自然地带。

(三)文化景观

文化景观这一概念是 1992 年 12 月在阿根廷圣菲召开的联合

国教科文组织世界遗产委员会第十六届会议时提出并纳入"名录"中的。文化景观代表"公约"第一条所表述的"自然与人类的共同作品"。文化景观的选择应基于它们自身的突出价值、普遍价值,其明确划定的地理——文化区域的代表性及其体现此类区域的基本而具有独特文化因素的能力。它通常体现持久的土地使用的现代化技术及保持或提高景观的自然价值。保护文化景观,有助于保护生物多样性。一般来说,文化景观有以下类型:

1. 由人类有意设计和建筑的景观。包括出于美学原因建造的园林和公园景观,它们经常(但并不总是)与宗教或其他纪念性建筑物或建筑群有联系。

2. 有机进化的景观。它产生于最初始的一种社会、经济、行政以及宗教需要,并通过与周围自然环境的联系或相适应而发展到目前的形式。它又包括两种次类别,一是残遗物(或化石)景观,代表一种过去某段时间已经完结的进化过程,不管是突发的或是渐进的。它们之所以具有突出价值、普遍价值,还在于显著特点依然体现在实物上。二是持续性景观,它在当今与传统生活方式相联系的社会中,保持一种积极的社会作用,而且其自身演变过程仍在进行之中,同时又展示了历史上其演变发展的物证。

3. 关联性文化景观。这类景观列入"名录",以与自然因素、强烈的宗教、艺术或文化相联系为特征,而不是以文化物证为特征。

庐山、五台山和杭州西湖是目前我国作为文化景观被列入《世界遗产名录》中的。

第二节 中国的世界遗产项目选介

我国于 1985 年加入《世界遗产公约》,成为缔约方。1999 年 10 月 29 日,中国当选为世界自然与文化遗产委员会成员。中国自 1985 年加入"公约"以来,积极推动其在中国的实施,极大地促进了中国的遗产保护与管理。中国积极开展世界遗产保护领域的国际合作活动,承办了数次世界遗产保护领域的国际会议,(如2004 年 7 月第二十八届世界遗产大会在我国苏州召开,大会通过《苏州决定》),每年向世界遗产基金捐款。2007 年 10 月,在联合国教科文组织第十六届《保护世界文化与自然遗产公约》缔约国大会上,中国以 105 票的最高票数当选世界文化和自然遗产政府间委员会(以下简称"世界遗产委员会")委员国。

根据《苏州决定》,在世界遗产的申报与审定上,每一个公约缔结国,每年至多只能申报 2 项世界遗产,其中至少有 1 项是自然遗产。2006 年国务院下发《关于加强文化遗产保护的通知》,决定从 2006 年起,每年 6 月的第二个星期六为"中国文化遗产日";采用四川金沙遗址出土的金饰图案"太阳神鸟"金饰作为"中国文化遗产"标志;2006 年 12 月 25 日,国家文物局设立了《中国世界文化遗产预备名单》。

截至 2013 年 8 月,中国共有 45 项文化遗址和自然景观被列入《世界遗产名录》。其中文化遗产 31 项(包括 4 处文化景观),自然遗产 10 项,自然与文化双遗产 4 项。

一、自然遗产

(一)九寨沟

位于四川省北部九寨沟县境内,是一条纵深 40 余公里的山沟谷地,因周围有 9 个藏族村寨而得名,总面积约 620 平方公里。自然景色兼有湖泊、瀑布、雪山、森林之美。沟中地僻人稀,景物特异,富有原始自然风貌,有"童话世界"之誉。河谷地带有大小湖泊 100 多处,其中"五花海"湖底为沉积石,色彩斑斓,在阳光照射下,呈现出缤纷色彩。景区中的诺日朗瀑布,高约 30 米,宽约100 米。

(二)黄龙

黄龙风景名胜区位于四川省阿坝藏族羌族自治州松潘县境内。面积 700 平方公里。主要景观集中于长约 3.6 公里的黄龙沟。沟内遍布碳酸钙华沉积,并呈梯田状排列,仿佛是一条金色巨龙,并伴有雪山、瀑布、原始森林、峡谷等景观。黄龙风景名胜区既以独特的岩溶景观著称于世,也以丰富的动植物资源享誉人间。从黄龙沟底部(海拔 2000 米)到山顶(海拔 3800 米)依次出现亚热带常绿与落叶阔叶混交林、针叶阔叶混交林、亚高山针叶林、高山灌丛草甸等。包括大熊猫、金丝猴在内的 10 余种珍贵动物徜徉其间,使黄龙景区的特殊岩溶地貌与珍稀动植物资源相互交织,浑然天成。以其雄、峻、奇、野的风景特色,享有"世界奇观"、"人间瑶池"的美誉。

(三)武陵源

武陵源风景名胜区位于湖南省张家界市。总面积 264 平方公里,由张家界国家森林公园、索溪峪和天子山等三大景区组成。主要景观为石英砂岩峰林地貌,境内共有 3103 座奇峰,姿态万千,蔚为大观。沟壑纵横,溪涧密布,森林茂密,人迹罕至。森林覆盖率85%,植被覆盖率99%,中、高等植物 3000 余种,乔木树种 700 余种,可供观赏园林花卉多达 450 种。陆生脊椎动物 50 科 116 种。区内地下溶洞串珠贯玉,已开发的黄龙洞初探长度达 11 公里。武陵源以奇峰、怪石、幽谷、秀水、溶洞"五绝"闻名于世。

(四)三江并流

"三江并流"自然景观位于青藏高原南延部分的横断山脉纵谷地区,分布于云南丽江地区、迪庆藏族自治州、怒江傈僳族自治州行政区,由怒江、澜沧江、金沙江及其流域内的山脉组成,整个区域达 4.1 万平方公里。它地处东亚、南亚和青藏高原三大地理区域的交会处,是世界上罕见的高山地貌及其演化的代表地区,也是世界上生物物种最丰富的地区之一。区域内高等植物逾 6000 种,哺乳动物 173 种,鸟类 417 种,爬虫类 59 种,两栖类 36 种,淡水鱼 76 种,凤蝶类昆虫 31 种,全球绝无仅有。三江并流地区是保持生物多样性的自然栖息地和濒危物种的栖息地,是世界著名的动、植物标本模式产地之一。同时,该地区还是 16 个民族的聚居地,是世界上罕见的多民族、多语言、多种宗教信仰和风俗习惯并存的地区。

(五)四川大熊猫栖息地

位于大渡河与岷江之间,南北长 180 公里,东西宽 40～70 公里,包括卧龙、四姑娘山、夹金山脉,面积 9510 平方公里,涵盖成都、阿坝、雅安、甘孜 4 个市州 12 个县。这里生活着全世界 30% 以上的野生大熊猫,是全球最大最完整的大熊猫栖息地,也是全球除热带雨林以外植物种类最丰富的区域之一。其核心区卧龙四姑娘山地区是大熊猫居住最集中的区域,分布着 300 余只大熊猫和大量其他的珍稀动植物。

(六)南方喀斯特

喀斯特是发育在以石灰岩和白云岩为主的碳酸盐岩上的地貌。中国的喀斯特具有面积大,地貌多样、典型,生物生态丰富等特点。"中国南方喀斯特"项目由云南石林(剑状、柱状和塔状喀斯特)、贵州荔波(锥状喀斯特——峰林)、重庆武隆(天生桥地缝、天坑群等为代表的立体喀斯特)构成。三地喀斯特地貌的形成距今 50 万年至 3 亿年,总面积达 1460 平方公里。

二、文化遗产

(一)周口店北京人遗址

位于北京市房山区周口店龙骨山。1929 年中国古生物学家裴文中在此发现原始人类牙齿、骨骼和一块完整的头盖骨,并找到"北京人"生活、狩猎及使用火的遗迹,证实 50 万年以前北京地区已有人类活动。考古学家开始在这里发掘,发现了距今约 60 万年

前的一个完整的猿人头盖骨,定名为"北京猿人"。以后陆续在龙
骨山上发现猿人使用过的一些石器和用火遗址。这一发现和研
究,奠定了这一遗址在全世界古人类学研究中特殊的不可替代的
地位。周口店遗址是世界上迄今为止人类化石材料最丰富、最生
动,植物化石门类最齐全而又研究最深入的古人类遗址。

（二）安阳殷墟

位于河南安阳市西北约 2000 米处。是商代晚期的都城遗址,
以小屯村为中心,总面积约 24 平方公里。遗址规模宏大、遗存丰
富、分布密集。包括宫殿、宗庙区,铸铜、制骨、制陶等手工业作坊
区、居民区、王陵区和平民墓地等部分。出土有大量青铜器、玉器、
骨角器、陶器等遗物,其中包括司母戊鼎、三联和尊等著名的精美
青铜礼器。此外,遗址内还出土甲骨卜辞 15 万余片,包括单字
5000 多个,这是中国迄今为止发现的最早的文字。

（三）高句丽王城、王陵及贵族墓葬

位于吉林省集安县。主要包括五女山城、国内城、丸都山城、
12 座王陵、26 座贵族墓葬、好太王碑和将军坟一号陪冢。高句丽
政权(前 37 年~668 年)曾是中国东北地区影响较大的少数民族
政权,对东北亚历史发生过重要作用。高句丽政权发轫于今辽宁
省桓仁县,公元 3 年迁都至国内城(今吉林集安),427 年再迁都至
平壤。桓仁与集安是高句丽政权早中期的政治、文化、经济中心,
历经 465 年,是高句丽文化遗产分布最集中的地区。

（四）云冈石窟

位于山西大同市西 16 公里处的武周山南麓。始凿于北魏兴
安二年(453 年),由当时的佛教高僧昙曜奉旨开凿。整个石窟东
西绵延 1000 米,分为东、中、西三部分,石窟内的佛龛,像蜂窝密
布,大、中、小窟疏密有致地嵌贴在云冈半腰。东部的石窟多以造
塔为主,故又称塔洞;中部石窟每个都分前后两室,主佛居中,洞
壁及洞顶布满浮雕;西部石窟以中小窟和补刻的小龛为最多,修

建的时代略晚,大多是北魏迁都洛阳后的作品。整座石窟气魄宏大,外观庄严,雕工细腻,主题突出。石窟雕塑的各种宗教人物形象神态各异。在雕造技法上,继承和发展了我国秦汉时期艺术的优良传统,又吸收了犍陀罗艺术的有益成分,创建出云冈独特的艺术风格,对研究雕刻、建筑、音乐及宗教都是极为珍贵的宝贵资料。

（五）龙门石窟

位于洛阳市区南面12公里处。是与大同云冈石窟、敦煌莫高窟齐名的我国三大石窟之一。龙门风景秀丽,有东、西两座青山对峙,伊水缓缓北流。远远望去,犹如一座天然门阙,所以古称"伊阙"。龙门石窟始凿于北魏孝文帝迁都洛阳(494年)前后,历经东西魏、北齐、北周,到隋唐至宋等朝代又连续大规模营造达400余年之久。密布于伊水东西两山的峭壁上,南北长达1000米,共有97000余尊佛像,1300多个石窟。现存窟龛2345个、题记和碑刻3600余品、佛塔50余座、造像10万余尊。其中最大的佛像高达17.14米,最小的仅有2厘米。这些都体现了我国古代劳动人民很高的艺术造诣。

（六）敦煌莫高窟

位于甘肃省敦煌市东南25公里的鸣沙山东麓岩泉河崖壁上。始建于前秦建元二年(东晋太和元年,即366年),历经十六国、北魏、西魏、北周、隋、唐、五代、宋、西夏、元十个朝代,连续营造达千年之久。全窟南北长1600米,上下五层。洞窟大小不一,37号窟最小,刚能把头伸进去;16号窟最大,面积为268平方米;96号窟最高,从山脚到山顶高50米。现存壁画和彩塑的洞窟500多个,其中珍存北凉至元各朝代制作的壁画45000多平方米,彩塑2415多身。这些壁画和彩塑技艺造诣高深,想象力丰富,是世界现存佛教艺术的伟大宝库,也是世界上规模最大、内容最丰富的佛教画廊之一。

（七）大足石刻

位于重庆市。以大足县、潼南县、铜梁县、璧山县为范围。为唐、宋时期摩崖造像的石窟艺术的总称。大足石刻群有石刻造像70多处，总计10万多躯，其中以宝顶山和北山摩崖石刻最为著名。它以佛教造像为主，儒、道教造像并陈，是中国晚期石窟造像艺术的典范。规模之宏大，艺术之精湛，内容之丰富，可与敦煌莫高窟、云冈石窟、龙门石窟媲美。

（八）布达拉宫

坐落在西藏自治区拉萨市中心的红山上。山下海拔3650米。始建于7世纪的吐蕃松赞干布时期。当时称红山宫，规模很大，外有三道城墙，内有千间宫室，是吐蕃的政治中心。9世纪，吐蕃解体，西藏陷入长期战乱，红山宫逐渐废圮。1645年，五世达赖喇嘛阿旺洛桑嘉措，在红山重建布达拉宫，于1648年建成了以白宫为主体的建筑群。此后的摄政又修建了红宫和灵塔。如今，整个建筑占地面积13万多平方米，高110余米，东西长360多米，由白宫、红宫两大部分和与之相配合的各种建筑组成。众多的建筑虽属历代不同时期建造，但是都十分巧妙地利用了山形地势修建，使整座宫寺建筑显得非常雄伟壮观，而又十分协调完整，在建筑艺术的美学成就上达到无比的高度，构成一项建筑创造的天才杰作，是西藏著名的宫堡式建筑群和藏族建筑艺术的杰出代表，也是中国最著名的古代建筑之一。它的宫殿布局、土木工程、金属冶炼、绘画、雕刻等方面均闻名于世，体现了以藏族为主，汉、蒙、满各族能工巧匠高超技艺和藏族建筑艺术的伟大成就，被誉为"世界屋脊上的明珠"。这里曾是西藏历代达赖喇嘛进行政治、宗教活动和居住的场所。

（九）武当山古建筑群

武当山又名太和山，明代皇帝曾封为"大岳"、"玄岳"。位于湖北省丹江市西南部。方圆400公里，有72峰拱立，24涧环流，灵岩奇洞幽藏其间,白云绿树交相辉映。主峰天柱峰海拔 1612 米。亚热带季风气候。地带性植被是含有常绿阔叶层片的落叶阔叶林,植被垂直带谱明显,基带具亚热带景色,是亚热带与暖温带的过渡带。又因临近丹江水库,山上雾气重,湿度大。武当山古建筑群始建于唐贞观年间,现存有元、明、清三个历史时期的建筑物。建筑体系形成于明代初年,在整个营建过程中朝廷指派风水家勘测选址,汇集全国能工巧匠精心施工,工部大臣亲临督工,因而使整个建筑群富有特色。现存 4 座道教宫殿、2 座宫殿遗址、2 座道观及大量神祠、岩庙。在布局、规制、风格、材料和工艺等方面都保存原状。建筑主体以宫观为核心,主要宫观建筑在内聚型盆地或山腰台地之上,庵堂神祠分布于宫观附近地带,自成体系,岩庙则占峰据险,形成"五里一庵十里宫,丹墙翠瓦望玲珑"的巨大景观。在建筑艺术、建筑美学上达到极为完美的境界,具有丰富的中国古代文化和科技内涵,是研究明初政治和中国宗教历史以及古建筑的实物见证。

10. 澳门历史城区

位于澳门特别行政区城区,保存了澳门四百多年中西文化交流的历史精髓。它是中国境内现存年代最远、规模最大、保存最完整和最集中,以西式建筑为主、中西式建筑交相辉映的历史城区;是西方宗教文化在中国和远东地区传播历史重要的见证;更是四百多年来中西文化交流互补、多元共存的结晶。

三、自然、文化双重遗产

(一)黄山

秦时称黟山,唐天宝六年(747 年)改称黄山。位于安徽省黄山市境内。景区面积 154 平方公里,是一座综合峰、石、松、云、泉等各种罕见景观的风景名胜区。黄山是一座花岗岩断块山,号称有七十二峰,三大主峰莲花峰、天都峰、光明顶海拔均超过 1800米。群峰间,怪石星罗棋布,造型多,而且神形惟妙惟肖,犹如尊尊石雕;黄山松,顶平如削,针叶短而稠密,形态各异,有"无石不松,无松不奇"之誉;黄山云,似大海波涛翻滚,故有"黄山自古云成海"之说,最多的年份云雾达284天;黄山温泉,古称"朱砂泉"、"汤泉",久旱不涸,久雨不溢,水质纯净。因而"奇松、怪石、云海、温泉"合称"黄山四绝"。此外,还可观赏名瀑、珍禽等。黄山的诗、画、摩崖石刻、游记散文、传说故事极为丰富,黄山脚下的古村落、古民居、古牌坊、古街道等徽派传统建筑比比皆是,由此形成的黄山文化是灿烂的中华文化瑰宝的重要组成部分。黄山以其博大神奇的风貌、典型的美学特征、重要的科学价值和深厚的文化积淀,于1990年12月作为文化与自然遗产被列入《世界遗产名录》。2004年首批迈入"世界地质公园"行列。地质公园占地面积约1200平方公里,属花岗岩峰林景观。

(二)武夷山

指狭义的武夷山。位于福建武夷山市西北部,方圆60公里。主要风景是九曲溪和三十六峰。武夷山属于丹霞地貌,溪水澄碧,乘竹筏游览,可观赏到碧水丹山的景观。武夷山的名胜古迹集中在九曲溪沿岸一带,如朱熹讲学的紫阳书院及历代摩崖题刻。山中盛产色艳、香浓、味醇的岩茶,以"大红袍"最为名贵。1996年作为文化与自然遗产被列入《世界遗产名录》。

(三)峨眉山—乐山大佛

位于四川乐山市东凌云山西壁。唐开元元年(713年)名僧海通创建,于贞元十九年(803年)由剑南川西节度使韦皋完成。大佛为依凌云山栖鸾峰临江峭壁凿造而成的弥勒坐像,故又名凌云大佛。俗谓"山是一尊佛,佛是一座山"。佛像高71米,头高14.7米,头宽10米,肩宽28米,眼长3.3米,耳长7米,耳内可并立两人,脚背宽8.5米,可坐百余人,是世界上最大的石刻佛像(本书第三章对峨眉山有介绍,此处从略)。

四、文化景观

庐山

又名匡山。位于江西九江市南,最高峰海拔 1474 米。庐山为地垒式断块山,自然风景美,以瀑布闻名天下,尤以东谷的三叠泉瀑布著称。同时,庐山还具有盛夏避暑的温凉山地小气候和极富特色的文化景观。这里保留有众多东西方风格不一的各式别墅,有宋代四大书院之一的白鹿洞书院,有历代上千位名人为庐山创作的大量诗歌、游记、文章、绘画以及 900 多处摩崖石刻。正是这些丰富的文化景观和遗产,使之于 1996 年作为文化遗产被列入《世界遗产名录》。庐山于 2004 年首批进入"世界地质公园"行列。地质公园占地总面积 500 平方公里,主要地质遗迹类型为地质地貌、地质剖面。地质公园内发育有地垒式断块山及第四纪冰川遗迹,以及第四纪冰川地层剖面和早元古代星子岩群地质剖面,保存系统而完整,丰富多样,极具代表性,具有极高的美学价值与科学价值。

第三节 中国的非物质文化遗产

一、非物质文化遗产的定义及特点

非物质文化遗产指各族人民世代相承的、与群众生活密切相关的各种传统文化表现形式(如民间文学、民俗活动、表演艺术、传统知识和技能,以及与之相关的器具、实物、手工制品等)和文化空间(定期举行传统文化活动或集中展现传统文化表现形式的场所,如歌圩、庙会、传统节日庆典等)。

非物质文化遗产包括：口头传说和表述,包括作为非物质文化遗产媒介的语言;表演艺术;社会风俗、礼仪、节庆;有关自然界和宇宙的知识及实践;传统的手工艺技能。

非物质文化遗产的最大的特点是不脱离民族特殊的生活生产方式,是民族个性、民族审美习惯的"活"的显现。它依托于人本身而存在,以声音、形象和技艺为表现手段,并以身口相传作为文化链而得以延续,是"活"的文化及其传统中最脆弱的部分。因此对于非物质文化遗产传承的过程来说,人就显得尤为重要。

二、《人类口头与非物质文化遗产代表作名录》与《保护非物质文化遗产公约》

1999 年 11 月,联合国教科文组织第三十届大会决定设立《人类口头与非物质文化遗产代表作名录》,其目的是根据非物质文化遗产的特性,在条件成熟时,制定有关"非物质文化遗产"保护方面的国际性公约,以弥补 1972 年通过的《世界文化和自然遗产公约》的不足。

2003 年 11 月,联合国教科文组织第三十二届大会通过了《保护非物质文化遗产公约》,对语言、歌曲、手工技艺等非物质文化遗产的保护提出了具体要求。根据有关条款的规定,只要有 30 个国家申请加入该公约,公约即行生效。2006 年 4 月 21 日,《非物质文化遗产保护公约》正式生效。目前,已有 47 个成员国批准、通过了该公约,其中欧洲 16 国,亚洲 9 国,非洲 9 国,拉丁美洲 7 国,阿拉伯地区 6 国。

2004 年 8 月 28 日,我国十届全国人大常委会第十一次会议表决通过了《全国人大常委会关于批准联合国教科文组织〈保护非物质文化遗产公约〉的决定》。这标志着我国在保护非物质文化遗产的进程中迈出了重要的一步。

三、中国的"人类口头与非物质文化遗产"项目选介

（一）昆曲

昆曲又称昆剧。元末，顾坚等人把流行于江苏昆山一带的南曲原有腔调加以整理和改进，称为"昆山腔"。明代嘉靖年间，杰出的戏曲音乐家魏良辅等对昆山腔进行改革，吸收海盐腔、弋阳腔和当地民间曲调，创造出曲调舒徐婉转的"水磨调"，兼用笛、箫、笙、琵琶和鼓、板、锣等乐器伴奏，造就了一种细腻优雅，集南北曲优点于一体的剧种，通称昆曲。它以演唱传奇剧本为主，表演上注重动作优美，舞蹈性强，形成了特有的风格。它总结了我国戏曲过去的舞台艺术经验，创造出我国古代完整的民族戏曲表演体系。万历末年，由于昆班的广泛演出活动，昆曲经扬州传入湖南、河北、北京，跃居各腔之首，成为传奇剧本的标准唱腔，有"四方歌曲必宗吴门"之说。明末清初，昆曲又流传到四川、贵州和广东等地，发展成为全国性剧种。昆曲的演唱本来是以苏州的吴语语音为载体的，在传入各地之后，便与各地的方言和民间音乐结合，衍变出众多的流派（如流行于河北、北京一带的"北昆"），构成丰富多彩的昆曲腔系，成为具有全民族代表性的戏曲；一些曲调、唱腔又被当地剧种吸收（如川剧、婺剧中的昆腔），丰富了地方剧种的表演形式。清朝乾隆年间，昆曲进入全盛时期。但是自清中叶以后，由于思想上和艺术上日益脱离群众而逐渐衰落。新中国成立后进行艺术改革，整理并演出了《十五贯》等传统剧目，并编演新戏，逐渐获得了新的生命。昆曲绵延至今，有六七百年的历史，成为中国乃至世界现存最古老的戏曲形态。

（二）古琴

古琴，亦称瑶琴、玉琴、七弦琴，是最古老也是最富有民族色彩的弹拨乐器，是纯粹的华夏本土乐器。具有3000年悠久历史的古琴音乐，是中国音乐的重要组成部分，也是中国传统音乐文化的代表。

传说原始时代就创造了最初的琴,西周时期已广为流传,并与瑟、鼓等乐器在祭祀时演奏。琴面标志泛音位置及音位的"徽",定型于汉代。魏晋以后,形制已和现在的大致相同。琴身为狭长形木质音箱,长约110厘米,琴头宽约17厘米,琴尾宽约13厘米。面板用桐木或杉木制成,外侧有13个徽;底板用梓木制成,开有两个大小不同的出音孔,分别称"凤沼"和"龙池"。琴面张七根弦。奏时,右手弹弦,左手按弦,有吟、猱、绰、注等手法。音域较宽(有三个八度又一个纯五度),音色变化丰富。在汉魏六朝时期是伴奏相和歌的乐器之一;隋唐九、十部乐中,也用作伴奏乐器。在长期的发展过程中,形成了独特的演奏艺术和多种风格的流派。琴曲谱保存了极其丰富的古代乐曲,现存的自南北朝至清末的琴曲谱集有150多种。中国古琴从形制到曲目,从特殊的记谱方式到丰富的演奏技巧,都体现了中国音乐艺术的至高境界。古琴音乐具有深沉蕴藉、潇洒飘逸的风格特点和感人至深的艺术魅力,最擅长用"虚"、"远"来制造一种空灵的美感,追求含蓄的、内在的神韵和意境,它既有丰富的内涵,又有表面上看极简约、自由、散漫的外在形式。只有深入研究古琴音乐,才能对中国音乐的博大精深有更真切的认识。

(三)蒙古长调

在蒙古族形成时期,长调民歌就已存在。蒙古族长调民歌与草原、与蒙古民族游牧生活方式息息相关,承载着蒙古民族的历史,是蒙古民族生产生活和精神性格的标志性展示。蒙古族长调民歌也是一种跨境分布的文化。中国的内蒙古自治区和蒙古国是蒙古族长调民歌最主要的文化分布区。

(四)新疆维吾尔木卡姆艺术

"木卡姆"一词源自阿拉伯文,原意为"最高的位置",转义为"大型套曲"。"中国新疆维吾尔木卡姆艺术"是流传于新疆各维吾尔族聚居区的各种木卡姆的总称,是集歌、舞、乐于一体的大型综合艺术形式。以"十二木卡姆"为代表,包括"刀郎木卡姆"、"吐鲁番木卡姆"和"哈密木卡姆"。木卡姆音乐现象分布在中亚、南亚、西亚、北非19个国家和地区,新疆处于这些国家和地区的最东端,得益于横贯欧亚的古代陆上交通大动脉——丝绸之路。维吾尔木卡姆作为东、西方乐舞文化交流的结晶,记录和印证了不同人群乐舞文化之间相互传播、交融的历史。因此,"中国新疆维吾尔木卡姆艺术"被人们赞誉为"华夏瑰宝"、"丝路明珠"。

附　录

附录一　中国的世界遗产名录

遗　产　名　称	批准时间	遗产种类
长城	1987.12	文化遗产(附1)
明清皇宫(北京故宫、沈阳故宫)	1987.12	文化遗产(附7)
陕西秦始皇陵及兵马俑	1987.12	文化遗产
甘肃敦煌莫高窟	1987.12	文化遗产
北京周口店北京猿人遗址	1987.12	文化遗产
山东泰山	1987.12	文化与自然双重遗产
安徽黄山	1990.12	文化与自然双重遗产
湖南武陵源国家级名胜区	1992.12	自然遗产
四川九寨沟国家级名胜区	1992.12	自然遗产
四川黄龙国家级名胜区	1992.12	自然遗产
西藏布达拉宫	1994.12	文化遗产(附2、附3)
河北承德避暑山庄及周围寺庙	1994.12	文化遗产
山东曲阜的孔庙、孔府及孔林	1994.12	文化遗产
湖北武当山古建筑群	1994.12	文化遗产
江西庐山风景名胜区	1996.12	文化景观
四川峨眉山—乐山风景名胜区	1996.12	文化与自然双重遗产
云南丽江古城	1997.12	文化遗产
山西平遥古城	1997.12	文化遗产
江苏苏州古典园林	1997.12	文化遗产(附4)
北京颐和园	1998.11	文化遗产
北京天坛	1998.11	文化遗产
重庆大足石刻	1999.12	文化遗产
福建武夷山	1999.12	文化与自然双重遗产
四川青城山和都江堰	2000.11	文化遗产
河南洛阳龙门石窟	2000.11	文化遗产
明清皇家陵寝:明显陵(湖北钟祥市)、清东陵(河北遵化市)、清西陵(河北易县)、盛京三陵	2000.11	文化遗产(附5、附6)(附8)

续表

遗　产　名　称	批准时间	遗产种类
安徽古村落:西递、宏村	2000.11	文化遗产
山西大同云冈石窟	2001.12	文化遗产
云南三江并流	2003.7	自然遗产
高句丽王城、王陵及贵族墓葬	2004.7	文化遗产
澳门历史城区	2005.7	文化遗产
四川大熊猫栖息地	2006.7	自然遗产
安阳殷墟	2006.7	文化遗产
中国南方喀斯特	2007.6	自然遗产
开平碉楼与村落	2007.6	文化遗产
福建土楼	2008.7	文化遗产
江西三清山	2008.7	自然遗产
山西五台山	2009.6	文化景观
"天地之中"历史建筑群	2010.8	文化遗产
中国丹霞地貌	2010.8	自然遗产
杭州西湖文化景观	2011.6	文化景观
元上都遗址	2012.6	文化遗产
澄江化石地	2012.7	自然遗产
新疆天山	2013.6	自然遗产
红河哈尼梯田文化景观	2013.6	文化景观
中国大运河	2014.6.22	文化遗产
丝绸之路	2014.6.22	文化遗产

　　附1:2002年11月中国唯一的水上长城辽宁九门口长城通过联合国教科文组织的验收,作为长城的一部分正式挂牌成为世界文化遗产;

　　附2:2000年11月拉萨大昭寺作为布达拉宫世界遗产的扩展项目被批准列入《世界遗产名录》;

　　附3:2001年12月西藏拉萨罗布林卡作为布达拉宫历史建筑群的扩展项目被批准列入《世界遗产名录》;

　　附4:2000年11月苏州艺圃、耦园、沧浪亭、狮子林和退思园五座园林作为苏州古典园林的扩展项目被批准列入《世界遗产名录》。

　　附5、附6:2003年7月北京市的十三陵和江苏省南京市的明孝陵作为明清皇家陵寝的一部分被收入《世界遗产名录》。

　　附7:2004年7月,沈阳故宫作为明清皇宫文化遗产扩展项目被列入《世界遗产名录》。

　　附8:2004年7月,盛京三陵作为明清皇家陵寝扩展项目被列入《世界遗产名录》。

附录二　列入《人类口头与非物质文化遗产代表作名录》的中国项目

序号	遗产项名称	批准时间
1	昆曲	2001 年 5 月
2	古琴艺术	2003 年 11 月
3	新疆维吾尔木卡姆艺术	2005 年 11 月
4	蒙古族长调民歌	2005 年 11 月
5	中国传统桑蚕织技艺	2009 年 9 月
6	福建南音	2009 年 9 月
7	南京云锦织造技艺	2009 年 9 月
8	安徽宣纸传统制作技艺	2009 年 9 月
9	贵州侗族大歌	2009 年 9 月
10	广东粤剧	2009 年 9 月
11	《格萨(斯)尔》史诗	2009 年 9 月
12	浙江龙泉青瓷传统炼制技艺	2009 年 9 月
13	青海热贡艺术	2009 年 9 月
14	藏戏	2009 年 9 月
15	新疆《玛纳斯》	2009 年 9 月
16	甘肃花儿	2009 年 9 月
17	西安鼓乐	2009 年 9 月
18	中国朝鲜族农乐舞	2009 年 9 月
19	中国书法	2009 年 9 月
20	中国篆刻	2009 年 9 月
21	中国剪纸	2009 年 9 月
22	中国传统木结构营造技艺	2009 年 9 月
23	端午节	2009 年 9 月
24	妈祖信俗	2009 年 9 月
25	中国雕版印刷技艺	2009 年 9 月
26	蒙古族呼麦	2009 年 9 月
27	中医针灸	2010 年 11 月
28	京剧	2010 年 11 月
29	中国皮影	2011 年 11 月
30	中国珠算	2013 年 12 月

附录三　列入《急需保护的非物质文化遗产名录》的中国项目

序号	遗产项名称	批准时间
1	羌年庆祝习俗	2009 年 10 月
2	黎族传统纺染织绣技艺	2009 年 10 月
3	中国木拱桥传统营造技艺	2009 年 10 月
4	麦西来甫	2010 年 11 月
5	帆船水密舱壁制作	2010 年 11 月
6	木版活字印刷术	2010 年 11 月
7	赫哲族伊玛堪	2011 年 11 月

附录四　中国的 5A 级旅游景区表

所属省份	景区名称	认定时间
安徽	池州市九华山风景区	2007
	黄山市黄山风景区	
	黄山市皖南古村落—西递宏村	2011
	安庆市天柱山风景区	
	宣城市绩溪龙川景区	2012
	六安市天堂寨旅游景区	
	阜阳市颍上八里河景区	2013
北京	八达岭长城	2007
	颐和园	
	天坛公园	
	故宫博物院	
	明十三陵景区	2011
	北京市奥林匹克公园	2012
	恭王府景区	
重庆	重庆巫山小三峡—小小三峡	2007
	重庆大足石刻景区	
	武隆喀斯特旅游区（天生三桥、仙女山、芙蓉洞）	2011

续表

所属省份	景区名称	认定时间
重庆	重庆市万盛经开区黑山谷景区	2012
	酉阳桃花源旅游景区	
	重庆市南川金佛山—神龙峡景区	2013
福建	南平市武夷山风景名胜区	2007
	厦门市鼓浪屿风景名胜区	
	三明市泰宁风景旅游区	2011
	土楼（永定·南靖）旅游景区	
	泉州市清源山景区	2012
	宁德市白水洋—鸳鸯溪旅游区	
	宁德市福鼎太姥山旅游区	2013
甘肃	平凉市崆峒山风景名胜区	2007
	嘉峪关市嘉峪关文物景区	
	天水麦积山景区	
广东	深圳华侨城旅游度假区	2007
	广州市长隆旅游度假区	
	清远市连州地下河旅游景区	2011
	广州市白云山风景区	
	梅州市雁南飞茶田景区	
	深圳市观澜湖休闲旅游区	
	韶关市丹霞山景区	2012
	佛山市西樵山景区	2013
广西	桂林市乐满地度假世界	2007
	桂林市漓江景区	
	桂林市独秀峰—王城景区	2012
贵州	安顺市龙宫景区	2007
	安顺市黄果树大瀑布景区	
	毕节市百里杜鹃景区	2013

所属省份	景 区 名 称	认定时间
海南	三亚市南山大小洞天旅游区	2007
	三亚市南山文化旅游区	
	呀诺达雨林文化旅游区	2012
	分界洲岛旅游区	2013
河北	承德避暑山庄及周围寺庙景区	2007
	保定市安新白洋淀景区	
	秦皇岛市山海关景区	
	保定野三坡景区	2011
	石家庄市西柏坡景区	
河南	焦作市云台山风景名胜区	2007
	洛阳市龙门石窟景区	
	登封市嵩山少林景区	
	开封清明上河园	2011
	洛阳白云山景区	
	安阳殷墟景区	
	平顶山市尧山—中原大佛景区	
	洛阳栾川老君山·鸡冠洞旅游区	2012
	洛阳市龙潭大峡谷景区	2013
黑龙江	哈尔滨市太阳岛景区	2007
	黑河五大连池景区	
	牡丹江镜泊湖景区	
	伊春市汤旺河林海奇石景区	2013
湖北	宜昌市三峡大坝旅游区	2007
	武汉市黄鹤楼公园	

所属省份	景 区 名 称	认定时间
湖北	恩施土家族苗族自治州神龙溪纤夫文化旅游区	2011
	宜昌市三峡人家风景区	
	十堰市武当山风景区	2012
	神农架旅游区	2013
	武汉市东湖景区	
	宜昌市长阳清江画廊景区	
湖南	张家界武陵源旅游区	2007
	衡阳市南岳衡山旅游区	
	湘潭市韶山旅游区	2011
	岳阳市岳阳楼—君山岛景区	
	长沙市岳麓山·橘子洲旅游区	2012
吉林	长白山景区	2007
	长春市伪满皇宫博物院	
	长春净月潭景区	2011
江苏	苏州市周庄古镇景区	2007
	苏州园林(拙政园、虎丘山、留园)	
	中央电视台无锡影视基地三国水浒景区	
	南京市钟山风景名胜区—中山陵园风景区	
	常州市环球恐龙城休闲旅游区	2010
	苏州市同里古镇景区	
	扬州市瘦西湖风景区	
	南京市夫子庙—秦淮风光带景区	
	无锡市灵山大佛景区	

所属省份	景 区 名 称	认定时间
江苏	姜堰市溱湖旅游景区	2012
	苏州市金鸡湖景区	
	南通市濠河景区	
	镇江市金山·焦山·北固山旅游景区	
	无锡市鼋头渚景区	
	苏州市沙家浜·虞山尚湖旅游区	2013
	常州市天目湖景区	
	苏州市吴中太湖旅游区	
江西	吉安市井冈山风景旅游区	2007
	江西省庐山风景名胜区	
	上饶市三清山旅游景区	2011
	鹰潭市龙虎山旅游景区	2012
	景德镇古窑民俗博览区	2013
	上饶市婺源江湾景区	
辽宁	大连老虎滩海洋公园·老虎滩极地馆	2007
	沈阳市植物园	
	大连金石滩景区	
内蒙古	鄂尔多斯响沙湾旅游景区	2011
	鄂尔多斯成吉思汗陵旅游区	
宁夏	中卫市沙坡头旅游景区	2007
	石嘴山市沙湖旅游景区	
	银川镇北堡西部影视城	2011
青海	青海湖景区	2011
	西宁市塔尔寺景区	2012

续表

所属省份	景 区 名 称	认定时间
山东	泰安市泰山景区	2007
	济宁市曲阜明故城(三孔)旅游区	
	烟台市蓬莱阁旅游区	
	青岛崂山景区	2011
	烟台龙口南山景区	
	威海刘公岛景区	
	济南市天下第一泉景区	2013
	枣庄市台儿庄古城景区	
山西	忻州市五台山风景名胜区	2007
	大同市云冈石窟	
	晋城皇城相府生态文化旅游区	2011
	晋中市介休绵山景区	2013
陕西	延安市黄帝陵景区	2007
	西安市华清池景区	
	西安市秦始皇兵马俑博物馆	
	西安大雁塔·大唐芙蓉园景区	2011
	渭南华山景区	
上海	上海野生动物园	2007
	上海东方明珠广播电视塔	
	上海科技馆	2010
四川	阿坝藏族羌族自治州九寨沟旅游景区	2007
	乐山市峨眉山景区	
	成都市青城山——都江堰旅游景区	
	乐山市乐山大佛景区	2011
	阿坝州黄龙景区	2012

所属省份	景　区　名　称	认定时间
四川	阿坝州汶川特别旅游区	2013
	绵阳市北川羌城旅游区	
	南充市阆中古城旅游区	
	广安市邓小平故里旅游区	
天津	天津盘山风景名胜区	2007
	天津古文化街旅游区（津门故里）	
西藏	拉萨市大昭寺	2013
	拉萨布达拉宫景区	
新疆	阿勒泰地区喀纳斯景区	2007
	吐鲁番市葡萄沟风景区	
	新疆天山天池风景名胜区	
	伊犁那拉提旅游风景区	2011
	阿勒泰地区富蕴可可托海景区	2012
	喀什地区泽普金湖杨景区	2013
云南	丽江市玉龙雪山景区	2007
	昆明市石林风景区	
	大理市崇圣寺三塔文化旅游区	2011
	中国科学院西双版纳热带植物园	
	丽江市丽江古城景区	
	迪庆藏族自治州香格里拉普拉措景区	2012
浙江	舟山市普陀山风景名胜区	2007
	温州市雁荡山风景名胜区	
	杭州市西湖风景名胜区	
	金华市东阳横店影视城景区	2010
	嘉兴市桐乡乌镇古镇旅游区	

所属省份	景　区　名　称	认定时间
浙江	宁波市奉化溪口—滕头旅游景区	2010
	杭州市千岛湖风景名胜区	
	嘉兴市南湖旅游区	2011
	杭州西溪湿地旅游区	2012
	绍兴市鲁迅故里沈园景区	
	衢州市开化根宫佛国文化旅游景区	2013

附录五　国家历史文化名城

中国历史文化名城由国务院审批,目前已公布三批及 25 座增补城市,共计 123 座(琼山市已并入海口市,故两者算一座)。中国的历史文化名城按照各个城市的特点主要分为七类:古都型、传统风貌型、风景名胜型、地方及民族特色型、近现代史迹型、特殊职能型和一般史迹型。123 座国家历史文化名城名单如下:

所属省份	城市名称
直辖市	北京、天津、上海、重庆
安徽	亳州市、歙县、寿县、绩溪县、安庆市
福建	福州市、泉州市、漳州市、长汀县
甘肃	张掖市、武威市、敦煌市、天水市
广东	广州市、潮州市、肇庆市、佛山市、梅州市、雷州市(县级)、中山市
广西	桂林市、柳州市、北海市
贵州	遵义市、镇远县
海南	海口市
河北	承德市、保定市、正定县、邯郸市、山海关区(秦皇岛)
河南	郑州市、洛阳市、商丘市、安阳市、南阳市、浚县、濮阳市、开封市
黑龙江	哈尔滨市

所属省份	城市名称
湖北	武汉市、荆州市、襄阳市、随州市、钟祥市(县级)
湖南	长沙市、岳阳市、凤凰县
吉林	吉林市、集安市(县级)
江苏	南京市、徐州市、淮安市、镇江市、常熟市(县级)、苏州市、扬州市、无锡市、南通市、宜兴市(县级)、泰州市
江西	景德镇市、南昌市、赣州市
辽宁	沈阳市
内蒙古	呼和浩特市
宁夏	银川市
山东	济南市、邹城市(县级)、曲阜市(县级)、青岛市、聊城市、淄博市、泰安市、蓬莱市(县级)、烟台市、青州市(县级)
山西	太原市、大同市、平遥县、新绛县、代县、祁县
陕西	西安市、延安市、韩城市(县级)、榆林市、咸阳市、汉中市
四川	成都市、自贡市、阆中市(县级)、乐山市、都江堰市(县级)、泸州市、宜宾市、会理县
新疆	喀什市(县级)、吐鲁番市(县级)、特克斯县、库车县、伊宁市
云南	昆明市、大理市(县级)、丽江市、建水县、巍山县、会泽县
浙江	杭州市、绍兴市、宁波市、衢州市、临海市(县级)、金华市、嘉兴市
西藏	拉萨市、日喀则市(县级)、江孜县
青海	同仁县

附录六　国家一级博物馆

根据国家文物局的规定《博物馆评估暂行标准》,博物馆评估定级是从博物馆综合管理与基础设施、藏品管理与科学研究、陈列展览与社会服务等方面进行评比,将博物馆从高到低依次划分为一级、二级、三级三个等级。2008 年 5 月 18 日评出首批83 家国家一级博物馆。2012 年评出第二批 17 家,累计 100 家。2013 年 5 月,北京天文馆等 4 家博物馆因评估未达标被撤销国家一级博物馆称号。

所属省份 （含直辖市）	博物馆名称
北京	故宫博物院、中国科学技术馆、中国地质博物馆、中国人民革命军事博物馆、中国航空博物馆、北京鲁迅博物馆、北京自然博物馆、首都博物馆、中国人民抗日战争纪念馆、周口店猿人遗址博物馆、中国国家博物馆、中国农业博物馆
天津	天津博物馆、天津自然博物馆、周恩来邓颖超纪念馆
河北	河北省博物馆、西柏坡纪念馆
山西	山西省博物院、中国煤炭博物馆、八路军太行纪念馆
内蒙古	内蒙古博物院
辽宁	辽宁省博物馆、沈阳"九·一八"历史博物馆、旅顺博物馆
吉林	吉林省自然博物馆、吉林省博物院
黑龙江	东北烈士纪念馆、大庆铁人王进喜纪念馆、爱辉历史陈列馆、黑龙江省博物馆
上海	上海博物馆、上海鲁迅纪念馆、中共一大会址纪念馆、上海科技馆
江苏	南京博物院、侵华日军南京大屠杀遇难同胞纪念馆、南通博物苑、苏州博物馆、扬州博物馆
浙江	浙江省博物馆、浙江自然博物馆、中国丝绸博物馆、宁波博物馆
安徽	安徽省博物馆
福建	福建博物院、古田会议纪念馆、泉州海外交通史博物馆、中国闽台缘博物馆
江西	井冈山革命博物馆、江西省博物馆、瑞金中央革命根据地纪念馆、南昌八一起义纪念馆
山东	青岛市博物馆、中国甲午战争博物馆、青州市博物馆、山东博物馆
河南	河南博物院、郑州博物馆、洛阳博物馆、南阳汉画馆
湖北	湖北省博物馆、荆州博物馆、武汉市博物馆

续表

所属省份 （含直辖市）	博物馆名称
湖南	湖南省博物馆、韶山毛泽东故居纪念馆、刘少奇故居纪念馆
广东	广东省博物馆、西汉南越王博物馆、孙中山故居纪念馆、深圳博物馆
广西	广西壮族自治区博物馆
海南	海南省博物馆
重庆	重庆中国三峡博物馆、重庆红岩革命历史博物馆
四川	自贡恐龙博物馆、广汉三星堆博物馆、成都武侯祠博物馆、邓小平故居陈列馆、成都杜甫草堂博物馆、四川博物院、成都金沙遗址博物馆
贵州	遵义会议纪念馆
云南	云南省博物馆、云南民族博物馆
西藏	西藏博物馆
陕西	陕西历史博物馆、秦始皇兵马俑博物馆、延安革命纪念馆、汉阳陵博物馆、西安碑林博物馆、西安半坡博物馆、西安博物院
甘肃	甘肃省博物馆
宁夏	固原博物馆、宁夏回族自治区博物馆
新疆	新疆维吾尔自治区博物馆

附录七　国家级风景名胜区

国家级风景名胜区由国务院批准公布。自 1982 年起，国务院总共公布了 8 批、225 处。具体名单如下：

北京

　　八达岭—十三陵风景名胜区　　　　　　石花洞风景名胜区

天津

　　盘山风景名胜区

河北

  承德避暑山庄外八庙风景名胜区   秦皇岛北戴河风景名胜区

  野三坡风景名胜区   苍岩山风景名胜区

  嶂石岩风景名胜区   西柏坡—天桂山风景名胜区

  白云洞风景名胜区   太行大峡谷风景名胜区

  响堂山风景名胜区   娲皇宫风景名胜区

山西

  五台山风景名胜区   恒山风景名胜区

  黄河壶口瀑布风景名胜区   北武当山风景名胜区

  五老峰风景名胜区   碛口风景名胜区

内蒙古

  扎兰屯风景名胜区

辽宁

  千山风景名胜区   鸭绿江风景名胜区

  金石滩风景名胜区   兴城海滨风景名胜区

  大连海滨—旅顺口风景名胜区 凤凰山风景名胜区

  本溪水洞风景名胜区   青山沟风景名胜区

  医巫闾山风景名胜区

吉林

  松花湖风景名胜区   八大部—净月潭风景名胜区

  仙景台风景名胜区   防川风景名胜区

黑龙江

  镜泊湖风景名胜区   五大连池风景名胜区

  太阳岛风景名胜区

江苏

  太湖风景名胜区   南京钟山风景名胜区

  云台山风景名胜区   蜀岗瘦西湖风景名胜区

  镇江三山风景名胜区

浙江

  杭州西湖风景名胜区   富春江—新安江风景名胜区

雁荡山风景名胜区　　　　　　普陀山风景名胜区

天台山风景名胜区　　　　　　嵊泗列岛风景名胜区

楠溪江风景名胜区　　　　　　莫干山风景名胜区

雪窦山风景名胜区　　　　　　双龙风景名胜区

仙都风景名胜区　　　　　　　江郎山风景名胜区

仙居风景名胜区　　　　　　　浣江－五泄风景名胜区

方岩风景名胜区　　　　　　　百丈漈－飞云湖风景名胜区

方山－长屿硐天风景名胜区　　天姥山风景名胜区

大红岩风景名胜区

安徽

黄山风景名胜区　　　　　　　九华山风景名胜区

天柱山风景名胜区　　　　　　琅琊山风景名胜区

齐云山风景名胜区　　　　　　采石风景名胜区

巢湖风景名胜区　　　　　　　花山谜窟－渐江风景名胜区

太极洞风景名胜区　　　　　　花亭湖风景名胜区

福建

武夷山风景名胜区　　　　　　清源山风景名胜区

鼓浪屿－万石山风景名胜区　　太姥山风景名胜区

桃源洞——鳞隐石林风景名胜区　金湖风景名胜区

鸳鸯溪风景名胜区　　　　　　海坛风景名胜区

冠豸山风景名胜区　　　　　　鼓山风景名胜区

玉华洞风景名胜区　　　　　　十八重溪风景名胜区

青云山风景名胜区　　　　　　佛子山风景名胜区

宝山风景名胜区　　　　　　　福安白云山风景名胜区

灵通山风景名胜区　　　　　　湄洲岛风景名胜区

江西

庐山风景名胜区　　　　　　　井冈山风景名胜区

三清山风景名胜区　　　　　　龙虎山风景名胜区

仙女湖风景名胜区　　　　　　三百山风景名胜区

梅岭——滕王阁风景名胜区　　龟峰风景名胜区

高岭—瑶里风景名胜区　　　　　　武功山风景名胜区

云居山—柘林湖风景名胜区　　　　灵山风景名胜区

神农源风景名胜区　　　　　　　　大茅山风景名胜区

山东

泰山风景名胜区　　　　　　　　　青岛崂山风景名胜区

胶东半岛海滨风景名胜区　　　　　博山风景名胜区

青州风景名胜区

河南

鸡公山风景名胜区　　　　　　　　洛阳龙门风景名胜区

嵩山风景名胜区　　　　　　　　　王屋山——云台山风景名胜区

尧山(石人山)风景名胜区　　　　　林虑山风景名胜区

青天河风景名胜区　　　　　　　　神农山风景名胜区

桐柏山—淮源风景名胜区　　　　　郑州黄河风景名胜区

湖北

武汉东湖风景名胜区　　　　　　　武当山风景名胜区

大洪山风景名胜区　　　　　　　　隆中风景名胜区

九宫山风景名胜区　　　　　　　　陆水风景名胜区

湖南

衡山风景名胜区　　　　　　　　　武陵源(张家界)风景名胜区

岳阳楼——洞庭湖风景名胜区　　　韶山风景名胜区

岳麓风景名胜区　　　　　　　　　崀山风景名胜区

猛洞河风景名胜区　　　　　　　　桃花源风景名胜区

紫鹊界梯田—梅山龙宫风景名胜区　德夯风景名胜区

苏仙岭—万华岩风景名胜区　　　　南山风景名胜区

万佛山—侗寨风景名胜区　　　　　虎形山—花瑶风景名胜区

东江湖风景名胜区　　　　　　　　凤凰风景名胜区

沩山风景名胜区　　　　　　　　　炎帝陵风景名胜区

白水洞风景名胜区

广东

肇庆星湖风景名胜区　　　　　　　西樵山风景名胜区

丹霞山风景名胜区　　　　　　白云山风景名胜区

惠州西湖风景名胜区　　　　　罗浮山风景名胜区

湖光岩风景名胜区　　　　　　梧桐山风景名胜区

广西

桂林漓江风景名胜区　　　　　桂平西山风景名胜区

花山风景名胜区

海南

三亚热带海滨风景名胜区

重庆

长江三峡风景名胜区　　　　　缙云山风景名胜区

金佛山风景名胜区　　　　　　四面山风景名胜区

芙蓉江风景名胜区　　　　　　天坑地缝风景名胜区

潭獐峡风景名胜区

四川

峨眉山风景名胜区　　　　　　九寨沟－黄龙寺风景名胜区

青城山－都江堰风景名胜区　　剑门蜀道风景名胜区

贡嘎山风景名胜区　　　　　　蜀南竹海风景名胜区

西岭雪山风景名胜区　　　　　四姑娘山风景名胜区

石海洞乡风景名胜区　　　　　邛海－螺髻山风景名胜区

白龙湖风景名胜区　　　　　　光雾山——诺水河风景名胜区

天台山风景名胜区　　　　　　龙门山风景名胜区

贵州

黄果树风景名胜区　　　　　　织金洞风景名胜区

潕阳河风景名胜区　　　　　　红枫湖风景名胜区

龙宫风景名胜区　　　　　　　荔波樟江风景名胜区

赤水风景名胜区　　　　　　　马岭河风景名胜区

都匀斗篷山——剑江风景名胜区　　九洞天风景名胜区

九龙洞风景名胜区　　　　　　黎平侗乡风景名胜区

紫云格凸河穿洞风景名胜区　　平塘风景名胜区

榕江苗山侗水风景名胜区　　　石阡温泉群风景名胜区

　　　　沿河乌江山峡风景名胜区　　　　　瓮安江界河风景名胜区

云南

　　　　石林风景名胜区　　　　　　　　　大理风景名胜区
　　　　西双版纳风景名胜区　　　　　　　三江并流风景名胜区
　　　　昆明滇池风景名胜区　　　　　　　玉龙雪山风景名胜区
　　　　腾冲地热火山风景名胜区　　　　　瑞丽江——大盈江风景名胜区
　　　　九乡风景名胜区　　　　　　　　　建水风景名胜区
　　　　普者黑风景名胜区　　　　　　　　阿庐风景名胜区

陕西

　　　　华山风景名胜区　　　　　　　　　临潼骊山——秦兵马俑风景名胜区
　　　　宝鸡天台山风景名胜区　　　　　　黄帝陵风景名胜区
　　　　合阳洽川风景名胜区

甘肃

　　　　麦积山风景名胜区　　　　　　　　崆峒山风景名胜区
　　　　鸣沙山——月牙泉风景名胜区

宁夏

　　　　西夏王陵风景名胜区　　　　　　　须弥山石窟风景名胜区

青海

　　　　青海湖风景名胜区

新疆

　　　　天山天池风景名胜区　　　　　　　库木塔格沙漠风景名胜区
　　　　博斯腾湖风景名胜区　　　　　　　赛里木湖风景名胜区
　　　　罗布人村寨风景名胜区

西藏

　　　　雅砻河风景名胜区　　　　　　　　纳木错—念青唐古拉山风景名胜区
　　　　唐古拉山—怒江源风景名胜区　　　土林—古格风景名胜区